개남,
새 세상을 열다

개남, 새 세상을 열다

동학혁명과 김개남

김삼웅 지음

도서
출판 모시는사람들

　무모하달까, 아니면 나름의 어떤 소명의식일까, 다시 동학혁명의 중심인물인 김개남 장군을 찾게 되었다. 『녹두장군 전봉준평전』(2007년), 『의암 손병희 평전』(2017년), 『수운 최제우 평전』(2020년 봄)에 이어 '동학' 인물 관련 네 번째인 『김개남 장군 평전』이다.

　젊은 날 역사를 공부하면서 왜 우리 조상들은 혁명다운 혁명을 한 번도 해 보지 못한 채 고루한 전제군주 체제에서 신음하다가 임진왜란에 이어 삼전도의 굴욕 그리고 결국 왜적에게 병탄되고 말았는가, 통분했었다. 그런데 뒤늦게 내가 그렇게 생각한 것은 모자란 공부 때문이었음을 알게 되었다. 나이가 들어 다시 공부를 하다 보니 '동학(혁명)'이 눈에 들어왔다. 내 젊은 시절 '동학'은 서학에 대응하여 일어난 종파로 인식되고, '동학혁명'은 '동학난'이라 불렸다. 그리고 민족 주체의 동학(천도교)은 외래종교에 밀려 쪼그라들고, 4천 년 역사 이래 최초의 민중혁명인 동학혁명은 일본군을 불러온, 왕조에 대한 반란으로 인식되었다.

　다행히 '동학(혁명)'이 있음으로 하여 우리도 세계사적인 조류인, 전 근대의 철문을 열고 근대세계로 나아올 수 있었다. 동학 덕분에 백성이 깨어나기 시작했다. 동학이 아니었어도 한말 의병과 기미년 3·1혁명이 가능했을까, 묻게 된다.

　동학혁명은 일본군의 무력에 좌초되고 말았지만 의병 → 3·1혁명→대한민국임시정부 → 의열단 → 독립군 → 광복군 → 4·19혁명 → 부마항쟁 → 광주민주화운동 → 6월항쟁 → 촛불혁명으로 이어지는 우리 민족의 저항적 마그마의 원류가 되었다.

동학혁명은 영국의 명예혁명, 독일의 종교혁명(개혁), 미국의 독립혁명, 프랑스의 대혁명, 중국의 신해혁명, 러시아의 볼셰비키혁명에 비해 손색이 없는 근대적 민중혁명이었다. 주체·명분·전개 과정에서 그러하다. 특히 53개 군현에서 실시된 집강소는 파리코뮌에 못지않은 민-자치제였다. 일제에 이어 국내의 사가들이 외국의 혁명은 미화하고 동학혁명은 격하하면서 제대로 평가받지 못하였을 뿐이다.

이에서 파생된 유산일까. 동학혁명은 '녹두장군 전봉준'의 영웅담으로 인식될 뿐, 함께 거사에 나섰던 김개남·손화중 등 또 다른 주역들은 프랑스 철학자 랑시에르의 표현대로 "셈해지지 않는 자들"의 신세가 되고 말았다. 여기에는 낡은 '영웅사관'의 습성도 작용했을 것이다. '영웅'은 한 사람이어 야만 했다.

김개남 장군 관련 자료는 너무 모자랐다. 그나마 간간히 전하는 기록은 단편적이다. 소설이 픽션이라면 평전은 팩트가 생명이 아닌가. 평전은 어디 까지나 사실에 준거해야 한다. 그런데 자료가 없었다. 이제까지 써온 평전 작업 중에 김개남 장군처럼 역사적 큰 역할을 하고도 기록이 남아 있지 않 은 경우는 처음이다.

김개남 장군은 동학혁명 과정에서 가장 많은 도인과 지도자(도강김씨 문 중 중심)를 동원하고, 곧장 한양(서울)으로 진격하여 권귀와 왜적을 축출하자 는 혁명노선을 견지했다. 그리고 부패한 탐관오리들을 가차 없이 처단하였 다. 그래서였을까, 체포된 전봉준·손화중 등 지도자들이 재판에 회부된 데 비해 그는 서울로 끌려가는 도중에 즉결처분되어 유언 한마디 남길 수 없이 역사의 무대에서 사라졌다.

서울과 전라도에서 두 차례나 잘린 목이 장대에 효수되고 서울과 전라도를 오가는 동안에도 조리돌림 당하였으며, 그나마 육신은 어디론가 사라졌다. 가족은 멸문지화를 당했으며 그와 관련 자료는 없어지고 말았다. 그동안 연구자들도 하나같이 전봉준에게만 초점을 맞추었다. 김개남 평전은, 도무지 쓸 수 없을 만큼 척박한 자료 상황이었지만, 그러했기에 기어코 이 책을 내놓게 된다. 후학들이 더 큰 성취를 이루는 디딤돌로 삼기를 바랄 뿐이다.

평전을 쓰는 데 감사해야 할 분들이 있다. 평전 집필을 권유해주시고 여러 가지 지원과 추천사를 써 주신 서울교육대학 김호성 명예총장님, 자료제공과 추천사를 써 주신 임형진 천도교종학대학원 원장님 그리고 저자가 알지 못한 자료를 찾아 빈약한 내용을 많이 보완해주시고 출판을 맡아주신 도서출판 모시는사람들의 박길수 대표님께 감사의 말씀을 드린다.

2020년 가을 저자 근지

한반도 현실을 딛고, 내일을 기약하는 지혜를 주는 책

김호성_ 정치학박사, 서울교육대학교 명예총장 겸 명예교수

한반도는 조선조 말엽인 19세기 말에서 20세기 초에 걸쳐서 국내외적으로 아주 어려운 시기였다. 국내적으로는 오랫동안 부패한 조선조 봉건 관료들이 백성(국민)들을 무자비하게 착취하고 있었다. 과도한 세금징수와 인권유린 등이 일상화되어 있었고, 부패 관료에 맞서는 민란(民亂)이 전국적으로 끊임없이 일어나고 있었다. 국제적으로는 일본 제국주의 세력과 서양 제국주의 세력이 아시아를 호시탐탐 노리고 있었다. 이것을 일러 서세동점(西勢東漸, Western Impact)이라고 한다. 이런 와중에 조선조의 부패한 봉건 관료들은 일본과 서양 제국주의 세력과 영합하여 백성을 더욱더 토탄에 밀어 넣었다. 그런 가운데 동북아 전체는 한반도를 중심으로 요동치고 있었다. 이는 오늘날 4강에 쌓여 고투하고 있는 동북아-한반도 상황과 극히 유사하다고 할 수 있다.

이런 급박한 시기에 우리 민족은 동학농민혁명(東學農民革命)을 통해서 민족사적 과제를 해결하려 하였다. 이런 복잡한 시대적 상황에서 민족문제를 해결하겠다고 목숨을 걸고 일어선 중심적 인물이 바로 호남의 동학(東學) 대접주 김개남(金開南) 장군(일명 '開南丈')이다.

동학(東學)은 조선조 말의 어지러운 세상을 구하고자 염원하던 수운대신사(水雲大神師) 최제우(崔濟愚)가 무극대도(無極大道)를 깨우치고 이를 동학이라고 한 데서 출발한다. 조선조 사회에서 백성을 괴롭히고 국정을 혼란으로 몰아가는 양반과 권귀(權貴)들을 징치함으로써, 계급적 불평등 질서를 뛰어넘어 모든 사람이 근원적으로 평등하다는 시천주(侍天主) 사상, 사람을 하늘처럼 섬기라는 사인여천(事人如天) 사상 그리고 인간이 곧 하늘이라는 인내천(人乃天) 사상을 근간으로 하고 있어, 조선조 말에 새로운 삶의 질서를 꿈꾸는 백성들의 적극적인 호응을 얻었다.

드디어 1894년 봉건 부패 관료들의 착취를 타파하고, 무능한 권귀들을 바로잡아 백성을 널리 구제하고 편안하게 하려는 광제창생(廣濟蒼生) 정신을 기반으로 국가를 튼튼하게 보위하고 국민을 평안하게 하려는 보국안민(輔國安民)의 의기를 앞세우며, 조선조를 호시탐탐 노리는 일본과 서양의 세력을 물리치려는 척왜척양(斥倭斥洋)의 기치를 높이 들고 혁명적(革命的) 개벽(開闢) 운동을 일으켰으니, 이것이 곧 우리 민족사에 빛나는 바로 동학농민혁명(東學農民革命)이다. 그 주체 세력은 당시 백성들의 대다수를 차지하고 있던 농민이 자발적으로 분연하게 참여했기 때문에 이를 우리 민족사는 '동학농민혁명(東學農民革命)'이라고 기록하고 있다. 그 시작과 과정과 종결에 김개남 장군이 있다.

그러나 동학농민혁명이 좌절되고, 이후 국권이 피탈되면서 오랫동안 일제식민지 역사관과 친일 세력의 왜곡된 역사인식이라는 걸림돌에 막혀 김개남 장군의 혁혁한 발자취가 밝혀지지 못하여 왔다.

신식 무기와 훈련된 군사로 편성된 관군과 경군(京軍-중앙군)에 맞서 열악한 무기인 죽창과 농기구로 승리를 거두고, 전라도의 수부(首府)인 전주성을 함락시킨 후, 동학농민군은 외군의 철병을 기약하며 관군과 협약을 맺게 된다. 이른바 전주화약(全州和約)이다. 그 내용을 보면, 동학교도와 정부의 협력, 탐관오리 숙청, 횡포한 부호 척결, 불량 유림과 양반 처벌, 노비문서 소각, 7종 천인의 대우 개선, 과부 재가 허가, 무명 잡세 폐지, 인재 등용과 문벌 타파, 왜와 간통하는 자 엄벌, 공사채(公私債) 면제, 토지 균작(均作) 등이다. 이상의 내용을 보면 세계사의 흐름에서 볼 수 있는 주권자(主權者)로서의 농민을 주축으로 근대국가 이념 하에 이를 제도화하려고 시도하였음을 알 수 있다. 즉 한국사에 최초로 근대 시민국가(近代市民國家) 탄생의 초석을 마련하게 된 것이다. 이를 기념하여 한국 정부는 2019년에 황토현 전투에서 승리한 5월 11일을 '동학농민혁명 국가기념일'로 제정하였다.

이 동학농민혁명은 영국의 명예혁명(1688), 프랑스의 시민대혁명(1789~1794), 중국의 신해혁명(1911), 일본의 메이지유신(1868), 미국의 남북전쟁(1861~1865) 등에 상응할 수 있는 위대한 세계사적 시민혁명(市民革命)이라 할 수 있다.

그동안 이 위대한 혁명의 핵심 기둥인 김개남 장군에 대한 조명은 잘 이루어지지 않고 있다. 열악한 자료가 그 핵심적인 이유이지만, 여전히 가장 강력하고 완강한 혁명적 자세를 견지했던 김개남 장군에 대한 편견이 가시지 않는 것도 이유가 될 것이다. 이러한 어려운 조건 속에서도 『개남, 새 세상을 열다: 동학혁명과 김개남 장군』의 집필을 수락하고, 훌륭한 성과물을 내놓은 김삼웅 전 독립기념관 관장님의 노고에 충심으로 감사드린다.

『개남, 새 세상을 열다: 동학혁명과 김개남 장군』은 현재 한반도가 주변 4강에 얽매어 있는 현실을 타파해 나갈 민족사적 지혜를 제공해 줄 것이다. 동학농민혁명은 외세에 의존하지 않고도 민족의 총량을 집결하여 민족구성원의 힘으로 민족사적 과제를 풀어나갈 수 있다는 주체적 자긍심을 높여준 민족적 계기였다. 그 역량을 오늘에 재생하고 재건해야 할 것이다.

끝으로 본서의 집필과 출판을 성원해준 〈도강김씨 서울 경기 인천 화수회〉와 적극적으로 후원해 주신 〈식품전문업체 움트리〉 대표 김우택 사장에게 심심한 감사를 드린다. 또 바쁘신 중에도 출판을 맡아 준 〈도서출판 모시는사람들〉 박길수 대표와 편집진에게도 감사를 드린다.

김개남 장군, 역사의 전면에 떠오르다

임형진_ 천도교종학대학원 원장, 경희대 교수

　잠자고 있는 역사적 인물을 일깨워 살아 숨쉬는 생생한 현실의 역사로 다가오게 하는 인물 평전 작업을 활발하게 수행하고 계시는 김삼웅 전 독립기념관 관장님께서 이번에는 혁명가 김개남 장군을 우리 앞에 불러 세웠다.

　여기에는 김호성 전 서울교대 총장님을 비롯한 도강김씨 문중의 자료 지원 등 적극적인 후원이 크게 작용했다. 이 과정을 지켜보면서 다시금 한 인물에 대한 종합적인 저술 작업이 얼마나 힘든 일이며 또한 여러 사람의 도움이 필요한 것인지를 새삼스럽게 깨닫게 되었다. 특히 이번 작업은 그동안 여러 평전을 통해 왜곡된 역사를 바로잡고 저평가된 영웅을 올바르게 자리매김해 온 김 관장님의 축적된 능력과, 어려웠던 집필 과정을 이겨낸 노고, 그리고 동학혁명에 대한 올바른 역사 인식이 있었기에 가능한 일이었다.

　한 세기에 다시 사반세기를 더한 시간을 거슬러 올라간, 1894년 갑오년의 동학혁명은 우리 근대사 최고의 사건이자 지금까지도 우리 가슴을 들끓게 하는 역사적 쾌거이다. '민중이 역사의 주인'이라는 교훈을 직접 실천하고 잠시나마 그것을 체감하면서 살았던 동학혁명기의 민중들. 그들의 숨결이 언제나 우리에게 "왜 네가 역사의 주인인가?"라는 질문을 하게 한다. 우리는 지금도 동학혁명을 거론하면 그저 전봉준 장군만을 기억한다. 그러나 어찌 그 거대한 역사적 사건이 전봉준 장군 한 사람의 힘만으로 이루어졌겠는가. 최대 30만 명이 희생되었을 것으로 추정되는 당시의 혁명군들이 모두 역사에 기록되지는 못했지만, 한 장 한 장 위대한 역사의 지면을 채우는 주인공들이다.

그중에서도 동학혁명 역사 기록에서 가장 안타까운 인물이 바로 김개남 장군일 것이다. 김개남 장군은 1894년 동학혁명의 최고 지도자 중 한 분이자 혁명가로서, 그 누구보다 불꽃같은 삶을 살다 간 분이다. 그는 때로는 전봉준에 비해 급진적인 혁명군 지휘자로 그려지며, 천민부대를 이끌고 그들의 원망을 해결토록 해서 만백성에게 동학을 '과격한 세력'으로 인식하게 한 지도자로 평가되기도 한다. 그러나 역사에 남겨진 몇 줄의 기록만으로 그를 이렇게 비판 없이 재단해도 좋은 것은 아니다. '좌절된 혁명'이라는 모순된 표현만큼, 김개남에 대한 왜곡된 기억의 폭과 깊이는 클 것이기 때문이다. 김개남에 대한 저평가나 선입견은 동학혁명 전체의 그림을 완전히 그려내는 데도 큰 숙제로 남아 있었다. 그런데 다행스럽게도 이번에 김 관장님의 유려한 필체로 역사의 빈 대목으로 남겨진 김개남 장군을 되살려낸 이 책은 우리의 의문을 풀게 하는 실마리를 제공하고 있다. 늘 동학의 후예임을 자처하면서도 별로 하는 일 없이 시간만 보내고 있는 나로서는 참으로 반갑고 고마운 소식이다.

처음 김개남 장군의 일대기에 대한 저술의 필요성을 김호성 총장님으로부터 들었을 때 기쁜 생각보다는 걱정이 앞섰다. 워낙에 김개남에 대한 기록이 빈약하기 때문이다. 동학혁명은 겨우 100여 년 전의 일이었음에도 동학농민군 측의 기록이 부실하기가 짝이 없다. 그만큼 좌절된 혁명의 여파로 타의에 의한 탄압이 심했고, 후손이나 관련된 인물들은 자기 자신의 생명

부지를 위해서 남겨진 기록들을 없애야 했기 때문이다. 슬픈 우리 근대사의 엄혹한 현실이다. 특히 김개남 장군은 그 업적에 비해 더욱 남아 있는 자료가 빈약하다. 혁명 이후 남겨진 장군의 가족들과 도강김씨 문중의 피해가 너무도 컸던 것도 그 한 이유이다. 그나마 전봉준 장군 등 혁명의 지휘부들은 체포된 뒤 서울로 압송되어 심문받은 기록이라도 남겼는데, 김개남 장군은 체포되어 압송 전에 민중의 폭동을 우려한 전라감사의 손에 의해서 전주에서 처형되어 버림으로써 그 혁명의 대의마저도 들어볼 기회를 상실했다.

그러나 김개남 장군의 행적이 워낙 강렬해 민중들의 전언으로 전해졌고 그것은 이미 전설이 되어 있다. 소설가 박경리 선생이 『토지』에서 김개남 장군을 농민군 지도자 '김개주'로 설정한 것도 이와 무관치 않을 것이다. 민중의 염원을 마치 사이다처럼 시원하게 해결해 주던 주인공 김개주는 박경리 선생이 재탄생시킨 김개남 장군이다. 이처럼 우리 곁에 구전으로 전해오는 단편들을 모으고 여기에 기록 이면을 꿰뚫는 혜안과 역사적 상상력이 겸비되어 김삼웅 관장님은 김개남 장군을 우리 앞에 다가오게 하셨다. 비로소 김개남 장군이 재창조되고 재평가의 길에 들어설 수 있게 된 것이다. 물론 이 책은 소설이 아니므로 허구나 가상의 상상력을 허용치는 않는다. 김 관장님은 철저한 고증을 거친 이미 학계에서 검증된 연구 결과물과 미발간 문헌 등을 섭렵해 김개남 장군을 최대한 가까이서 보는 듯이 묘사하고 있다. 여기에는 물론 출판사 측의 꼼꼼한 자료 찾기와 제공의 공이 컸다. 한 권의 단행본이 출간되기까지 이렇게 많은 노력과 투자가 있어야 했다.

동학혁명이 좌절되고 그해 12월에 체포된 김개남 장군은 제대로 된 재판을 받을 기회도 없이 즉결처분을 받고 순국하셨다. 민중에 대한 영향력은 전봉준 장군에 버금갔을 것이기에 행한 즉결처분이었을 것이다. 오히려 전봉준 장군의 노래인 파랑새는 주인공의 이름도 없이 그저 백성의 희망을 담은 것이라면, 끌려가는 김개남 장군을 향한 백성들의 노랫소리는 명백히 주인공의 이름이 등장한다. 민중들은 "개남아 개남아 김개남아, 그 많던 군대 어데 두고, 짚둥우리가 웬 말이냐." 또는 "개남아 개남아 진개남아, 수많은 군사 어데 두고 전주야 숲에 유시(遺屍) 했노"라고 노래했다. 쇠뿔도 단김에 빼는 불같은 장군의 성격을 닮은 듯 노랫말도 직설적이다. 이는 당시 백성들의 염원에 대한 안타까움을 한가득 담은 가락으로 좌절된 희망에 대한 원망의 표현이었으리. 책을 읽는 내내 드는 마음도 마치 내가 백성인 듯했다. 모두 김 관장님의 필력 덕분이다.

다만 그래도 남겨진 숙제들 때문에 마음이 여전히 무거운 것도 사실이다. 왜 김개남 장군과 전봉준 장군의 노선이 달랐는가? 전주화약 이후 집강소 통치 시기에 김개남 장군이 주둔한 남원을 중심으로 한 전라좌도에서 가장 훌륭한 자치 행정이 이루어진 동력은 무엇인가? 2차 기포 시 김개남 장군 부대가 청주성을 공격한 것은 농민군의 전력 분산이었을까 아니면 공주와 청주를 동시에 치기 위한 고도의 양동작전이었을까? 전주천변의 초록바위가 김개남 장군 처형지로 알려지게 된 까닭은 무엇인가? 전주부의 군사 훈련장이자 전통적인 처형지인 서교장이 처형지인 것은 분명한가? 2010년 임실에서 발굴 작업이 있었던 유해 찾기를 비롯한 관련 작업은 영영 성과를 거두지 못할 것인가? 이 모두가 후학들의 과제로 남겨져 있다.

이미 수운 최제우를 비롯해 동학과 관련된 인물들의 평전도 여러 권을 저술하신 김삼웅 관장님은 이번에도 제한된 자료 속에서 김개남 장군을 다시 역사 속에 가려진 인물에서 우리 곁의 인물로 부각시켰다. 그런 가운데 김개남이야말로 동학의 개벽사상에 가장 충실하게 근접한 인물이었다는 생각이 드는 것은 혼자만의 생각은 아닐 것이다. 어쩌면 동학의 창시자인 수운 최제우, 그 수제자이자 도통 계승자인 해월 최시형의 가장 훌륭한 제자가 김개남 장군일지도 모른다는 생각이 읽는 내내 들었다. 다시 한번 열악한 조건 속에서 김개남 장군을 이렇게 훌륭하게 역사의 전면에 부각시켜 놓은 김삼웅 관장님께 존경과 감사의 마음을 전한다.

차례

개남, 새 세상을 열다

제1장

잊혀진
혁명 전사를 찾아서

길이 끝나는 곳에서도 길이 되는

> 만일 조선사에서 반역아를 모조리 베어 버린다면
> 발랄한 기백이 그만큼 사라질 것이요,
> 따라서 뼈 없는 기록이 되고 말 것이다.
> -호암 문일평, 「역사상의 기인」

함석헌의 표현대로 "상투밑에 고린내 나는" 조선 왕조 500년 말기에 그나마 전봉준과 김개남·손화중 등이 있어서 '뼈 없는 기록'을 모면할 수 있었다. 이들은 조선 말기 척박한 이 땅에서 토우인(土偶人)과 같은 존재로 태어나서, 무너져 가는 나라를 바로 세우고자 역사의 수레바퀴를 굴렸으나 그 바퀴에 깔려 산화한 불우한 혁명가들이다. 무릇 대부분의 혁명가는 역사의 수레바퀴에 깔리지만 자신의 핏자국으로 거기에 새로운 길을 내는 사람들이다.

이들도 그랬다. 어느 시인의 표현을 빌리자면 "길이 끝나는 곳에서도 길이 되는 사람들"이다. 압제와 수탈로 얼룩진 조선사회의 '전통'을 깨부수고 분연히 일어선, 비범한 범인(凡人)들이었다. 그들이 태어난 골짜기와 지평선을 한 번도 넘어본 적이 없는 무명의 농민들을 이끌고 처음에는 부패한 관군과, 나중에는 현대식 병기로 무장한 일본군과 맞서 싸웠다. 항일전에서

허묘(墟墓)로 조성된 초기의 김개남 묘소와 묘비. 지금은 재차 정비되어 여러 석물들이 들어섰다. ⓒ 표영삼

15~20만 명이 죽었다.

'반봉건'과 '척왜척양'의 기치를 드는 것은 그 시대 상황에서 의열 장부라면 마땅히 들어야 할 시대적 사명이었다. '잘난' 양반들이 모두 몸을 사릴 때 그들이 그것을 들고 일어섰다. 반봉건이 이들의 첫 주장이라면 척왜척양은 그들이 남긴 마지막 뜻이었다. 이들은 소용돌이치는 역사의 아픔을 자신의 상처로 껴안으면서 농민군을 이끌고 동학혁명을 주도했던 영웅들이다. 그러나 부패한 봉건 지배층과 틈을 노리다 침입해 온 일본군의 현대식 병기 앞에 무참하게 쓰러졌다.

성리학을 기반으로 하는 조선의 봉건 체제와 대립하여 최제우가 창도한 동학은 개항 후 외세의 침탈까지 가중되어 안팎으로 봉건 체제의 모순이 집중적으로 심화되어 온 삼남 지방을 토대로 크게 발전하였다. 동학혁명은 조선 봉건제 해체사의 최종적인 도달점이며 근대 조선 민족해방운동사의 본격적인 출발점이다. 그 주동자 중의 한 사람인 김개남을 알기에 앞서 동학이 태동하게 된 역사적 배경은 여섯 가지로 요약할 수 있다. 첫째는 18세기 이후 변질된 조선 왕조 양반 사회의 정치적 모순, 둘째는 삼정의 문란, 셋째는 19세기 이후 서세동점의 세계사가 가중시킨 위기 속에서 민중 주체의 국가 보위의식의 팽배, 넷째는 전통적인 유교의 폐해에 따른 지도이념의 퇴색, 다섯째는 서학의 도전을 만족적 주체 의식으로 대응하려는 자세, 여섯째는 실학에서 현실 비판과 개혁 사상에 영향 받은 피지배 민중의 의식 수준 향상과 높아진 개혁의 의지 등을 들 수 있다.

최제우가 창도한 동학사상은 유교의 인륜, 불교의 각성, 선교의 무위가 회삼귀일(會三歸一)하는 접화군생(接化群生)의 천도사상을 말한다. 천도사상의 중심 개념은 인내천(人乃天), 즉 천인합일 사상으로 사람 섬기기를 하늘 섬기듯 하고(事人如天), 억조창생이 동귀일체(同歸一體), 즉 동포(同胞)라 하여 신분 차별과 계급제도를 부정하며, 인간평등을 주창하는 인존(人尊)사상을 종합한다. 이런 동학사상을 전봉준과 김개남 등이 사회혁명 철학으로 수용하여, 개항 이래 급속도로 진행된 외래 자본주의의 침투에 의한 반식민지화의 길을 걷고 있던 조선의 주권 수호를 위한 반외세 운동과 국내 봉건적 관료층의 수탈로 신음하는 피압박 민중의 해방운동, 반봉건 투쟁을 위한 이념으로 정립하였다.

동학혁명은 1894년 전라도 고부를 중심으로 시작되었다. 고부군수 조병갑의 가혹한 세금(쌀) 징수와 만석보의 수세 징수가 농민의 원성을 사게 되자 전봉준 접주가 중심이 되어 동학교도들과 농민들을 규합하여 봉기함으로써 고부봉기가 시작되고, 이것이 무장기포와 백산 결진을 거치며 동학혁명으로 폭발하였다.

동학군은 〈무장포고문〉에서 "민은 국가의 근본이다. 근본이 말라 버리면 국가는 쇠잔해지게 마련이다. 우리는 비록 재야의 유민이나 군토(君土)를 먹고 군의(君衣)를 입고 있으니, 국가의 위망을 앉아서 볼 수만 없다. 인로(人路)가 동심하고 순의하여 이제 의기를 들어 보국안민으로써 생사의 맹세로 삼는다"고 선언하고, 강령을 "양왜(洋倭)를 몰아내고 권귀(權貴)를 멸한다"고 하여 혁명의 명분이 외세 침략에 항거하고 국내의 봉건적인 귀족 세력을 타도하는 데 있음을 분명히 하였다.

이들은 고부에서 봉기하고 조병갑을 몰아낸 다음 일시 해산하였다가 다시 무장에서 더욱 세를 불려서 기포하고, 백산(白山)에서 대대적으로 집결한 직후 '격문'을 반포하였다. 인근의 동학도들과 농민들에게 "고통 받는 모든 이들은 우리와 함께하자"고 호소하였다.

격문을 띄운 지 며칠이 지나자 호남 일대의 동학교도와 일반 농어민들이 이들의 거사를 지지하며 구름같이 몰려왔다. 특히 동학의 지역 조직인 포(包)가 있는 곳은 각각 지역별로 기포하여 거점이 되는 백산의 창의대장소로 모여들었다. 이렇게 시작된 동학혁명은 곧 삼남에 이어 전국으로 확대되었다.

동학혁명에 참여한 사람들은 동학교도뿐 아니라 하층관료 · 서리 · 소외유생 · 역졸 · 농어민 등 각계각층이 망라되어, 봉기는 명실상부하게 국민혁명적 성격을 띠었다. 동학농민군은 전주성 점령 후 〈12개조 폐정개혁안〉을 정부에 제기하여 국정의 민주적 개혁과 외세 배제를 요구하였으며, 53개 주라고 하는 전라도 일원 대부분에 집강소를 설치하여 민중(농민) 자치의 민주주의를 시행하고자 시도하였다.

동학혁명은 부패한 봉건 세력이 끌어들인 일본군에 의해 끝내 좌절되었으나 반식민지, 반봉건의 민족·민중운동의 원천이 되어 이후의 민족운동사에 큰 영향을 끼쳤다. 즉 동학혁명 이후의 의병운동, 3·1혁명, 독립운동, 민주화운동, 촛불혁명 등의 정신적인 원류가 되어 오늘까지 계승되고 있다.

동학혁명은 '토지의 평균분작', '노비문서 소각' 등 정치 사회 면에서 높은 혁명성과 민중의 뜨거운 참여에도 불구하고, 조선 왕조 자체와 왕권을 타도의 대상으로 삼는 데에서는 지휘부 사이에 의견이 갈리는 등 정치의식의 한계성과 노선의 갈등이 노정되었고, 그 때문에 직접적인 근대 시민혁명으로 결실하지 못하고 말았다. 그럼에도 동학혁명이 이끌어낸 갑오개혁에서 토지 소유제의 진전, 전제 군주권의 제한, 노비제도의 전면 폐지, 무명잡세의 폐지 등을 시행하는 데 크게 기여하였다.

1894년의 동학혁명은 조선의 봉건 체제 해체사의 최종적 도달점이며 또한 근대 민족해방투쟁사의 본격적인 출발점으로서, 우리 근대사에서 하나의 커다란 전환기가 되었다. 그 중심부에 김개남 장군이 있었다.

억울하고 분통한 김개남 장군

좌절된 혁명가 치고 억울하고 분통하지 않은 사람이 없을 것이지만, 동학혁명 시기의 김개남(金開南, 箕範, 본명 永疇, 1853~1894) 장군과 같은 경우는 흔치 않을 것이다. 동학혁명은 전봉준·김개남·손화중의 3대 지도자에 의해 전개되었다. 여기에 김덕명과 최경선을 더하여 5대 지도자로 일컫기도 한다.

그럼에도 대부분의 동학혁명 관련 역사책과 연구서는 전봉준에만 집중한다. 드라마나 연극 등 예술 작품도 다르지 않다. 그래서 '동학혁명 = 전봉준'이라는 등식이 생겨나고 일반화되었다. 물론 동학혁명의 총지휘자는 전봉준이고, 그의 개혁사상과 비범한 능력, 출중한 인품은 동학혁명을 이끈 최고 지도자로서 조금도 모자라지 않는다. 우리 역사에서 그만한 민중의 영웅도 찾기 어렵다.

그러나 전봉준을 그러한 위상으로 자리매김하는 데는 그의 동지들 특히 김개남, 손화중의 동지적 결속이 필수적인 요소이다. 무엇보다 김개남과 손화중은 동학 조직 내에서 전봉준보다 상위의, 더 광역을 포괄하는 지도자(대접주)임에도 불구하고 그들의 조직적 역량을 총동원하여 전봉준을 총대장으로 추대함으로써, 혁명 역량의 구축과 동학 조직 동원에 결정적인 역할을 하였다.

전북 태인 출신인 김개남은 동학혁명의 준비와 진행 과정에서 특출한 역할을 하였다. 본명이 영주(永疇)인 그는 동학에 입문하여 활동하면서 신분 노출을 피하고자 기범(箕範)이란 가명을 사용하고, 어느 날 꿈에 신인(神人)이 개남(開南)이란 두 글자를 손바닥에 써서 보여 주었기 때문에 이름을 '개남'으로 고쳤다고 한다. "남쪽에서부터 개벽한다"는 뜻이 담겨 있다.

김개남은 동학의 2대 교주 해월 최시형(海月 崔時亨, 1827~1898)이 1890년경(또는 1880년대 중엽) 전라도 일대를 순행하며 포덕할 때 그를 만나 동학에 입도하고 접주로서 사회 개혁 사상에 접하게 되었다. 그러나 동학교단 내에서의 그의 위상을 볼 때 그의 입도 시기는 이보다 몇 년 앞선다는 기록도 있다.

동학혁명 과정에서 김개남의 역할은 본문에서 차차 살펴보기로 하고 여기서는 우선 전봉준과 김개남의 시국관과 대처 방안의 차이점을 살펴본다. 전봉준은 조선 왕조 체제는 그대로 인정하면서 먼저 '권귀(權貴)' 즉 부패한 탐관오리들을 척결해야 한다는 편이고, 김개남은 곧바로 한양으로 진격하여 부패 무능한 왕조를 타도해야 한다는 입장이었다. 전주성을 함락한 이후 전봉준이 '농사철이고 농민들이 많이 지쳐 있으니 기회를 봐가면서 입경하

전주시 덕진공원 내에 있는 김개남 장군 추모비. 1993년 '김개남장군을 추모하는 사람들'이 건립하였다. 추모비 기단부에는 〈김개남장군추모비〉라고 새겨져 있으며, 그 위에 올려놓은 자연석에 "개남아 개남아 김개남아"라는 글귀가 새겨져 있다. 비문은 강희남이 짓고 신영복이 썼다. ⓒ동학농민혁명종합정보시스템

자'고 한 전략에도 충분한 의미가 있고, 쇠뿔은 단김에 빼야 한다는 김개남의 노선도 틀리지 않았다. 차차 정리하고 분석하겠지만, 다소 거칠게 정리하면 전봉준은 근왕주의적인 입장이고, 김개남은 봉건체제 자체를 부정하는 혁명적인 전망을 하고 있었다. 두 사람이 함께 '반봉건·반외세'를 기치로 내걸면서도 현실 대처 방법과 진행 속도 면에서는 큰 차이를 보인 셈이다.

부패 무능한 조정을 뒤엎고 틈새를 노리는 왜적을 물리치면서 만민이 평등한 정의로운 세상을 만들고자 봉기했던 두 영웅은, 그러나 꿈을 이루지 못한 채 후일을 도모하다가 배신자들의 밀고에 의해 붙잡혀서 처형되었다. 김개남은 청주 병영의 공격에 실패하고 화문산 깊은 산골(현 정읍시 산내면 종성리)의 매부 집에 은신했다가, 아랫마을의 옛 친구 임병찬에 의탁하려다

되레 그의 밀고로 체포되었다. 전봉준이 체포된 마을에서 불과 20리 안팎 떨어진 곳에서 그도 붙잡힌 것이다.

관군은 붙잡힌 김개남을 황소 달구지 위에 태운 뒤 열 손가락에 대못을 박고, 달구지는 소나무 서까래로 삥 둘러 엮어 놓아 탈출하지 못하게 짚둥우리를 서까래 위에 덮어 씌웠다. 압송하는 길목마다 백성들이 몰려나와 외쳤다.

개남아 개남아 김개남아
수만 군사 어디다 두고
짚둥우리가 웬말이냐!

전봉준과 손화중 등 동학혁명 지도자들은 형식적이나마 사법 절차에 따른 재판을 받았고 공초(供招)라는 재판기록과 판결문까지 남겼으나, 김개남은 체포되어 한양으로 압송되는 도중에 즉결 처형되었다. 그가 압송되는 길목마다 관헌들의 제지에도 불구하고 구름같이 백성들이 몰려들자 전주감사 이도재는 1894년 12월 3일 전주성의 사형장인 서교장에서 많은 사람들이 지켜보는 가운데 처형(효수)해 버린 것이다. 제2의 동학혁명이 두려워 위법한 짓을 한 것이다. 김개남의 머리(首級)는 한양으로 올려 보내져, 동대문 밖 남벌원과 서소문 밖을 전전하며 여러 날 효시된 후 다시 전주로 보내졌다.

동학혁명 주도자, 전봉준이냐 김개남이냐

한 연구자는 동학혁명 주도자가 '전봉준이냐 김개남이냐'를 분석한다.

먼저 김개남이 주도한 것으로 볼 수 있는 정황이다; "⑴ 재력이 있어 활동

반경이 넓고 일가친척을 많이 끌어들인 점 (2) 전봉준보다 두 살 위의 의형(義兄)이라 주도적 입장이었다는 점 (3) 옥에 갇힌 부친 구출 위해 찾아온 전봉준을 이용, 통문을 써 주며 혁명으로 이끌어간 점 (4) 족속(族屬)인 전주감영의 전 영장 김시풍(金時豊)을 활용, 감영의 현직 영장 이하 장교까지 끌어들인 점(후에 그들은 참수 당함) (5) 김개남의 주도로 고부관아를 점령하여 지금실 김개남의 마을에서 녹두장군이라 호칭한 점 (6) 동학에 23세에 가입, 대접주가 먼저 되어 동학의 대접주 손화중 · 김덕명 · 김낙철 · 최경선을 위시한 동학도인들을 끌어들이고, 동학 교리 정신으로 4대 강령(명의)을 만든 점 (7) 조병갑이 곡식을 수탈하여 쌓아 놓은 백산에 농민군의 본영을 정하여 구축한 점 (8) 혁명을 남쪽에서부터 열어간다고 개남이라 호를 지은 점 (9) 전주성을 김개남이 먼저 점령한 점 (10) 체포되어 압송시 백성들이 너무 많이 따라붙어 위기를 느낀 관군이 한양으로 압송하지 못하고 전주 초록바위에서(최근 역사 연구에서 서교장으로 그 위치가 수정-필자주) 처형한 점 (11) 한양에서 효수된 전봉준의 머리도 가족에게 보냈는데(전봉준은 교수형을 당했다-필자주) 전봉준과 쌍벽을 이룬 김개남은 더욱 거물이라, 혹 탈출하여 봉기가 재발될까 두려워 전주에서 효수된 머리도 돌려주지 않은 점 (12) 남원에서 집강소 운영을 제일 뚜렷하게 잘한 점 (13) '개남장'의 자택에서 해월 최시형 교주가 일주일간 체류하였던 점 (14) 개남장의 집에는 최시형 · 손병희 두 교주의 영정을 현재까지 보관하고 있는 점."

다음으로 전봉준이 주도한 것으로 볼 수 있는 정황도 적지 않다; "(1) 전봉준 부친이 고부관아에 항의문 제출에 앞장섰다가 장살(杖殺)된 사건으로 인해 동학혁명이 시발된 점 (2) 이 사건으로 고부 농민들이 농민봉기에 참가를 많이 한 점 (3) 사발통문에 전봉준 장군을 선봉장이라 앞에 쓴 것(사발통문은 주모자를 알 수 없게 쓴 것이 특징이다. '선봉장'이라는 표현이 사발통문에 보이지는 않는다-필자주) (4) 혁명 당시 전봉준을 대장(大將)이라 호칭한 점 (5) 전주성에 개선장군같이 동학농민군의 호위 속에 입성하여 선화당(宣化堂) 전라감사 집무실에서 동학농민군을 지휘하고, 이때 백성들이 빈농 출신이 전라감사 자리에 앉았다고 녹두장군이라고 지칭한 점 (6) 전주화약을 주도한 점 (7) 남·북접이 연합하는 삼례대회 주도한 점 (8) 2차 봉기 이후 북향할 때 남·북접 통솔자로 동도대장이 된 점.[1]

이런 점을 염두에 두고, 이제부터 이야기를 풀어가 보자.

김개남과 전봉준 경세유표 영향도 받아

김개남과 전봉준 등 동학 지휘부는 조선 후기 각지에서 일어난 민란을 주도한 정도의 지도자 수준이 아니라 사상과 철학을 갖춘 경세적 혁명가였다. 그중에서도 경세(經世) 사상의 측면은 다산 정약용의 개혁사상에 영향을 크게 받았다. 특히 다산의 『경세유표(經世遺表)』는 이들의 거사에, 그리고 동학도와 농어민을 동학농민군으로 이끄는 이념적 지침이 되었다.

우리나라 실학의 집대성자로 일컬어지는 다산 정약용의 『경세유표』는 다산이 그의 노작을 말하면서 내세웠던 일표이서(一表二書, 『경세유표』, 『목민심서』, 『흠흠신서』) 중에서도 제일 먼저 꼽을 만큼, 다산의 방대한 저술 가운데 큰 비중을 차지한다. 다산은 1817년에 44권으로 펴낸 이 책의 서문에서 "지금 당장 개혁하지 않으면 나라는 반드시 망하고야 말 것이다."라면서 저작의 목적을 "우리의 낡은 나라를 새롭게 개혁하려는 뜻"이라고 썼다. 『경세유표』는 국가 전체의 체제를 전면적으로 개혁하기 위해 쓴 것으로 우리나라의 현실적 사정을 염두에 두고 국가 기구 개편, 토지제도와 부세제도 등 각급 제도의 개혁 원리를 제시하고 그 정책 방향을 구체적으로 설계한 이상적 국가 형태를 제시하였다. 다산에 의하면 인습에 인습을 더해 온 당시의 현실 정치 구조는 어느 것 하나 병들지 아니한 것이 없었으므로 한두 가지 개선책 정도로는 어느 한 병통도 개선되기 어려워 보였다. "충신과 지사가 팔짱을 낀 채 방관하"면서 한두 마디 거드는 식으로 개선할 수 있는 상황이 아니었던 것이다. 그만큼 『경세유표』는 국가 체제의 전반적인 개혁안으로서 실학자 계열의 국가개혁론으로는 독자적인 위치를 차지하고 있으며, 우리나라 전근대 역사를 총체적으로 집약해 둔 원천적 문헌으로서의 가치를 가지고 있다.[2]

일제강점기 정약용의 사상을 연구한 독립운동가이며 마르크스주의 역사학자인 최익한은 《동아일보》에 「『여유당전서』를 독함」이라는 글을 1938년 12월 9일부터 1939년 6월 14일까지 연재하고, 해방 후 북한(1946년)에서 이를 바탕으로 『실학파와 정다산』이라는 단행본으로 엮어냈다. 초기 다산 연구의 금자탑으로 불리는 저술이다. 최익한은 『강진읍지(康津邑誌)』의 「명승초의전(名僧草衣傳)」을 인용하여 동학 수뇌부가 거사를 앞두고 정약용의 『경세유표』 등을 이용하였다고 밝힌다. 즉 조선 후기의 명승 초의선사(草衣禪師, 1786~1866)는 우리나라 다도(茶道)의 정립자로 알려져 있는데 또한 다산의 시우(詩友)일 뿐 아니라 도담(道談)을 나누는 벗이었다. 다산은 1818년에 해배(解配)되어 고향(남양주)으로 돌아가기 직전에 『경세유표』를 밀실에서 제작하여 그의 제자 이청(李晴)과 초의선사에게 주어서 은밀하게 보관하고, 또 조심스럽게 배포할 것을 부탁하였다. 그런데 그 전문이 일부 유실되고, 나머지만 계속해서 전해졌다. 그것을 훗날 전봉준과 김개남 등이 입수하여 공부하였다는 것이다.

… 일부는 그 후 대원군에게 박해를 당한 남상교(南尙敎), 남종삼(南鍾三)

부자와 홍봉주(洪鳳周) 일파에게 전해졌으며 일부는 그 후 강진의 윤세환 (尹世煥), 윤세현(尹世顯), 김병태(金炳泰), 강운백(姜雲伯) 등과 해남의 주정 호(朱挺浩), 김도일(金道一) 등을 통하여 갑오년에 기병(起兵)한 전녹두(全綠 豆) 김개남(金介男) 일파의 수중에 들어가서 그들이 이용하였는데 전쟁 끝 에 관군은 다산 비결이 녹두 일파의 '비적(匪賊)'을 선동하였다 하여 다산의 유배지 부근의 민가와 고성사 · 백련사 · 대둔사 등 사찰을 검색한 일까지 있었다.[3]

중국의 모택동은 "모든 권력은 총구에서 나온다"라고 말한 바 있지만 모 든 혁명이야말로 '종이(紙上) 위에서' 이루어진다. 풀브라이트가 『지상혁명 론(紙上革命論)』에서 말한 "일체의 혁명이 이론서 위에서 출발했다"라는 주 장은 반격의 여지가 없는 사실에 속한다.

대부분의 근대 혁명은 총칼 등 무기로 진행되었지만 혁명의 씨앗은 '혁명 서'라는 종이에서부터 출발한다. 여러 나라의 주요 혁명이 그랬다. 세계사 를 바꾼 대혁명의 배경에는 반드시 혁명의 당위성을 제시하는 이론서나 이 를 촉발시키는, 여러 가지 형태의 혁명을 부추기는 글이 있었다. 체계적인 논설일 때도 있고, 팸플릿에 실린 쉬운 내용의 글, 혹은 연극대본일 경우도 있었다. 세계적인 혁명을 부채질(?)한 대표적인 혁명서(革命書)를 찾아본다. 프랑스혁명은 보마르세의 『피가로의 결혼』과 존 로크의 『시민정부론』, 미 국혁명은 토마스 페인의 『상식』과 스토우 부인의 『톰 아저씨의 오두막집』, 러시아혁명은 마르크스 · 엥겔스의 『공산당 선언』, 중국 혁명은 손문의 『삼 민주의』와 모택동의 『상강평론』, 『공산당선언』, 한국의 4월 혁명은 장준하 의 『사상계』가 큰 역할을 하였다.

1894년의 동학혁명은 조선 사회의 여러 가지 정치 사회적인 배경과 일본

김개남 고택이 있는 지금실 전경. 김개남은 태인 산외면 정량리에서 태어나 7세 때 이곳으로 이주하였으며, 고택 터에는 결혼하면서 분가한 것으로 전해 온다. 사진은 1980년대 풍경이다. ⓒ표영삼

을 포함한 서구열강의 침투를 지켜보면서 봉기가 시작되었다. 여기에는 동학 창도 이래 수운 최제우의 『동경대전』과 『용담유사』 등에서 표출된 개벽사상이 밑바탕에 놓이고, 정약용의 『경세유표』를 비롯해 실학 관련 저술이 다시 크게 영향을 주었다. 정약용은 전라도 강진에서 유배 생활을 하면서 예리한 시각으로 시대를 분석하고 비판하는 저술을 남겨서, 전봉준과 김개남 같은 변혁적 지식인에게 영향을 끼쳤다.

김개남은 왕조 타도 지향한 혁명가

다산은 강진에서 그 지역 농민들의 참상을 지켜보면서 사회시를 자주 지

었다. 「애절양(哀絶陽)」은 계해년(癸亥年, 1818)에 지은 것으로, 삼정(三政)의 문란으로 군보(軍保)에 시달리는 농민들이 자기의 생식기를 자를 만큼 고통을 겪는 비극을 그리고 있다.

> 갈밭마을 젊은 여인 울음도 서러워라 / 현문(懸門)향해 울부짖다 하늘 보고 호소하네 // 군인 남편 못 돌아옴은 있을 법도 한 일이나 / 예부터 남절양(男絶陽)은 들어보지 못했노라 // 시아버지 죽어서 이미 상복 입었고 / 갓난아인 배냇물도 안 말랐는데 / 삼대(三代)의 이름이 군적에 실리다니 // 달려가서 호소하나 동헌 문엔 호랑이요 / 이정(里正)이 호통하여 단벌 소만 끌려갔네 // 칼을 갈아 방에 들자 자리에 피가 가득 / 스스로 한탄하네. 아이 낳아 닥친 곤액 // (…) 부자들은 한평생 풍악이나 즐기면서 / 한 알 쌀, 한 치 베도 바치는 일 없으니 // 다 같은 백성인데 이다지 불공한고 / 객창에서 거듭거듭 「시구편(鳲鳩篇)」을 읊노라.[4]

다산이 유배생활을 하던 강진에 '갈밭(蘆田)'이라는 농촌 마을이 있었다. 그 마을에 사는 한 빈민은 그 아버지가 죽은 지 3년이 지났으나 군보(軍保)의 명부에 여전히 이름이 올라 있어 그(아들)가 군포(軍布)를 계속 부담해야 했으며, 또 그가 아들을 낳자마자 관리들은 그를 장정(壯丁)으로 곧바로 명부에 입적하여, 그가 그 갓난아이의 군포를 또한 부담해야 했다. 결국 장정 한 사람이 3인의 군포를 부담해야 했으니, 도저히 감당할 수가 없었다. 그러나 관의 재촉은 조금도 수그러들지 않았다. 악에 바치고 낙담한 아이 아버지는 "이놈의 것이 있기 때문에 이 원수인 군포를 부담할 아이를 낳았구나!" 하고는 칼로 자기의 생식기[陽物]를 잘라 버렸다.

그의 아내이자 아이 어머니는 기가 막힌 참경에 울부짖으며 피가 뚝뚝 떨어지는 남편의 살덩이(벌써 생식기는 아니다)를 싸 가지고 관아로 달려갔다. 사정을 하소연하려 하였으나, 관아의 문지기는 완강히 막아서서 아내를 관아 안으로 들여보내지조차 않았고 그러자 이정(里正)은 되려 그 집의 단벌 재산이자 목숨을 잇는 마지막 끄나풀인 농우(農牛)를 군포 대신 빼앗아 가 버렸다.[5]

이런 일이 비일비재하였으니, 조병갑의 '만석보 수세 징수'는 양반 축에 드는 셈이었다. 그러나 우리가 '만석보 수세'라고만 알고 있는 이야기의 이면에, 그 부담을 감당하느라 얼마나 많은 농민들과 그 아들, 딸, 며느리, 노부모들이 피울음을 토했을지 짐작할 수 있게도 한다.

김개남 등이 주도한 동학혁명은 이와 같은 처참한 시대에 광제창생(廣濟蒼生)과 보국안민(輔國安民), 척왜척양(斥倭斥洋)의 기치를 내걸고 전개되었다. 일시적으로는 전라도 일대를 장악하고 집강소 등의 민정기관 설치하고 위로는 폐정개혁의 요구안을 관철시키는 한편 아래로는 직접적인 폐정개혁 활동에 나서면서 민중 주도의 관민 협치라는 성과를 거두었으나, 결국은 관군과 왜병에 의해 처절하게 학살·진압되고 말았다.

동학혁명이 일어나고 120년도 더 지난 지금까지, 이 혁명의 3대 지도자인 김개남은 왜 묻히고, 연구서의 한 귀퉁이에 이름 석 자가 나올 뿐일까. 동학혁명 당시에는 "전봉준과 김개남은 그 악명이 서울과 지방에 퍼져서 조정에까지 들어갔기 때문에 반드시 이 2명을 거괴라고 하지만"[6]이라는 데서 알 수 있듯이 전봉준과 함께 한양에 이름이 알려진 양대거괴(兩大巨魁) 중 한 사람이었다. 실제로도 김개남의 위력은 대단하였다. 그러나 2차 동학혁명이 우금치 전투 중심으로 정리되면서, 또 김개남이 공초 기록 등을 남기지 못하고 처형됨으로써, 김개남의 역사는 실제에 비하여 쪼그라들고 말았다. 이것은 한 개인의 문제가 아니라, 세계적인 혁명인 동학혁명 정사(正史)를 올바로 정리하기 위해 반드시 풀어야 할 숙제이기도 하다. 앞으로 차츰 정리되어 나가겠지만, 한 연구자의 기록에서 많은 것을 유추하게 된다.

전봉준으로 대변되는 일부 지도자는 당시 조선 왕조의 대내외적 위기 상황이 민씨 척족의 세도정치에 기인한 것으로 파악하였다. 따라서 이 집단은 민씨 척족 세력을 축출하고 대원군을 추대하는 것을 핵심 내용으로 하는 정치적 구상을 추진하였다. 하지만 이 집단은 대원군을 추대하여 집권한 후 보국안민 실현을 위한 이상적인 권력 구조로, 몇 사람의 명망가의 합의정치를 실현하려 하였다. 즉 이들은 조선시대 사림파가 추구하려는 사림정치의 이상을 실현하기 위한 정치운영 구조인 군신공치(君臣共治)를 구상하였다.

김개남 등 일부 지도자는 조선 왕조를 전복하고 새 왕조를 건설하려는 구상을 지니고 있었다. 이들은 전봉준, 최시형 등의 조선 왕조의 국법에 준하는 폐정개혁 등의 활동 요구, 즉 집강소 체제하에서의 활동보다는 좀 더 급진적인 폐정개혁 등의 활동을 추진하였다. 이처럼 동학지도자들은 조선 왕조 질서 내에서의 개혁을 통한 보국안민 실현, 조선 왕조를 전복하고 새 왕조 건설을 목표로 하는 구상을 지닌 지도자로 나뉘어 있었다. 이것이 동학혁명 전개 과정에서 대국적인 전략을 펼쳐나가는 데 일정한 장애로 작용한 것은 사실인 듯하다. 다만, 이러한 입장 차이를 근거로 동학농민군 지도자들 사이의 갈등설과 심지어 대립설을 이야기하는 것은 섣부르다.[7]

이들 동학혁명 지도자들이 꿈꾸었던 새 세상에의 꿈, 그리고 투쟁의 과정을 김개남 장군을 중심으로 살펴봄으로써, 묻혀지고 잊혀진 역사의 흔적과 인물을 되살려 내고, 오늘 우리에게 주어진 시대적 사명에 우리는 어떻게 대처해 나가야 할지를 가늠하는 좌표로 삼을 수 있기를 기대하며 대장정을 시작한다.

제2장

혁명가
김개남의 출생과
성장

전북 태인에서 부농의 아들로 태어나

김개남은 1853년(철종 4) 9월 15일 전라도 태인군 산외면 정량리 997-1 (원정마을)에서 도강김씨인 아버지 김대흠(金大欽)과 어머니 익산이씨의 7남매 중 셋째 아들로 태어나(3형제 중 막내) 7세 때 태인군 산외면 동곡리 윗지금실로 이사하여 성장하였다. 현재의 고택터(현 정읍시 산내면 630번지)는 그가 결혼하면서 분가(分家)하였다.

그가 태어나 성장한 태인(泰仁)은 태산(泰山)과 인의(仁義)가 합쳐서 생긴 지명이다. 산외면은 서쪽으로 옹동면·칠보면과 남쪽으로 왕자산·성옥산 등을 경계로 산내면과 동쪽은 묵방산 등을 경계로 임실군 운암면과, 북쪽과 북동쪽은 국사봉 등을 경계로 김제시 금산면, 완주군 구이면과 인접하고 있다.

태인은 섬진강과 동진강의 분수계가 되고 도원천 주변에 기름진 평야가 있어 쌀을 비롯한 잎담배·고추·양잠업 등이 이루어진다. 전라북도 동부 산간지방과의 남쪽 길목이 되어서 교통이 편리하다. 김개남의 부인은 손자(환옥)에게, 동학혁명 봉기를 위해 백산으로 출진할 때 이곳 지금실에서 수천 군사가 집결하여 출발하였다는 증언을 남겼다

김개남이 태어난 1853년 4월에 러시아 함대가 영일만까지 남하하여 동해안을 측량하고 6월에는 조정에서 각지의 유랑민이 증가하여 한성(한양)에

김개남 생가터. 태인군 산외면 정량리 997-1 (원정마을) ⓒ동학농민혁명종합정보시스템

모인 유랑민을 강제로 고향으로 돌려보내는 일이 있었다. 1855년 영국 군함이 독도를 측량하고, 프랑스 군함이 동해안을 측량하는 등 서구열강의 침투가 시작되었다.

김개남이 7살 되는 1860년 수운 최제우가 김개남의 운명과도 직결되는 동학을 창도하고, 1862년 2월 진주민란을 시작으로 '임술민란'이 발발했다. 4월에는 익산·개령·함평, 5월에는 충청·경상·전라 각지에서, 10월에는 제주·함흥·경기도 광주에서 민란이 발생했다.

1863년 11월 동학교조 최제우가 체포되었고, 12월 고종이 즉위하면서 대원군 이하응이 정권을 장악하고, 이즈음 남해에서 민란이 발생했다. 1864년 3월 동학교조 수운 최제우가 혹세무민의 죄목으로 대구 감영 처형장(장대)

에서 사형 당하였다. 1865년 4월 대원군은 경복궁 중건 공사를 시작하면서 농민들을 동원하고 원납전을 강요하여 민생이 도탄에 빠지는 등 내외정세가 소연했다.

김개남의 16대 할아버지가 이성계를 도와 조선 개국에 기여하여 공주목사 겸 병마어사·한성부윤 등을 지내고 사후 조정에서 충민공의 시호를 받았으며, 10대 조인 원모당 후진은 임진왜란 때 모병과 군량미 조달에 크게 공을 세워 둔자감 직장의 벼슬을 내렸으나 부임하지 않았다. 조선시대에 여러 명의 장수가 도강김씨 문중에서 배출되었으며, 윗(상)지금실과 아랫(하)지금실 마을은 오래전부터 도강김씨 집성촌을 이룰 만큼 대대로 터를 닦고 살아온 곳이다.

김개남의 집안은 근대에는 벼슬아치가 없었으나 전통적으로 부농 측에 들 만큼 여유가 있었다. "(김개남 집안은) 신라 마지막 왕 경순왕의 후예인 도강(道康)김씨로 당시 천여 석을 하는 부농이었다. 그의 집안은 벼슬살이는 못했으나 인근에서는 글 잘하는 사족으로서의 대접을 받았다."[8]는 기록이 전한다.

부친 대흠이 일찍 돌아가시고, 맏형인 영백(永百)의 슬하에서 자라면서도 김개남은 그늘 없이, 아니 그보다는 훨씬 더 유쾌하게 자라났던 것 같다. 어렸을 때부터 김개남은 영특하여 한문 공부를 한지 얼마 지나지 않아 더 가르칠 것이 없었다 하고, 재주가 많았으며 똑똑하고 야무진데다 날쌨다고 한다. 비록 체구가 작았지만 눈에 광채가 나서 상대방이 김개남의 눈빛과 마주치지 못하리만큼 위풍이 있었다.

조선시대에는 잘 사는 집에서 아들 다산을 위하여 조혼을 시키는 풍습이 있었다. 김개남은 열아홉 살 때인 1871년에 전주 구이면 원기리의 연안이씨 규수를 아내로 맞이하였으나[9] 곧 상처하였다. 그 후 세 살 아래 임실군 청웅

김개남 고택터. 김개남이 결혼하여 분가하면서 살았던 정읍시 산외면 동곡리 713번지. 이곳에서 김개남 휘하 동학농민군이 집결하여 백산으로 출진하였다. ⓒ이병규

면 향교리의 전주이씨(1856.5.12生)와 재혼하여 아들 백술(佰述 1884.7.1生)과 3녀를 낳았다. 백술은 부인 경주김씨와 결혼하여 환옥과 환섭 형제를 낳았으며, 환옥은 남원양씨와의 사이에서 상기(相基)·종기(鍾基)·정기(正基)·진기(珍基) 4형제를 두었고 환섭은 제주고씨와의 사이에서 인기·인형 형제를 남겼다.

김개남은 병서(兵書)를 좋아해서 『손자병법』과 『삼국지』 및 『목민심서』를 즐겨 읽었으며, 무술을 연마하여, '날아다닌다'고 했다는 구전도 전해진다. 열아홉 살 때부터는 나귀를 타고 다니며 많은 사람들과 친교를 맺었다는 이야기도 전한다.[10]

청년 김개남, 병서 읽고 전봉준 사귀어

그가 성장하는 동안 나라 사정은 점차 어지러워져 갔다. 왕조 말기의 사회경제적 모순과 신분 간 대립, 정치적 부패와 탐관오리의 수탈, 기존 가치질서의 붕괴와 천주교 전래와 민족종교 동학 창도, 자본주의 서구 열강의 침투와 이로 인한 경제 파탄, 사회 불안 등이 겹치면서 전국 각지에서 민란이 일어났다. 민란은 농민 항쟁의 수준으로 발전해 갔다.

그 중심에 동학이 깊숙이 배어들었다. 사학자이면서 독립운동가인 박은식(朴殷植, 1859-1925)의 진단이다.

> 동학의 발단은 매우 미미했으나 그 결과는 매우 컸다. 조그마한 불씨가 들판을 불태우는 데까지 미치고 떨어진 물방울이 흘러서 강과 바다를 이루었으니, 한국의 대란과 중·일 대전이 이로 말미암아 일어났다. 철종 때 경상도 경주 사람 최복술(崔福述: 崔濟愚의 兒名-필자주)이 있었는데, 그는 지체가 낮은 집안에서 태어났다. 그는 스스로 서교(西敎)에 대칭하여 동학(東學)이라 불렀으며, 그 종지(宗旨)는 유교·불교·도교를 혼합한 것이었다. 주문(呪文)은 '시천주조화정영세불망만사지(侍天主造化定永世不忘萬事知)' 13자였다. '붓을 잡으니 신이 강림했고 칼춤을 추니 공중에 뛰어 오른다'는 따위는 매우 괴이했다. 동학의 무리들은 밤이면 반드시 깨끗한 물을 떠놓고 보국안민(輔國安民)을 기도하였고, 밥을 지을 적마다 쌀 한 숟가락씩을 떼어 놓아 성미(誠米)라고 부르면서 저축하여 교주의 봉양미로 삼았고 최복술을 받들어 신사(神師)로 삼아 서교(西敎)의 예수 기독과 같이 섬겼다.[11]

역시 독립운동가이며 사학인 장도빈(張道斌, 1888-1963)의 견해도 소개한다.

조선 말세의 대세는 마치 쇠한 나무에 좀이 생기듯 썩은 고기에 벌레가 생기듯 천하만사가 날마다 부패 쇠망에 들어간 원인은 대개 문약정치(文弱政治)와 사색당쟁(四色黨爭)에 돌릴 것이다. 문약정치는 물론 이조 초엽부터이거니와 사색당쟁은 선조 시대부터였다.[12]

구전에 따르면 김개남이 열세 살 때인 1865년, 전봉준이 아버지 전창혁을 따라 동곡리 아랫지금실로 이사를 왔다. 김개남보다 두 살 아래인 전봉준이 열한 살 때이다. 이웃 마을이다 보니 이들은 자주 어울렸다. 김개남의 아명은 김기선(金琪先)이고 20대에는 기범(箕範), 족보에는 영수(永疇)로 올렸다. 김개남이란 이름은 동학혁명을 시작하면서 "한반도의 남쪽부터 해방한다"는 뜻으로 작명한 것으로 전한다. 그러나 이때 '남(南)'은 단순히 방위(方位)가 아니다. 이는 혁명아 김개남의 일생을 짚어 본 후에 이야기할 수 있을 것이므로 후술하기로 한다.

당시 김개남은 김기선(金琪先)이라 불리며 전봉준보다 두 살 더 많은 열두 살이었고 윗지금실의 비교적 유복한 가정환경 속에서 사서삼경(四書三經)을 떼고 병서를 읽으며 군사놀이를 즐겼다. 병정놀이를 할 때는 근동 마을 아이들이 모두 모여들었다. 김기선(김개남)이 언제나 대장 노릇을 하였고 나이 많은 큰아이들까지도 김개남을 대장이라 부르는 것을 보고, 전봉준은 다른 고을에서 이사 온 데다가 나이도 두 살이나 아래인지라 김개남을 적절하게 대장이라고 부르면서 따라다녔고, 더 다정하게 가까워졌을 때는 형이라고도 부르며 함께 어울렸다고 한다.[13] 전봉준의 외손녀로 알려진 감금례의 증언에는 그의 "어머니 고부댁(김옥련, 전봉준의 딸)으로부터 전봉준이 태인 산외면 동곡리 지금실에서 동학혁명 핵심 지도자인 김개남과 아래윗집으로 살았다는 말을 들었다"[14]는 기록도 전한다. 지금실에서의 김개남과 전봉준의 관계는 그 전봉준 딸을 매개로 해서도 이어진다.

전봉준과 김개남의 관계는 전봉준의 장녀가 정읍군 산외면 동곡리 지금실로 시집갔다는 사실과 밀접한 관련이 있다. 지금실에 살고 있는 촌로들의 구전에 따르면 거의 장녀는 김개남의 이웃으로 출가하였기 때문에 전봉준과 김개남은 가끔식 만날 기회가 있었고 그럴 때마다 의기가 통하여 대사를 함께도모하게 되었다고 한다. 일설에 따르면, 전봉준의 딸이 이곳으로 시집 오게 된 것도 김개남의 중매로 이루어진 것이라고 한다.[15]

또 김개남과 전봉준은 지금실뿐 아니라 "전주군 봉상면(鳳翔面, 鳳洞) 구미리에도 한때 함께 이주해서 살았다"는 구전도 전한다.[16] 후손들의 구전에는 이 봉상면에서 훗날 '전주부 영장'이 된 김시풍(金始豊)을 처음 만나고 돌아와 그것을 주변 사람들에게 자랑하고 다녔다고 한다. 전봉준과 김개남은 각각 상처(喪妻)한 슬픔을 동병상련으로 나누는 사이이기도 했다. 분명한 것은 동학혁명의 두 영웅 전봉준과 김개남은 이처럼 10대 초반부터 청년이 되어서까지 어울리면서 벗이 되고, 얼마 뒤에는 동학의 교도로서 뜻을 함께하게 되었다는 점이다. 일부 기록에는 이 무렵에 의형제를 맺었다고 하는데, 입증할 기록은 없다. 김개남의 후손(손자) 김환옥의 증언을 통해 김개남의 소년시절의 삽화를 들여다본다.

소년 김개남은 무척 개구쟁이였던 모양이다. 고만한 또래의 아이들을 데리고 '서리'를 하는데 여느 아이들과 달리 닭서리, 참외서리, 콩서리보다

'돼지서리'를 했다는 것이다. 이 이야기를 할 적에 환옥은 아주 은밀스런 표정을 지었다. 아무튼 "우리 할아버지가 남원에서 도지사 했대여. 전봉준이가 뭐 알아? 우리 할아버지가 앞장서라고 시켰대여!"라고 말했다.[17]

또 전북 임실군 청웅면 향교리(578-1 일대) 성밭 마을은 김개남의 외가 마을(모친 익산이씨의 묘소가 청웅면에 있다)이면서 처가마을이기도 하며, 20세 초반 청년시절 김개남이 서당을 열어 학동들을 가르쳤다는 구전이 전해 온다. 김개남이 첫째 부인과 사별하고, 두 번째로 결혼한 전주이씨가 이곳 성밭 마을 출신이어서, 결혼 직후부터 이곳에 서당을 연 것으로 보인다.[18] 이런 인연으로, 훗날 김개남이 백산 결진에 합류할 때 이 마을 사람들도 향교리에 모여 3월 18일 지금실로 가서 김개남 포에 합류하였다고 전한다. 한편 머리 없는 김개남의 육신이 이 마을에 묻혔다는 이야기가 전해오는 바에 따라 2010년 운암면 학암리 산162번지 일대에서 유해 발굴 작업을 하였으나 성과 없이 끝나고 말았다.

젊어서 동학 입도, 해월 선생 옷 지어

호남은 땅이 기름지고 물산이 풍족하여 조정의 세력을 등에 업은 탐관오리들이 탐내는 곳이었다. 이 지역에 은거하면서 뒷날 '매천필하무완인(梅泉筆下無完人)' 즉 "매천 황현의 필봉에는 완전한 사람이 없다"고 할 정도로 지위고하를 막론하고 매섭게 비판했던 황현의 기록이다.

호남은 우리나라 남쪽의 울타리로 산천의 경개가 뛰어나고 물산이 풍요로워 온 나라가 먹고 입는 자원의 절반을 호남에 의지하고 있다. (중략)

최근에는 (벼슬아치들이 사사로이-필자주) 욕심을 채우는 더러운 일들이 날로 늘어났는데, 호남은 재물이 풍부하여 그 욕심을 채워줄 만하였다. 무릇 이곳에서 벼슬을 하는 사람들은 백성들을 양이나 돼지처럼 여기면서 마음대로 묶고 빼앗았으며, 일생 동안 종과 북을 치면서 사방에서 빼앗았다. 이리하여 한양에서는 "아들을 낳아 호남에서 벼슬을 살게 하는 것이 소원이다"라는 말이 떠돌 정도였다. 이에 관리는 도척(盜跖)이 되고, 아전은 창귀(倀鬼)가 되어 (농민들의) 살을 깎고 뼈를 바르며 거두었고, 그 부정한 축재물을 나누어 가지는 데 참여하였다. 감영의 아전은 감사의 권위를 끼고 모든 고을을 집어삼켜 버렸으며 그 기세가 더욱 극심하였다. (중략) 간혹 청렴하고 명철한 어사가 그 죄를 다스리고자 하면 세도가들이 그들을 극진히 비호하여 서찰을 보내어 용서를 청하였다. (중략) 대원군 하응은 일찍이 "우리나라에 세 가지 큰 폐단이 있는데, 충청지방의 사대부와 평안지방의 기생과 전라지방의 아전이다"라고 하였다.[19]

동학은 영남(경주)에서 창도되었으나 호남에서 더욱 번창하였다. 가렴주구에 시달리던 호남인들은 동학의 만민평등과 인존사상에 심취하게 되고, 그만큼 지역마다 동학의 일선 조직인 포(包)와 접(接)이 많아졌다. 또 다른 이유도 있었다. 최제우가 관군이 쫓겨 피신지를 전북 남원으로 정하고 이곳에 1년여 동안 은거하면서 호남지역 포교가 시작되었다.

동학은 최제우가 순도(殉道, 1864, 대구)하면서 해월 최시형에게 도통(道統)이 이어졌다. 해월은 강원도에 은거하며 동학의 세력을 키웠고, 충청도를 거쳐 1880년대는 호남 지역에까지 동학 세력을 넓혔다. 호남 지역의 교세가 폭발적으로 성장하자, 도근(道根)이 얕은 도인들을 지도하기 위해 1891년 호남지방을 순회하였다. 이때 해월은 김개남의 집에 며칠 머물렀다. 김

개남이 한 해 전(1890, 또는 1885년 전후, 해월이 최초로 호남을 순회할 당시)에 동학에 입도하여 인근에 포덕을 널리 한 대접주였기 때문에 가능했던 일이다. 또한 당시 김개남이 살던 윗지금실의 집은 여러 사람이 머물러도 좋을 만큼 큰 집이었다.

(윗지금실의) 320평 되는 집터의 뒤는 상두산 아래 대나무 숲으로 둘러싸인 당산(堂山)이었다. 이 유서 깊은 고택에서 동학농민혁명이 일어나기 2년 전인 1892년에 동학 교주를 맞이하기도 했다. 해월 최시형 2세 동학 교주가 김개남의 자택을 방문하여 일주일간 유숙할 때였다. 의복이 귀한 시절이라 손화중이 옷 세 벌, 최경선과 김덕명이 네 벌 등 모두 합쳐 옷 일곱 벌을 지어다 최 교주에게 건넨 일이 있었다.[20]

김개남이 자란 지금실 마을. 이곳에서 성장한 김개남 장군은 훗날 동학에 입도하여 동학 교주 해월 최시형 선생을 이곳에 있는 자신의 집에서 일주일간 머물게 하고, 옷 다섯 벌을 선물하였다. ⓒ이병규

이 기록에는 빠져 있으나 이때 김개남도 옷 다섯 벌을 지어서 선물했다고 한다.[21] 김개남은 1891년에 입도하였다는 기록도 있지만, 정확하게 언제 누구의 주선으로 동학에 입도했는지는 밝혀지지 않았다. 다음의 글에서 추론이 가능할 것 같다.(뒤에서 재론한다.)

그는 자라서 상두재를 넘어 전주로 넘나들었고, 이때 일가붙이인 전주 영장 김시풍과 교분이 두터웠다 한다. 그리고 그가 이때쯤 사귀던 사람들은 시세에 불평불만을 가진 사람, 기개가 있고 호걸스러운 사람 그리고 양반이나 벼슬아치보다 고통에 신음하는 서민들이었다 한다(김동기의 증언).

이런 그였으니 낡은 세상(先天)을 대체하여 새로운 세상(後天)을 불러온다

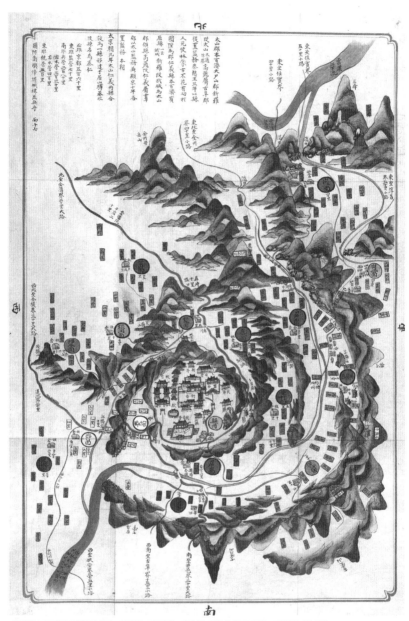

태인현 지도(『고지도로 보는 동학농민혁명』, 2010, 전라북도동학농민혁명기념관)

는 동학에 입도한 것도 자연스러운 일이었을 것이다. 그는 적어도 전봉준보다 먼저 동학에 입도했고, 도강김씨의 자제들과 그의 친인척을 모두 거사에 끌어들였던 것이다.

전통규방가사의 맥을 이어온 시인 소고당 고단(紹古堂 高短, 1922~2009) 가사집에 실린 '동학이야기'에는 전봉준과 김개남을 아울러 다음과 같이 묘사하고 있다.

승승장구 동학군은 척왜척양 기치아래 우금치를 공격할제 관군이며 일본군에 악전고투 보람없이 원통하게 패망하니 청일양국 간섭으로 혁명큰 뜻 못이루고 제세안민 그기치가 산산조각 되었구나 김개남은 좌도접주 전봉준은 우도접주 쌍두마차 달렸건만 천운이 불길턴가 김개남은 산내종성 임모씨의 고변으로 전주감영 끌려가서 형장이슬 되었구나 녹두장군 기록 남아 동학정신 완연타만 개남장군 자취보소 일자기록 전혀없네 공초기록 남았다면 전녹두에 비견하리 조모말씀 되새기며 녹두장군 외손녀랑 개남장군 후손들을 정다웁게 찾아보세 녹두장군 따님한분 지금실 강문에서 일남삼녀 두었으나 외손자 강성진은 행방불명 자취없고 외손녀 강금례는 박씨문중 출가하여 동곡리 두옥간에 숨은듯이 살고있네 팔삭동이 김개남의 소년시절 거동보소 길을가던 도승이 그아이 비범타만 시운을 못탔구나 그 말들은 개남모친 주야로 근심터니 글공부가 일취월장 이름은 영주요 계축 구월 십오일생 초취부인 연안이씨 십구세에 상배하고 임실청웅 선밭마을 서당에서 글갈치며 전주이씨 속현하여 일자백술 손자형제 환옥환봉 그자손이 지금실서 살고 있네 이십일세 입교하여 제세안민 하려다가 사십일세 갑오섣달 초사흗날 효수되니 영웅호걸 그 자취야 인생무상 이 아닌가.

제3장

수운 최제우의 영성과 개혁사상

최수운의 역사의식

김개남의 사상적 원천이 동학이라면 동학의 뿌리는 수운 최제우다. 따라서 김개남의 정신적 뿌리를 알기 위해서는 먼저 최제우의 종교 사상과 개혁 사상을 이해해야 할 것이다. 수운 최제우는 종교 창도자인가, 개혁사상가인가, 혁명가인가. 그의 행적과 이적(異蹟)과 업적을 살펴보면 이 모든 것을 종합한, 그래서 우리나라 역사에는 매우 보기 드문 인물에 속한다. 그가 창도한 동학은 단순히 서학에 반대하는 또는 대칭되는 이데올로기가 아닌, 유·불·선·풍류·무속·주술·풍수지리설에 이어 영부·주문 등 민간신앙적 요소와 나아가 서학까지 수렴하여 독특한 신앙체계를 확립한 민족종교이다.

뿐만 아니라 구왕조의 질서에서 양반 지배층의 책임 덕목이던 보국안민·광제창생의 실천을 민중들의 몫으로 돌려놓음으로써 신분 타파의 근거와 명분을 제공하고, 남녀평등의 실천적 체현으로써 새로운 인간관계의 비전을 제시함으로써 근대적 민중의 출현을 일깨운 개혁주의자이고, 민중을 지배층의 종복이 아닌 새 세상의 주인(侍天主)으로 자리매김함으로써 '후천개벽'을 통한 지상천국건설론을 제시한 혁명가이다. 혁명사상의 불씨는 해월 최시형을 거치며 사인여천과 삼경윤리 등을 통해 더욱더 민중의 삶 속

동학이 창도된 경북 경주시 현곡면 구미산 전경. 정면 계곡에 수운 최제우 선생이 동학을 창도한 용담정이 있다. 사진 아래쪽 야산과 논의 경계부에 수운 선생이 태어난 집이 있는 가정리가 있다. ⓒ표영삼

으로 파고들어 내면화되었으며 전봉준과 김개남 등 호남의 젊은 동학 지도자를 만나면서 동학혁명으로 불꽃이 타올랐다. 혁명이 좌절된 이후에는 의암 손병희에 의해 한층 더 근대적 인간관에 다가서는 인내천 사상으로 승화되었다. 특히 의암 시대에 동학(천도교)은 현실 세계에 대한 전 지구적 시야까지 갖추면서 마침내 식민주의의 종식과 민족주의·공화주의의 자주적 실현을 위한 3·1혁명의 불꽃으로 다시 타올랐다.

일제는 동학혁명(1894)에서부터 갑진개화혁신운동(1904)을 거쳐 3.1운동에 이르기까지 끊임없이 자주적인 근대화를 추진해 온 동학은 물론이고 그 정신을 공유하는 민족종교를 가혹하게 탄압하고 말살시키고자 하였다. 한 민족의 정신적 기반을 밑둥에서부터 흔들어 그 생명력을 말살시키기 위한

것이었다.

일제 조선총독부는 1915년에 〈포교규칙(布敎規則)〉을 반포하여 기독교
(개신교·천주교)·불교·신도(神道)만 종교로 취급하고 천도교·대종교 등
민족종교는 '종교유사단체'로 분리하여 별도로 관리하였다. 3·1혁명 후 조
선총독부는 천도교의 운영 자금을 몰수한 데 이어, 학무국 내에 종교과를
설치하여 기독교·불교·신도를 담당하게 하고 천도교와 대종교·동학
교·단군교·보천교·증산도 등 민족종교와 미륵불교·불법연구회와 같
은 항일불교는 '유사종교'로 낙인찍어 총독부 경무국에서 별도로 관장하였
다. 총독부 경무국은 한국인들에게 '악의 소굴'로 불린 악명의 기관이었다.
경무국은 1925년『조선의 유사종교(類似宗敎)』라는 서적을 간행하면서 이
러한 분리 정책을 논리적으로 뒷받침하고 강화시켜 나갔다.

동학혁명과 3·1혁명을 지켜본 일제는 그 중심에 동학 정신이 작동하고
있다고 판단하고 천도교를 가혹하게 탄압하였다. 일제는 동학을 "종교의 탈
을 쓴 불온단체"로 몰았다. 그 결과로 동학의 후신인 천도교는 일제강점기
에 극심한 탄압을 받고 교세가 크게 약화되었다. 해방 후에도 외래종교에
밀린 천도교는 남북통일운동에 앞장서다가 독재정권으로부터 가혹한 탄압
을 받았다. 해방 공간에서 38선 이북의 북한에서는 1948년 '영우회사건' 등
으로 다수의 천도교인을 투옥하고 탄압하였다. 현재 북한에서는 북조선천
도교의 전위정당인 천도교청우당이 북조선노동당 외에 실질적인 기반이
있는 유일한 정당으로 존재하고 있다.

이처럼 동학(천도교)의 도인(교인)들은 지속적인 투쟁과 탄압의 역사 속에
서도, 동학을 창도한 수운 최제우의 역사의식을 올곧게 전수받고 실천하고
자 노력해 왔다. 『용담유사』의 「안심가」에서 "개 같은 왜적놈을 한울님께
조화 받아 일야 간에 소멸하고 전지무궁하여 놓고 대보단에 맹세하고 한의

원수 갚아 보세."라고 노래한 대목에서 임진왜란 이후 조선 민중의 대 일본 감정을 그대로 보여주면서 동학의 존재 이유 또한 보여준다.

그러나 의지와는 달리 나라의 운수가 저물어가는 것을 지켜보면서 최제우는 근심 걱정에 밤잠을 이루지 못한 날이 많았다. 수운은 이러한 국운의 쇠락이 240년 전 임진왜란 이래, 일본과 관계되고, 더욱이 일본을 매개로 한 세계정세(십이제국 괴질운수)와도 관련되어 있음을 간파하였다.

> 가련하다 가련하다 아국운수 가련하다. 전세 임진 몇 해런고 이백사십 아닐런가. 십이제국 괴질운수 다시개벽 아닐런가. 요순성세 다시 와서 국태민안 되지마는 기험하다 기험하다 아국운수 기험하다. (『용담유사』「안심가」)

한국적 철학의 대중화에 크게 기여하고, 서양 종교 전통(성경)과 동양 종교 전통(유교, 불교)에 두루 해박할 뿐만 아니라, 동학 연구에도 일가견을 갖고 있는 도올 김용옥 교수는 동학을 이해하기 위해서는 다음 여섯 가지의 전승을 이해하고 활용해야 한다고 주장하였다.

> 동학을 이해하는 데는 최소한 다음의 여섯 가지 전승(에 대한 이해-필자)이 요청된다. 첫째는 수운의 오리지날한 생각을 담은 『동경대전』과 『용담유사』라는 바이블적 성격의 원사료 전승, 둘째는 해월의 설법과 그를 이은 조사(祖師)들의 설법 전승, 셋째는 동학의 민중운동과 갑오농민전쟁을 둘러싼 동학혁명사와 관련된 무수한 자료 전승, 넷째는 천도교사를 중심으로 한 교단 내의 무수한 자료전승, 다섯째는 교단 밖의 구전 전승, 그리고 여섯째는 남아 있는 유적지의 발굴을 통한 산 자료 전승.[22]

최제우 선생은 인간의 평등과 존엄을 강조할 뿐만 아니라 자연과 인간을 동일한 가치와 자격을 갖춘 주체로 인식하였다. 일반적으로 일용행사(日用行事)가 한울님의 일이고, 만물이 모두 한울님을 모신 것이 아님이 없다는 '막비시천주(莫非侍天主)' 사상은 수운을 이은 해월에 의해서 시작된 것으로 보는 사람들이 많다. 그러나 그것은 수운이 지기(至氣)라는 말로서, 이 세상 만물이 모두 한울님 조화의 소산(所産)이라고 한 데서 그 원형이 제시된 사상이었다. 그러므로 수운의 시천주(侍天主), 즉 '사람이 한울님을 모셨다(侍天主)'는 사상을 중심으로 모든 인간의 존엄성을 인정하면서 유교의 여성 억압적 질서, 세습적인 귀천(貴賤) 엄별의 신분 질서와 빈부 격차, 강요된 장유유서 등의 봉건적 질서를 비판하고, 인간이 자연과 더불어 생명공동체적 개벽 세계인 지상천국 건설을 해 나가야 한다는 도덕적 당위, 그리고 운수론적 필연성을 기반으로 하는 후천 세계의 비전을 설파하였다.

최수운의 구도와 동학 창도

1860년 4월 5일(양5.25)은 최제우의 생애에서 일대 변곡점이 된 날이다. 그의 나이 37세이던 경신년이다. 그해는 3월에 윤달이 들어서 4월 초는 여느 해보다 봄이 빨라 화창 난만한 계절이었다.

지난해(기미년) 10월에 울산 여시바위골에서 용담정으로 복귀하여 해를 넘겨 가며 수련 중이던 최제우는 이날 조카(世祚, 字 孟胤)의 생일 잔치에 초청을 받고 지동(芝洞) 마을로 내려가 잔칫상을 받았다. 그런데 식사 후에 몸과 마음이 떨리고 혼미해져서 서둘러 집[용담정]으로 돌아왔다.

경신 4월 5일은 큰조카 맹륜의 생일이었다. 의관을 보내어 오라고 청하므로 선생은 그 정의를 거절할 수 없어 억지로 잔치에 참석하였다. 얼마 안 있자 몸이 섬뜩해지고 떨리는 기운이 있어 마음을 안정시킬 수가 없었다. 바로 일어나 집으로 돌아왔다. 정신이 휘둘러지며 마치 미친 듯 취한 듯이 엎어지며 자빠지며 마루에 오르자 기운이 솟구쳤다. 무슨 병인지 집증(執症)이 어려웠는데 공중에서 뚜렷한 목소리가 귀에 들려왔다. (『대선생문집』)

최제우가 용담에 들어온 지 7개월 만이다. 이것이 곧 그의 '득도', 즉 결정적인 종교체험의 시초이다. 종교체험의 내용과 양상은 한 가지로 귀결되지 않는다. 다채로우면서도 그 내용이 풍부했다. 다른 글에서는 "꿈인 듯도 하고 생시인 듯도 한 상황에서 글로 기록할 수도 없고, 말로 성언(成言)할 수도 없는 체험을 통해 득도하였다(『용담유사』「용담가」)"고 노래하였다.

용담은 최제우의 조상 때부터 성지로 여겨 왔던 곳이다. 최제우 스스로도 "인걸(人傑)은 지령(地靈)"이라며, 용담과 구미산(龜尾山, 용담계곡이 속해 있는 산)이 승지(勝地)이자 선경(仙境)이라고 하였다.

종교체험으로 한울님(수운이 만난 신의 이름)의 음성을 듣게 되면서 처음에는 몹시 당황하고 황홀하여 마음을 안정하기가 쉽지 않았으나, 여러 날 수련을 거듭하는 사이에 점점 진정시킬 수 있었다.

한울님 하신 말씀 지각없는 인생들아 삼신산 불사약을 사람마다 볼까보냐 미련한 이 인생아 네가 다시 그려내서 그릇 안에 살아 두고 냉수 일배 떠다가서 일장탄복 하였어라. 이 말씀 들은 후에 바삐 한장 그려내어 물에 타서 먹어보니 무성무취 다시 없고 무재미지 특심이라 그럭저럭 먹은 부가 수백 장이 되었더라. 칠팔 삭 지내나니 가는 몸이 굵어지고 검던 낯이 희어지네. 어화 세상 사람들아 선풍도골 내 아닌가. (『용담유사』「안심가」)

또한 그때 수운이 만난 신(神, 한울님)은 자신이 '공을 이루지 못하다'가 수운을 만나서 비로소 공을 이루게 되었다고 고백하였다. 수운은 단지 한울님으로부터 무극대도를 받는 것뿐만이 아니라, 그것이 한울님과 수운(사람)의 공감과 공화에 의해서 성공에 이르게 된다는 사실에 마음으로 기쁨을 느끼고 자부심을 갖기에 이르렀다. 급기야 이러한 성공은 오만년의 운수, 즉 후천 다시개벽의 운수에 의한 것이라고 믿고 또 선언하였다.

동학을 창도한 수운 최제우 선생. 수운 선생은 1860년 4월 5일 한울님으로부터 계시를 받아 동학을 창도하고 한울님과 문답을 거쳐 동학을 체계화하였다.

　　천은이 망극하여 경신사월 초오일에 글로 어찌 기록하며 말로 어찌 성언할까 만고없는 무극대도 여몽여각 득도로다. 기장하다 기장하다 이내운수 기장하다 한울님 하신 말씀 개벽 후 오만년에 네가 또한 첨이로다 나도 또한 개벽 이후 노이무공(勞而無功) 하다가서 너를 만나 성공하니 나도 성공 너도 득의 너희 집안 운수로다 이 말씀 들은 후에 심독희 자부로다. 어화세상 사람들아 무극지운 닥친 줄을 네가 어찌 알까보냐 기장하다 기장하다 이내 운수 기장하다 구미 산수 좋은 승지 무극대도 닦아내어 오만년지 운수로다. (『용담유사』「용담가」)

"인걸(人傑)은 지령(地靈)"이라는 말이 있다. 꼭 풍수지리설이 아니라도 큰 인물이 태어나는 땅이 따로 있다는 뜻이다. 최제우가 이날 이때에 이곳에서 종교체험을 하게 된 것은 밖으로는 십여 년 동안 주유천하(周遊天下)하면서 쌓아온 학문과 구도의 적공(積功)이 발현된 것이고, 안으로는 구미산(龜尾山)의 지기(至氣)가 마침내 그 기운을 발현한 것이다. 최제우의 조상 때부터 용담은 성지로 여겨 왔던 곳이다. 수운도 "인걸(人傑)은 지령(地靈)을 타고 나니, 구미산 아래서 명현달사가 타는 것은 필연"(용담가)이라 하였고, 또 훗날 용담을 "거룩한 이내 용담"이라고 노래하였다. 거기에 수운의 조부가 이곳 용담에 학사(學舍)로서 용담서사(龍潭書舍)를 마련하여 터를 닦고, 기미년 (1859) 10월 이후로 최후의 기원과 기천, 그리고 거듭된 단련 끝에 득도의 경험을 하기에 이른 것이다.

좀 더 구체적으로, 종교 용어로 '득도' 또는 '종교체험'의 과정을 최제우 본인의 기술을 통해 들어보자.

목욕재계하고 단정이 앉아 묵념할 즈음, 지동에 있는 조카 맹륜이 인마(人馬)를 보내어 초청하므로 이를 거절하기가 어려워 응락하고 지동에 이르렀다. 그곳에 간 지 얼마 안 되어 몸이 떨리면서 심신에 이상을 느끼게 되므로 곧 용담으로 돌아왔다. 집에 돌아오는 즉시로 다시 목욕재계하고 묵념하더니 이때에 오히려 전보다 몸과 마음이 더욱 떨리어 무슨 병인지 집중할 수가 없고 말로도 표현키 어려울 즈음 공중에서 외치는 소리 있어 천지를 진동하듯 하였다. 이에 놀래서 일어나 물은즉 공중에서 대답하기를 "두려워 말고 저어하지 말라. 세상 사람들이 나를 상제(上帝)라고 이르는데 너는 상제를 알지 못하느냐?"…. "내 또한 공이 없으므로 너를 세상에 나게 하여 사람들에게 이 법을 가르치게 하는 것이니 의심 말고 다시 의

심 말라."… "내(=上帝)게 영부(靈符)가 있으니 그 이름은 선약(仙藥)이요, 그 형상은 태극(太極)과 같고 또 궁(弓)의 형상을 한 것이다. 나의 이 영부를 받아 사람들의 질병을 건지고 나의 주문(呪文)를 받아서 사람을 가르치고 따라서 나를 위하게 하면 네 또한 장생하며 그 덕을 천하에 펴리라."고 하였다. 동시에 휘황찬란한 빛은 어떤 힘을 지는 듯 약동하면서 움직이는 형태가 우주의 영묘(靈妙) 불가사의한 원력(原力)을 보여주는 것 같았다. 무한한 허공에 뛰고 번쩍이는 빛이 가득 차며 쉴 새 없이 움직이는 것이 우주의 한 끝과 한 끝이 서로 맞닿은 듯한 느낌이었다. 이것이 영부(靈符)임을 깨닫고 눈을 뜨니 아무것도 보이지 않고 들리지 않았다. 얼마 후 다시 공중에서 소리가 들려왔다. "네, 백지를 펴서 나의 부도(符圖)를 받으라."는 두 번째 지시였다. 백지를 펴본즉 종이 위에 전과 같은 그림이 비치며 움직이고 있었다. … 아들과 부인을 불러 백지 위를 보라고 하니 아무것도 없다고 하면서 수운이 미쳐 버렸다고 걱정을 하였다. 이때 공중에서 다시 소리가 있기를 "그 영부를 종이에 그려 불살라 냉수에 타 먹으라."고 했다. 그대로 했더니 병이 나았다.[23]

현대과학으로 무장한 사람들에게는 이와 같은 득도 과정이나 종교체험은 쉽게 수용하기 어려운 초현실적인 화두에 속한다. 그러나 일찍이 위대한 종교의 탄생은 이러한 초현실적 체험으로부터 비롯되었다. 신들림이나 강신(降神), 신체험 등의 과정은 예수와 마호메트의 경우도 별로 다르지 않았다. 예수와 마호메트는 신체험과 계시 체험을 통해서 기독교와 이슬람을 각각 창도하였다. '신(神)체험'이란 "신과 대화를 한다"는 뜻이 담긴다. 세계적인 종교의 창도 과정은 초월자, 즉 신의 영역으로 종교화 또는 신비화하면서 우리 민족사에서 벌어진 유사한 사례는 미신이나 신화로 치부하는 경향이 없지 않다. 그래서 단군은 신화 또는 전설에 속하고, 이후 민족종교의 창도자들의 경험도 유사한 취급을 받는다.

최제우의 종교체험은 분명한 것만 해도 여러 번 있었다. 경신년 용담에서의 신체험은 세 번째에 속한다. 첫 번째는 을묘년(1855)에 울산 여시바윗골 초당에서 승려로부터 '이서(異書, 혹은 天書)'를 받은 것이고, 두 번째는 그 이서에서 지시한 바에 따라 그 이듬해(1856) 양산 천성산(千聖山)에 있는 수도처인 적멸굴(寂滅窟)에서 49일 기도를 할 당시에 200리 밖(경주 가정리)에 있는 숙부의 임종 사실을 인지한 일이다. 세 번째인 용담에서의 본격적인 종교체험은 그 이전까지와 비교할 수 없을 만큼 구체적이고 또 차원 높게 진행되었다. 체험의 시간도 길어서 몇 개월간 계속되었다고 한다. 수운 최제우가 저술한 『동경대전』과 『용담유사』 곳곳에는 이 종교체험의 장면들이 곳곳에 기록되어 있다. 특히 이때 수운은 '주문(21字 呪文 등)'과 '영부(靈符)'를 받았다. '주문'은 사람들을 깨우치게 하는 글이며, 영부는 질병을 고치고 사람을 깨우치고 장생하는 마술적인 힘이 있는 것이었다. 예수나 마호메트도 주문과 기도로써 신도들의 병을 고치고 죽은 사람을 살리기도 하였다. 한 정신신경과 의사는 종교체험과 관련, 다음과 같이 분석한다.

> 종교체험은 객관적인 사실이 아니다. 어디까지나 심리적인 사실이다. 그것은 환각일 수도 있고 비현실적인 감정의 변화일 수도 있다. 그러나 이 비현실적 환각이나 감정을 통해서 한 개인의 갈등이 상징적으로 해소되고 또 상징적 암시를 통해 인류에 공헌할 수 있는 새 존재가 된다는 사실에 종교체험의 진의가 있는 것이다.[24]

종교체험은 '심리적'인 것이지만, 이러한 종교체험을 통해 "인류에 공헌

할 수 있는 새 존재가 된다"는 점이 중요하다는 것이다.

모세(B.C.1500경)는 40세에 모래바람이 일어나는 황야에서 하느님을 발견하고, 천둥소리 속에서 그의 목소리를 들었다 하고, 조로아스터(B.C.650)는 30세 되던 해 사발란산 동굴에서 명상 중에 하느님을 보았다고 한다. 석가모니 불타(B.C.650)는 35세에 보리수나무 밑에서 진리를 대각하고, 예수(B.C.4~A.D.28)는 30세 무렵 황야와 사막을 헤매면서 하느님의 계시를 받아 '산상설교'를 통해 진리를 설파하고, 모하메드(A.D.570~632)는 15년 동안 사막을 떠돌며 장사를 하고, 잠시 쉬기 위해 산꼭대기에 올라갔다가 수평선 너머로 불타는 글씨가 새겨진 커다란 양피지가 펼쳐지는 것을 보았다. 그리고 하늘에서 "모하메드, 너는 하느님의 사자이다."라는 소리를 듣고 깨달음을 얻었다고 한다. 조지 폭스(1624~1691)는 구두 수선공으로 일하다가 진리를 찾고자 습기찬 들판과 짚더미 밑에서 수년을 지내며 고독한 명상 끝에 하느님의 부름을 받아 기독교의 한 종파인 퀘이커 교파를 창설하였다.

최제우는 37세 때인 1860년 4월 5일 오전 11시 용담에서 받기 시작한 '한울님의 계시로' 후천개벽의 새 원리인 동학을 각도(覺道)하고 새로운 세상이 열린다는 것을 선포한다. 수운의 동학 창도는 수운이 처한 내외적인 조건도 분명한 원인이 되지만, 더 큰 틀에서 보면 인류 정신문명사의 흐름이 한반도에서 새로운 계기로 변곡점을 맞이하는 사건이었다.

　　기성의 고전종교가 혼란에 빠진 세상을 건질 만한 힘이 없고 이미 그 기능과 가치가 상실됨에 따라 새로운 종교사상에 의한 새로운 구원의 길을 요구하게 된 것이다. 이러한 상황에서 당시 서구 문명의 충격을 민족 주체적인 슬기와 역사 감각으로 극복하고 민족적 전통사상의 바탕 위에 모든 종교사상을 수용하는 한국의 정신적 토양 속에서 새로운 종교가 탄생되었으니 이것이 곧 동학이요 오늘의 천도교이다. 천도교는 수운 대신사(大神師) 최제우에 의하여 신의 가르침을 받아 창도되었다. 즉 천도교는 한국 민족이 수천 년에 걸쳐 외래문화에 동화되지 않고 오히려 이를 수용하고 극복한 민족문화의 주체적인 표출로서, 민족사상인 한사상의 현대적 결실로 나온 것이라 할 수 있다. 옛날의 풍류도가 그랬던 것처럼 천도교가 모든 종교사상을 포용하는 것은 민족 전통성의 계승으로 우연의 일이 아닐 것이다.[25]

후천개벽의 새 세상 열고자

시천주 조화정 영세불망 만사지(侍天主造化定永世不忘萬事知)

종교체험을 통해 대각한 최제우는 한편으로 기도를 계속하고 한편으로 지극한 정성을 드리면서 도탄에 빠진 백성을 구하고 위기로 치닫는 나라와 이 세계를 살릴 수 있는 방략을 찾고자 하였다.

이와 관련해서 살펴볼 최제우가 창도한 동학의 또 다른 핵심 주제는 후천개벽(後天開闢)사상이다. 개벽이라는 말은 "하늘과 땅이 처음 열리는 것을 말한다(言天地之初開也)"라고 하여, 하늘이 처음 열리고[天開] 땅이 처음 열림[地闢]을 의미하였다. 중국 『후한서(後漢書)』에서 전한 바에 따르면 본래 천지창조의 모습 즉 천지가 처음 시작된 것을 가리켰다. 천지가 처음 시작된 개벽을 한계로 하여 천지창조 이전을 선천(先天) 그 이후를 후천(後天)이라고 하였음을 알 수 있다.

최제우는 "한울님 하신 말씀 개벽 후 오만년에 내가 또한 첨이로다. 나도 또한 개벽 이후 노이무공(勞而無功) 하다가서 너를 만나 성공하니 나도 성공 너도 성공 득의 너희 집안 운수로다. 이 말씀 들은 후에 심독희자부(心獨喜

구미산 용담계곡에 있는 용담정. 수운 최제우는 이곳에서 1860년 4월 5일 동학을 창도하고, 1861년 6월부터 동학을 포덕하였다. 해월 최시형은 이 무렵에 경북 포항에서 이곳까지 찾아와 동학에 입도하였다. ⓒ이병규

自負)로다. 어화 세상 사람들아 무극지운(無極之運) 닥친 줄을 너희 어찌 알까보냐. 기장하다 기장하다 이내운수 기장하다. 구미산수 좋은 승지 무극대도 닦아내니 오만년지 운수로다.”(『용담유사』「용담가」)라고 개벽의 의미를 ‘운수론’의 관점에서 설명한다.

최제우는 자신이 오만년 만에 처음으로 돌아온 대운을 맞이하여, 무왕불복지리(無往不復之理)에 따라 후천 오만년의 무극대도를 받게 되었음을 밝히고 있다. 그는 이 무극한 운수에 즈음하여 개벽을 통해 ‘시천주’의 새 세상을 열고자 한 것이다. 그가 추구한 개벽은 어떤 세상일까.

무왕불복지리(無往不復之理)에 의해 지배되던 일시적인 변혁에 의한 일

치일란(一治一亂)의 순환적 선천시대는 동학 창도로 모든 사람이 시천주 신앙으로 도성덕립한 군자가 되어 동귀일체하는 개벽을 통하여 후천에는 지상천국으로 개혁되어야 한다는 것이다. 즉 시천주(侍天主)한 모든 사람이 합심하여 선천의 사회질서를 타파하고 후천의 새로운 사회질서를 형성하자는 것이다. 그러므로 후천개벽이다. 이것이 바로 혁명사상이다. (중략) 천지만물은 지기일원실재체(至氣一元實在體)이나 그 작용은 물(物)·심(心)이 병행하여 나타나기 때문에 성신쌍전(性身雙全)의 이(理)를 따르게 되며, 또 이 원리에 의하여 교정일치(敎政一致)로 나타나게 된다. 따라서 새 사회형성을 위한 개벽에 있어서도 정신교화를 존중히 하는 동시에 물질적 제도 또한 중시하여 이 양자를 병행하여 개혁할 것이 요구된다. 그러므로 후천개벽을 이한 과정으로서 정신개벽·사회개벽이 필요하고 또 이를 위해 포덕천하·광제창생의 실천이 필요한 것이다. [26]

『천도교창건사』에서 이돈화는 최제우가 후천 오만년의 대운을 타고 후천개벽의 시조로서 이 세상에 왔음을 강조한다. 그러므로 "'오도(吾道)'의 대운은 '천황씨(天皇氏: 선천개벽의 시조(始祖)로서 이 세상을 처음으로 창조한-필자주)의 근본 원리를 회복한 것'이므로 '무극지운(無極之運)'이라 하는 것이니라. (수운[水雲=大神師]이 스스로를-필자주) '천황씨'라 칭하심은, '후천개벽의 시조'임을 자처한 것으로서, 도 닦는 사람이 선천의 탁기(濁氣)를 버리고 후천 신생의 숙기(淑氣)를 아양(兒養: 아이를 기르듯이 기름-필자주)하면 은은총명이 자연한 가운데 화하여 나올 것이다"[27]라고 하였다.

한국의 민중종교사상을 연구한 유병덕 교수는 이상의 논의를 간명하게 정리하여 보여준다.

이 운도(運度)는 우주 흥망성쇠의 자연이법에 의한 것이다. 자연적 운도에 의하여 천지가 변화하는 주기는 이렇게 된다. 만년에 크게 한 번 변하고 천년에 중(中)으로 한 번 변하고 백년에 작게 한번 변하는 것은 천운(天運)이요, 천년에 크게 한 번 변하고 백년에 중으로 한 번 변하고 십년에 작게 한 번 변하는 것은 인사(人事)라는 것이다. 이와 같이 자연적 주기적으로 운도는 변화하는 것으로 본 것이다. 또 "성한 것이 오래가면 쇠하고 쇠한 것이 오래면 성하고, 밝은 것이 오래면 어둡고 어두운 것이 오래면 밝나니 성쇠명암(盛衰明暗) 이것은 천도의 운이요, 흥한 뒤에는 망하고 망한 뒤에는 흥하고, 길한 뒤에는 흉하고 흉한 뒤에는 길하나니 흥망길흉(興亡吉凶) 이것은 인도의 운"이라고 해월은 말한다. 천운에 따라 우주의 성쇠와 흥망이 되풀이되고 있으며, 이 운의 도수에 따라 인간사의 변화가 이룩된다고 보았던 것이다.[28]

최제우의 '후천개벽론'은 일종의 혁명사상이다. 선천의 낡은 세상을 뒤엎고 새로운 시대를 열고자 하는 변혁론이다. 다만 그것이 물리적인 방법이 아니라 우주의 주체인 사람이 하늘의 운수를 받아 정신적으로, 신앙적으로 개척함으로써 도달하는 길이다. 이것이 인내천의 참 뜻이요, 무극대도의 길이다.

한말의 어지러운 시국을 맞은 최제우는 조선 왕조의 시운이 다 되었다고 보았다. 웬만한 정치력, 웬만한 교육이나 사상으로는 타개할 수 없는 총체적이고 복합적인 난국이 국내외적으로 도래하고 있음을 폭넓게 전망하고 예감한 것이다. 그래서 개벽을 주창한 것이다. 이런 관점을 수운은 "아서라 이 세상은 요순지치라(堯舜之治)도 부족시(不足施)오 공맹지덕(孔孟之德)이라도 부족언이라"(「몽중노소문답가」)하고, "유도불도 누천년에 운이 역시 다했던가"(「교훈가」)라고 적시하였다.

최제우는 한말의 암담한 시국을 맞아 깊은 위기의식을 느끼면서 개벽론을 펴고 민족사적인 경장(更張)을 바랐다. "임금이 임금답지 못하고 신하가 신하답지 못하고 자식이 자식답지 못하다(君不君 臣不臣 父不父 子不子)"(「몽중노소문답가」)라고 비판하고, "이 근래에 오면서 온 세상 사람이 각기 자신만을 위하는 이기적인 마음으로 천리(天理)를 따르지 않고 천명(天命)을 돌아보지 아니하므로 마음이 항상 두려워 향할 바를 알지 못하였다."(『동경대전』「포덕문」)고 진단하면서 효박한 세상의 변혁을 시도하였다.

위기진단과 보국안민, 다시개벽 주창

흔히 동학을 '혁명사상'이라고 부르는 것은 "역(易)에 기초한 순환사관을 바탕에 깔면서도 개벽이란 변혁에 중점"(신일철 교수)을 두고 있기 때문이다. 최제우와 동학이 바라는 후천은 어떤 세상일까.

> 동학적 이상향은 후천개벽에 의한 무극대도의 세계, 즉 우주자연과 인간, 인간과 인간의 연대성에 기초한 군자공동체로서의 자유민권사회이다. 후천개벽은 '힘의 지배 시대'의 종언인 동시에 '시천주'로서의 자각적 주체에 의한 생명 시대의 개창이다. 「몽중노소문답가」에 나오는 태평곡(太平曲) '격양가(擊壤歌)'가 의미하는 무위자연의 이상향은 소국과민(小國寡民)의 촌락공동체를 이상사회의 원형으로 보는 노자의 관점과 일맥상통하는 점이다. 이러한 동학적 사회관은 NGO와 다국적기업의 다원화된 활동 증대로 국민국가의 패러다임이 깨어지고 그 결과 '제2의 근대'의 도전에 직면하게 된 오늘날에 재음미될 수 있는 것이라 하겠다.[29]

종교의 창시자들은 대부분 혁명가적인 기질을 갖고 있다. 기성 체제·기성 질서 곧 앙시앙 레짐에 도전하려면 혁명적이지 않으면 꿈을 이루는 것이 불가능하기 때문일 것이다. 혁명이라 하면 정치적인 혁명이 주로 거론되는 것이 사실이다. 구체제(앙시앙 레짐)의 변혁을 도모한다는 점에서 그 둘은 통하는 바가 많다. 하지만 종교적 혁명과 정치적 혁명의 수단과 방법에는 크게 차이가 난다. 종교적인 선지자들은 신앙과 덕성으로 백성들에게 뜻을 알리고자 하고, 물리적으로 변혁을 도모하고자 하는 자들은 강박과 무력을 동원한다. 그래서 정치 쪽은 계엄령과 포고문을 즐기고, 선지자들은 포유문(布諭文)이나 포덕문(布德文)을 발표한다.

최제우는 1861년 봄에 「포덕문(布德文)」을 발표하면서 용담으로 찾아오는 사람들에게 본격적으로 포덕을 시작한다. 당시 세상 사람들이 천명을 돌보지 않고 천리에 순응하지 않은 까닭에 이 세상이 혼란에 빠졌다고 보고 경천순천(敬天順天)의 천성(天性)을 회복하게 하는 가르침으로서 동학을 창도하게 되었음을 선언한 것이다. 특히 수운은 '인심은 곧 천심'이라는 민본적 천명사상에 준거하여, 당시 민심을 돌아보지 못하는 무능하고 부패한 조선 왕조에 대한 근본적인 변혁을 기약하면서 포교를 시작하였다. 최제우가 동학 포교를 시작하면서 발표한 「포덕문」의 '포덕(布德)'은 포교라는 의미와 함께, 오늘날 동학·천도교의 연호(年號)로 사용되고 있다. 동학과 천도교는 그 시원을 창도자의 탄생에 두지 않고, 창도자인 최제우의 득도한 시점 곧 1860년(경신)을 원년(元年)으로 삼는다. 이 또한 여타 종교들과의 차이점이다. 특히 이 「포덕문」과 한글경전인 「안심가」 「몽중노소문답가」 등에서 최제우는 안으로 사회적, 생태적 악질(惡疾)이 가득 차고 밖으로 서세동점(西勢東漸)의 세계사적인 대 전환기에 우리나라를 개벽하고 세상 사람들을 편안하게 하고, 이 세상(十二諸國)을 뒤집어엎어서 혁명(다시개벽)하겠다는 동학의 미션을 분명히 밝힌다.

　이러므로 우리나라는 악질(惡疾)이 세상에 가득 차서 백성들이 언제나 편안할 때가 없으니 이 또한 상해(傷害)의 운수요, 서양은 싸우면 이기고 치면 빼앗아 이루지 못하는 일이 없으니 천하가 다 멸망하면 또한 순망지탄(脣亡之嘆)이 없지 않을 것이라. 보국안민(輔國安民)의 계책이 장차 어디서 나올 것인가. (『東經大全』「布德文」)

　십이제국(十二諸國) 괴질운수(怪疾運數) 다시개벽(開闢) 아닐런가. (『龍潭遺詞』「安心歌」)

　천운(天運)이 둘렀으니 근심 말고 돌아가서　윤회시운(輪廻時運) 구경하소 십이제국(十二諸國) 괴질운수(怪疾運數) 다시개벽(開闢) 아닐런가 태평성세(太平聖世) 다시 정(定)해 국태민안(國泰民安) 할 것이니 개탄지심(慨歎之心) 두지 말고 차차차차 지냈어라.(『용담유사』「몽중노소문답가」)

　동학의 혁명운동, 개벽운동을 위한 출사표는 이미 이때에 뿌려졌음을 넉넉히 볼 수 있다.

제4장

정부의
동학 탄압과 저항

동학 조직 강화하며 탄압에 맞서다

창도 당시부터 왕조의 명운이 다했음을 공공연히 노래하고, 신분 타파를 주창하며 실천으로 옮기는 동학의 활동은 정부의 탄압과 전통 유생 세력의 적대적인 견제와 저항을 받아가면서 경상도 일대를 중심으로 급속히 확산되었다. 5백년 왕조 체제에서 시달림과 소외 속에 살아온 기층 민중들은 물론이고, 기득권층 양반 세력에 억눌린 잔반(殘班)과 소외된 비주류 지식인들이 동학으로 모여들었다. 그중에는 여성들이나 천직(賤職)에 종사하는 사람도 많았다. 소수자에 대하여 차별 없이 대하는 평등사상과 "사람이 곧 하늘이다"라는 인권사상, 그리고 낡은 세상이 끝나고 새로운 세상이 도래한다는 개벽사상이 사람들을 끌어들였다. 그 속에서도, 무조건적인 그리고 먼 장래의 유토피아에 대한 약속만이 아니라, 당대 현실 속에서 유무상자(有無相資), 즉 각자가 가진 것을 서로 나눔으로써 서로의 부족을 메우고 각자의 필요를 충족시켜 가는 동학 공동체의 문화가 사람들을 열광케 했다.

동학은 최제우가 창도하여 포덕한 지 불과 2년 사이에 급속히 도인이 늘어나서 체계적인 조직을 갖추지 않을 수 없게 되었다. 그것은 여타의 종교단체와 다르지 않았다. 동학에 참여 인원이 많아지면서 조직의 필요성이 제기되고 확장되었다.

최제우가 1861년에 포교를 시작하자마자, 동학 교세는 경주를 비롯한 경상도 전 지역에 확대되었다. 최제우는 증가하는 교도의 효과적인 관리, 체계적인 수련·포교 활동 등을 위하여 교도를 조직하였다. 그 조직이 접제(接制)였다. 그러나 최제우 처형과 영해민란으로, 접(주)제는 와해되었고 계조직 형태로 동학교단은 유지되었다. 최시형을 비롯한 일부 지도자의 재건 활동으로, 접주제는 1870년대 중반에 완전하게 복원되었다.

접 조직은 전도 활동을 통해 많은 교도를 확보하면서 여러 개의 접으로 분화된다. 이렇게 늘어난 접들은 제각기 독립적이지만 최초의 접주와 인맥 관계를 형성하면서 한 집단을 이룬다. 이 집단을 포(包)라고 부르고, 포의 책임자를 대접주라 하였다. 포(包)라는 용어가 주요 교단 자료에 동시에 나타난 것은 1883년부터이고, 이 시기 이후 모든 교단 기록에 빈번히 나타났다. 따라서 포 조직은 1883년 전후에 형성된 것으로 보인다. 이후 1891년에 이르면 전라도 지역에만 16포가 존재할 정도로 포 조직은 일반화되었다. 최시형은 1893년 3월에 포 조직을 교단 조직으로 공식화하였다. 그리고 동학교단에는 각 지역 단위 조직인 포접제뿐만 아니라, 그 상위의 중앙본부로 법소(法所)가 있었다. 이와 같이 동학교단은 교도들의 효과적인 관리, 체계적인 수련 및 포교활동 등을 위한 조직으로써 법소—포—접 조직으로 체계화되었다.[30]

동학은 이 같은 법소—포—접주제의 끈끈한 조직으로 유지되었다. 관의 탄압과 지목(指目: 추격과 감시)이 계속되고 교통이 지극히 불편했던 시기에 1892년 공주, 삼례집회를 비롯하여 도처에서 수차례에 걸쳐 수천, 수만 명씩이 일거에 모일 수 있었던 것은 동학도인들이 지역 단위(포)와 인맥 위주

공주감영의 선화당(복원, 공주박물관). 1892년 동학도인들은 공주감영 앞에서 교조신원운동을 전개하였다. 공주감영(완영)은 현재 공주사대부고 일대에 자리 잡고 있었다. ⓒ동학농민혁명종합정보시스템

(접)의 조직의 결합체인 포접제를 통해 이중삼중으로 연결되어 일사불란한 연대가 이루어졌기에 가능하였다.

초기 동학도인들의 가장 큰 소망은 좌도난정(左道亂正)의 죄목으로 죽임을 당한 대선생(大先生, 水雲 崔濟愚)의 신원(伸冤)을 이루는 것이었다. 정부가 1886년 프랑스와 수교하는 과정에서 그동안 신앙을 금지하며 탄압하던 외래종교인 천주교(서학)에는 실질적인 신앙의 자유를 주면서 자생종교인 동학은 여전히 극심하게 탄압하면서 동학도인들의 분노와 울분이 싸여만 갔다. 게다가 관아의 소리(小吏)나 권세 있는 양반들은 동학도인들의 재산을 갈취하거나 이유 불문하고 관가로 끌어가 매 타작을 일삼고 이를 빌미로 재산을 탈취하였다. 이 때문에 많은 도인들이 족보에서 제명되거나 친척과 지인들 사이에서도 따돌림을 당했다.

이에 따라 1892년에 접어들면서 서인주(徐仁周=徐璋玉), 서병학(徐丙學) 등

의 동학도인들은 교조인 수운 최제우의 죄목(罪目)을 해원(解冤)함으로써 동학의 병근(病根)을 없애야 한다는 건의를 해월에게 잇달아 제기하였다. 숙고를 거듭하던 해월 최시형은 1892년 7월에 결단을 내리고, 준비를 서둘러 그해 10월 20일에 드디어 충청감영이 있는 공주에서 첫 번째 교조 신원운동을 전개하기에 이르렀다. 해월이 전국의 주요 지도자들에게 일제히 공주의 충청감영(錦營)으로 모일 것을 통지하는 입의문(立義文)이 당시의 정황을 잘 말해준다.

(전략) 불행히도 갑자년 봄(1863.3.10)에 당치 않게 사도(邪道)로 모함을 받아 (수운 선생이-필자주) 화(禍)를 입었으니 천명인가 시운인가. 아, 슬프도다. 어찌 분통치 않으랴. 여기에다 저 임신(壬申, 1872)의 화란(禍亂, 영해교조 신원운동에 따른 대대적인 탄압과 희생)과 을유(乙酉, 1866)년 감영의 액화(厄禍; 충청관찰사 심상훈이 보은 장내리를 급습하여 많은 동학도인을 체포해 투옥한 사건)와 을축(乙丑, 1899)의 치죄(治罪; 이해 10월 徐仁周, 姜漢馨, 辛正燁 등이 京軍에 체포되어 서울에 압송, 流配刑을 받은 일) 등 해마다 지목이 끊이지 않았으니, 죽은 이는 얼마나 되는가. (중략) 이제 우리 스승님께서 화를 당한 지 30년이 되었다. 그 제자된 사람은 마땅히 힘껏 정성을 다하여 신원(伸冤)할 방편을 도모해야 할 것이다. 만약 신원하지 못하면 원컨대 황천에라도 따라가서 의젓하게 가르침에 참여하여 제자의 당연한 의리를 다할 것이다. (중략) 원컨대 여러 군자(君子=동학도들을 일컬음-필자주)들은 스승님을 신원할 방도를 도모하도록 밤낮으로 부지런히 힘쓸 것이며 혹여 게으르지 않는 것만이 사람으로서 할 일을 다하고 천명을 기다리는 본분이 될 것이다. 혹시라도 스승님의 신원에는 뜻이 없고 오직 조화가 이루어지기만을 바라는 자는, 이것은 불의하고 불성하기가 클 것이다. 마땅히 북을 울려 그 죄를

다 같이 성토해야 한다. 이 점을 이해해 주기 바란다.[31]

이것은 해월 최시형이 드디어 교조 수운 최제우의 신원운동에 나설 뜻을 전국의 동학도인들에게 천명한 것이다. 그리고 동학도인들도 그동안 개인적인 기복과 치병에 치우쳤던 행태를 벗어 버리고 대의로 돌아와야 한다고, 그렇게 하지 않으면 "북을 울려 그 죄를 다 같이 성토"할 것이라고 강한 어조로 재우치는 것이다. 이러한 대의에 따라, 구체적으로 공주에 집결하는 절차와 방법까지도 세세하게 지시하고 있다.

> 각 해 접주들은 분별해서 (신원운동에 참여할 접 내 도인들을-필자주) 인솔해 가되 신망이 있는 사람 중에서 성실하고 덕이 있고 신의가 있으며 사리를 아는 자[誠德信義知事之道儒] 중에서 택하라. 통문이 도착하는 즉시 공주의 송소에 등대(等待)하되 두목 되는 이는 청주에 와서 기다렸다가 명을 들어 처사하라. 노자는 각기 해당 접중에서 남 몰래 넉넉히 마련하고 의송단자를 제출하러 들어갈 때에는 의관을 정제하고 엄숙하면서 위엄 있게 할 것이며, 혹시 착란(錯亂)하여 법을 어기는 일이 없도록 하라.[32]

이러한 통문이 전국 각 접주에게 하달되자, 1892년 10월 20일 공주에는 1천여 명의 동학도인들이 모여들었다. 그 다음날 의관을 정제한 동학도인 행렬이 충청관아(錦營) 앞에 도열하고, 서인주, 서병학이 "황공하오나 금영(錦營)은 살펴보아 주소서"로 시작하는 의송단자를 충청감사 조병식에게 올렸다. 계속해서 의송단자에는 우리나라가 일찍부터 예학(禮學)이 발달하였으나 요사이 풍습이 어지럽게 되었다고 밝히고 "지난 경신년(1860) 4월에 한울님의 명으로 경주 구미(龜尾)의 최선생 제우(濟愚)에게 친히 내리어 높으신

성학(聖學)을 받아 나라에 널리 펴시었다. 대저 우리 동학(東學)의 도(道)는 유불선(儒佛僊) 세 가지 가르침을 겸하여 나온 것이다.”라고 하였다. 나아가 “이 도에는 인의예지가 갖추어져 있으며, 비록 우부우민(愚夫愚民)이라도 다 같이 그 덕을 받들어 사람의 도리를 알게”하는 도(道)이며 “모두가 천지를 공경하고 부모에 효도하고 임금에게 충성하도록 가르치”는 도라고 하였다. 그런데 스승님(수운 최제우-필자주)은 “사도(邪道)로 무고(誣告) 당하자 구차하게 면하려 하지 않고 조용히 의에 따르니 죽음이란 본자리로 돌아가는 것이라 여”겼기 때문이었는데, 스승(수운)님이 신원(伸冤)되지 못한 여파로 세간에서 동학도에 대한 핍박이 극심해지고, 한편으로 나라 안팎이 오랑캐들의 침범, 일본과 서양 상인들의 이권 독점 등으로 어지럽게 되고 있음이 한탄스럽다고 하였다. 이어서 “저희들은 성문(聖門=東學敎團)의 은혜를 입은 제자로서 항상 경외(敬畏)하며 공납(公納)이나 사채(私債)를 잠시도 미루지 않았고 전과(前過)를 뉘우치며 사람과 물건을 해치려는 마음이 조금도 없”는 순박한 사람이니, 의심을 거두고 사류(邪類)라는 혐의를 풀어주며 “외읍(外邑)에 갇혀 있는 사람들을 모두 방송(放送)하는 특별한 조치를 내려주시고, 임금님에게 계달(啓達)하여 돌아가신 스승님의 숙원(宿怨)을 씻어 주시기를 피눈물로써 엎드려 빈다”고 하였다.

의송단자를 받은 충청감사는 사태의 확산을 막고자 22일에 제음(題音)을 보내왔다. 그리고 24일에는 관내 각읍 수령들에게 감결(甘結)을 하달하여 동학도인을 무고히 핍박하지 말도록 했다. 제음을 내린 것은 괄목할 만한 일이었으나 그 내용은 결국 “동학을 금하고 금하지 않는 것은 조정에서 알아서 하는 일”이라면서 무리를 지어서 소란을 피우는 것은 마땅히 처벌할 일이지만 이번 한 번은 용서해 주니 모두 양민으로 돌아가야 한다고 하면서 “만약 퇴거하지 않고 다시 원소(願訴)하면 법에 따라 처리할 수밖에 없다”고 경고하였다. 감결에서는 동학(東學)을 금한 것은 그들을 양민이 되게 하는 데 본뜻이 있다고 전제하고, 이들이 이단에 빠져 사람을 현혹시키고 풍속을 어지럽힌 것은 "죽여도 애석할 것이 없"으나 "이제 일제히 호소해 옴은 정말로 부득이한 데서 나온 것"이므로 "먼저 평안하게 할 방도를 모색해 주어"야 하는바, "이제부터 아전들에게 명하여 일체 횡포와 침탈을 못하게 하여 편히 생업을 가지게 해야" 한다고 하면서 이를 즉시 시행하라고 하였다.

첫 번째 신원운동에서 동학도인들은 의관을 정제하여 질서정연하고 의연한 모습을 보임으로써 동학에 대한 잘못된 선입관을 씻는 계기를 마련하였고, 동학도인들이 무조건적인 신앙이 아니라 국가의 안위와 사회질서에도 깊은 관심을 표명할 만큼 세상을 보는 눈이 바르고 또한 넓다는 것을 알게 하였으며, 민-관의 관계에서 제음과 감결을 받아냄으로써 국금(國禁)의 대상으로 한정되었던 그동안의 형편을 벗어날 수 있다는 자신감을 갖게 되었다. 동학도인들의 집단 행동의 추이를 예의주시하던 일반 백성들은 이 모든 광경을 놀라워하며 지켜보았고, 민심은 급속도로 동학교단 쪽으로 쏠리게 되었다.

동학도 이필제의 영해교조신원운동

그런데 1892년의 이 공주 교조신원운동은 사실은 동학 역사상 두 번째 교조신원운동이다. 이보다 20여 년 전에 이미 첫 번째 교조신원운동이 있었다. 즉 동학의 역사에서 교조의 신원을 요구하며 물리력을 통해 처음으로 관가에 저항한 인물은 스스로 동학도임을 자처한 이필제(李弼濟)이다. 이필제는 1825년 충청도 홍주에서 태어나 진천으로 옮겨 살면서 무과에 급제하고 한때 영천으로 유배를 갔다. 유배에서 풀려난 후 영해에서 최시형을 만나고 주변 지방을 돌면서 동지들을 끌어 모았다.

그 자신의 주장에 따르면, 이필제는 1863년 10월, 최제우가 체포되어 서울로 압송될 때 수천의 동학도들이 그를 맞이하기 위해 도로 연변에 모인 것을 보고 감화를 받아 동학에 입도하였다. 1870년 7월 경상도 영해로 거처를 옮긴 이필제는 이 지역 동학도들을 규합해 나가며 기회를 노렸다. 그러던 중 최시형을 만나 선사(先師-수운 최제우)의 순교일인 신미년(1871) 3월 10일 봉기할 것을 제안했다.

내(이필제-필자주)가 스승님의 원한을 씻어내고자 한 뜻이 이미 오래되었습니다. 옛글에 이르기를 하늘이 주는 것을 받지 않으면 오히려 재앙을 받게 된다고 하였으니, 나 역시 천명을 받았습니다. 한 가지는 스승님의 욕을 씻어내자는 것이고, 또 한 가지는 뭇 백성들의 재앙을 구하는 것입니다. 다만 내가 뜻하는 바는 중국에서 창업하는 것입니다. 그러나 이 땅에서 일을 일으키는 것은 다름이 아니라, 스승께서 말씀하시기를 '동쪽에서 받았으므로 그 도를 동학이라 한다'고 하였으니, 동(東)은 동에서 일어나는 것이므로 영해는 우리나라의 동해입니다. 이런 까닭에 동쪽에서 일을 일으키는 것입니다. 스승님을 위하는 자가 어찌 따르려 하지 않는단 말입니까. 한마디로 말해서 스승님께서 욕을 받으신 날이 3월 초열흘입니다. 그날로서 완전히 정하였으니 다시 다른 말 하지 말고 나를 따르시오.[33]

이렇게 해서, 동학의 교조 수운 최제우가 억울하게 사형을 당한 지 7년째 되는 날인 1871년 3월 10일, 일월산 형제봉 아래 병풍바위에서 해월 최시형과 이필제가 모아들인 5백여 명의 동학도인들과 농민들은 천제(天祭)를 지내고 나서, 이필제가 선두에 서서 영해부성으로 달려가 밤 9시경 관아를 포위

영해 일대와 일월산 형제봉(멀리 보이는 산). 형제봉 아래 병풍바위에서 최시형 주관하에 이필제 등 500여 명의 동학 도인들이 모여 천제(天祭)를 지내고 영해 관아로 진격하였다. ⓒ표영삼

했다. 갑작스런 군중의 침입에 당황한 포졸들의 발포로 1명이 죽고 1명이 부상당했지만 마침내 관아를 점령했다. 이필제는 영해부사 이정을 붙잡아 관아 앞뜰에 꿇어 앉히고 치죄하였다. "너는 나라의 녹을 먹는 신하로서 정사를 잘못하여 세상을 어지럽혔다. 백성을 학대하고 재물을 탐하기가 저와 같으니 네거리에 방이 나붙게 되었고 시중에는 원성이 높아지게 되었다. 이것이 읍내의 실정이니 네 죄가 어디 가겠는가. 용서하려 하지만 의로써 너를 처단하려 한다."고 꾸짖었다. 이정은 끝내 동학도인의 장검에 목이 잘렸다.

   날이 밝자 이필제는 관아에 있던 공전 150냥과 곡식을 풀어 마을의 빈궁자들과 인근 5개 마을 주민들에게 골고루 나눠주도록 했다. 이필제는 이참에 영덕군 관아를 점령하고자 했으나 50리나 떨어진 곳이고 이미 방어에 나섰을 것으로 판단하여 도인들과 영해관아를 물러나 산속으로 은신했다. 부사가 참수되었다는 소식에 인근 지역 수령과 관리들 중에 도망치는 자가 속출할 만큼 경상도 일원의 관가에 비상이 걸렸다. 그러나 곧 대대적인 반격에 나선 관군 토벌대에 쫓겨 동학도인들은 수많은 희생자를 내면서 쫓기기 시작했다.

이필제는 14일 최시형이 은거 중인 영양 일월산으로 들어갔다. 봉기에 참여했던 많은 동학도인들이 죽거나 붙잡히는 바람에 끝까지 따르는 사람이 40여 명에 불과했다. 한편 정부는 흥해군수 김홍관을 영해부 겸관으로 임명하고 영덕현령 정중부와 인근의 영일 · 장기 · 청하의 현감을 출동시켜 일월산을 포위, 샅샅이 뒤졌다.

최시형과 이필제 등은 일월산을 겨우 탈출하여 충북 단양의 도인 정기현의 집에 은거하면서 재기를 도모했다. 그곳에서 해월과 헤어진 이필제는 당시 대원군의 실정과 서원 철폐령으로 전국의 유림들이 집단상소와 상경을 준비하고 있다는 소식을 알고 이들과 연대 투쟁을 시도하였다. 하지만 거사일인 8월 2일 집합장소인 조령의 주막에 예정된 인원이 모이지 않았다. 오히려 정보가 새 나가서 관군이 들이닥쳐 주모자들을 체포했다.

이필제는 간신히 몸을 피했으나 며칠 뒤 문경 읍내에서 체포되고 말았다. 오랫동안 삼남 일대를 누비며 민중 봉기를 잇달아 주도하고, 영해에서는 교주인 해월의 지원으로 한때 봉기에 성공하기도 했으나 상황과 조직이 여의치 않았다. 그는 한성으로 압송되고 1871년 12월에는 그를 문초하기 위한 추국청이 열렸다. 추국의 질책은 엄중하였다.

성명을 이리저리 바꾸고 종적을 날려 숨겨서 도당을 긁어모아 난을 일으키려 한 것은 무슨 심보인가? 한 번 굴러서 호중(충청북도)을 선동했고,

두 번 굴러서 영남에서 옥을 일으켰고, 영해에까지 손을 뻗쳐 작변(作變)하였으니 지극히 끔찍하다. 또 독한 말은 간담을 흔들어 놓는다. 이미 오래전에 도마 위에 오른 고기였는데 그물을 빠져나간 고기가 아직도 목숨을 붙이고 있으니 오래 신인이 다 같이 분을 참지 못하는 바이다. 또 조령에서 도둑 무리를 매복시켜 흉측한 계획을 품었다가 죄악이 꽉 차서 저절로 잡혀온 것이라. 밝은 천도 아래 어찌 감히 속이랴. 지금 엄한 심문 아래 앞뒤 역적질한 사정을 사실대로 아뢰어라.

(이에 대해 이필제는 이렇게 답했다.)

천하에 진정이 없는 일이 없고 또 일이 없는 죄가 없다. 나의 정실에는 죄가 세 가지인데 조목에 따라 하나하나 물어보라.[34]

이필제는 혹독한 추국에도 조금도 굽히지 않고 조정의 부패와 최제우의 억울한 죽임을 토변하다가 1871년 12월 24일 '모반대역부도죄(謀叛大逆不道罪)'로 능지처사(凌遲處死)되었다. 부인도 붙잡혀 교수형에 처해졌으며 가족·일가친척이 연좌에 얽혀 멸문의 화를 당하였다.

이필제의 거사를 두고 '교조신원운동'이냐 '병란(兵亂)'이냐에 대한 논란이 여전히 남아 있다. 그러나 어느 쪽이든 이 일로 인하여 동학교단으로서는 1864년 수운의 순도 이후 다시 엄청난 타격을 입게 되었다. 또한 해월 최시형에게는 이 사건이 크나큰 트라우마로 남아서 그로부터 23년 뒤에 전개될 동학혁명에서의 행동에 제약을 가하는 계기도 되었다. 한편 이필제는 오래전부터 여러 가명을 사용하였는데, 이 사건으로 체포되어 심문을 받을 때는 진명숙(秦明叔)이라는 가명을 썼다. 훗날 전봉준의 자(字)가 명숙(明叔)이었다는 점과 무관하지 않다고 보는 사람도 있다.[35]

동학 교조신원운동의 시작, 공주와 삼례집회

1892년 10월 20일에 시작된 공주에서의 집회가 절반의 성공으로 마무리된 후, 힘을 얻은 동학 지휘부는 1892년 11월 1일 전라북도 삼례에서 다시 동학도인들의 집회를 열기에 이르렀다. 10월 27일에는 각포 접장(接長)들에게 일제히 모이라는 경통(敬通)을 보냈다. 여기서도 해월은 "명색이 사람으로서 선생님의 원통함을 펼 줄 모른다면 금수와 멀다 하랴, 가깝다 하랴. 다시 통문을 보낸 후에도 곧 달려오지 않으면 응당 별단의 조처를 마련할 것이다. 머지않아 하늘의 죄를 얻을 것이니, 다시 무엇을 바랄 것인가"라며 반드시 삼례로 집결하라고 당부하였다. 모인 사람이 1천 명에 이르렀다. 동학도인들은 '수운 선생'의 신원과 도인들에 대한 탄압을 중지할 것을 요구했다. 이 집회에는 김개남과 도강김씨 도인들도 다수 참여하여 그의 지도력을 보여주었다. 추운 겨울이었으나 너무도 많은 사람이 모인지라, 그 열기가 추위를 녹이고도 남음이 있었다. 그러나 정작 해월은 삼례로 오는 도중 낙상을 하여 참석하지 못하였다. 의송단자는 서병학이 작성하였고, 이를 전달한 것은 우도(右道)의 전봉준과 좌도(左道)의 류태홍(柳太洪) 대접주였다. 류태홍은 1867년생으로 당시 25세의 열혈 청년이었지만, 태인 대접주 김개남 영향권 내에서 그의 주력 고을인 남원 방면을 관할하던 대접주였다.[36] 그러므로 삼례 교조신원운동에서 의송단자를 감사(이경직)에게 전달하는 임무는 전봉준과 김개남 등 훗날 동학혁명의 핵심 지휘부가 되는 사람들이 담당한 셈이다. 전라 감사에게 전달한 의송단자에서도 선사(先師, 수운 최제우)의 신원, 탐관오리 제거 등으로 집약된다. 또 이 의송단자에서는 스스로를 "동학하는 선비(東學之士)"라고 지칭하면서 동학은 유불선(儒佛仙) 세 도를 아우른 것이며 "동학과 서학은 빙탄(氷炭: 서로 정반대가 되는 관계)"인데도 "다만 지극한 정성으로 하늘님을 공경(至誠敬天)한다는 이유로 수운 선생이 서도(西道)로 무함(誣陷)되었"다고 하고, "저희들에게 선생님의 원한을 씻게 해 주기를 엎드려 비"노라 하였다. 처음 올린 소장에 대하여 전라관찰사의 회답이 없자, 동학도인들은 재차 감사에게 '각 도내 동학 유생 등'의 이름으로 〈소장〉을 보냈다. 강력한 의지를 천명하고, 관찰사를 압박하는 결기를 보인 것이다.

> 각 도내 동학 유생들은 감사께 글월을 올립니다. 엎드려 저희들은 의송장을 올린 지 이미 6일이 지난지라, 각하의 처분을 삼가 고대하면서 길가에 머물면서 찬바람 속에 노숙하며 굶주림과 추위에 떨고 있습니다. 날마다 간절히 바라는 것은 각하의 하늘 같은 혜택뿐입니다. 수많은 저희들은 돌아가 살 곳이 없으니 이를 어찌하리까. 각 고을의 지목으로 날로 박해함이 심하니 수재(守宰)로부터 그 밑에 있는 이서군교(吏胥 軍校)가 간악하고 교활한 향리들까지도 거리낌 없이 살림을 뒤져 약탈하기를 마치 자기 물건처럼 할 뿐만 아니라 구타하고 학대하니 견딜 수가 없습니다. 불쌍한 이 중생들은 어디에다 호소하리까. 순상(巡相) 각하께 엎드려 비는 바는 거의 죽어 가는 중생들을 다만 불쌍히 여기시어 임금님께 상소하여 선생(수운 최제우-필자주)의 숙원을 풀게 하시고 각 읍에 공문을 발송하여 아전들이나 교활하고 간악한 향리들의 행패를 엄금토록 하여 수만의 중생들이 집으로 돌아가 생업에 힘입어 편안히 살도록 하여 주면 각하의 하늘같은 덕을 평생 잊지 않겠습니다. 세세히 굽어 살피어 가련하게 여겨서 구원해 주기 천만번 엎드려 비나이다.[37]

이경직은 9일 자로 제음을 보냈다. 그 내용 또한 충청감사에 비하여 간결

광화문 복합상소가 벌어진 1893년경의 광화문 모습. 동학도들은 이곳에 사흘 동안 엎드려 수운 최제우 선생의 신원과 동학도에 대한 탄압 중지 등을 요구하였다. "돌아가서 평안하게 생업에 종사하라"라는 비답이 있었으나, 실질적인 동학 공인 정책은 아니었다.

하고 "동학은 나라에서 금하는 학이니 이를 버려야 한다"는 것과 "동학을 광포(廣布)하기를 바라는 것은 말이 안 된다"면서 일거에 물리치는 것이었다. 그러나 이러한 제음에도 동학도인들은 꼼짝달싹하지 않았다. 이에 이경직은 영장(營將) 김시풍(金始豊)에게 300여 명의 군졸을 인솔하게 하여 동학도들을 강제 해산케 하였다. 김시풍은 동학도인들이 회집한 곳에 군사들을 대동하고 들이닥쳐 칼을 빼들고 위협하였으나 서인주 등이 당당하게 대등하고 나서자 한 시간 가량 살벌한 대치 상태가 계속되었다. 이윽고 김시풍은 "내가 전일에 들은바 동학이 난당이라 하기에 나의 당질 형제가 동학에 입도하겠다는 것도 금하였더니, 오늘 와서 본즉 들던 바와는 다르게 관대한 도이다. 내 감사에게 가서 아뢰어서 해결하여 줄 터이니 각자 집으로 돌아가서 그 도를 잘 닦으며 각자의 생업에 편안하게 종사하라"고 하였다. 김시풍의 보고를 받은 감사는 11일에 "동학도인들의 재산을 약탈하는 것을 일절

금지"할 것을 명령하였다.

결국 전라감영에서도 "동학의 공인은 정부가 결정할 일이나, 우선 부당한 탄압은 없애겠다"고 약속하며 해산을 종용하였다. 삼례집회를 주도한 지휘부는 이 답변을 듣고 도인들이 해산하여 각자 고향으로 돌아가 생업에 종사하도록 지시하였다. 그러나 관찰사의 지시에도 불구하고 각 지방의 이속(吏屬)들에 의한 동학 탄압과 양반배(兩班輩)들의 핍박은 그치질 않았다. 전봉준과 김개남 등 일부 도인들은 비밀리에 조직적 연대를 강화해 가면서 사태를 예의주시하고 있었다. 한편으로 관찰사가 동학도에게 '관속(官屬)들의 동학 탄압을 금하게 하겠다'고 약속한 것은 동학도인들에게 고난을 극복할 자신감을 심어주었고, 추이를 지켜보던 민중들에게 동학을 새롭게 보게 하는 메시지가 되었다. 그만큼 동학의 조직은 튼실한 결합성을 갖추게 되고, 도인들의 시대정신이 바뀌어 갔으며, 동학의 위상은 나날이 높아지고 있었다.

1893년에 들어서도 관의 약속-동학도인에 대한 무단한 핍박과 착취 금지-이 지켜지지 않고 오히려 탄압이 더욱 심해지는 데 대하여 동학도인들의 불만과 해결 요구는 점점 높아만 갔다. 급기야 동학교단 일각에서는 "도인들에게 병복(兵服)을 입혀 조정의 간당(姦黨)들을 소탕하고 정부를 개혁하자"는 강경론이 나오기 시작했다. 이에 최시형·손병희 등 교단 지휘부가 강경론 대신 국왕에게 직접 상소하는 계획을 세웠다.

광화문 복합상소와 외국 공관에 격문 게시

동학교단 지휘부는 1893년 2월 11일 서울 광화문에서 복합상소(伏閤上疏)를 하기로 의견을 모았다. 각 포·접에서 선발한 40여 명은 과거를 보려는 유생으로 가장하고 서울로 올라가 경복궁 앞에서 사흘 동안 엎드려 상소를 하면서 교조신원 · 동학공인 · 탄압중지 등을 호소하였다. 다음은 국왕(고종)에게 보낸 상소문이다.

　　각 도의 유학하는 신 박광호 등은 황공하옵게도 머리를 조아리며 삼가 목욕재계하고 백번 절하면서 하늘을 통어(統御)하고 운수를 융성케 하며, 윤리를 지극하고 돈독케 하시고(肇極敦倫)하시고 정성(正聖)의 의(義)가 빛나고 공덕이 밝고 덕이 크시어 요(堯)의 크심과 순(舜)의 정미로우심과 우(禹)의 모훈(謨訓)과 탕(湯)의 청천(敬天)으로 천명에 따라 기강을 세우시어 (應命立紀) 신열(神列)의 경지에 이르신 주상 전하에게 상언합니다. 곤궁하면 엎디어 부모를 부르고, 병들어 아프면 천지를 부르게 되는 것은 사람의 상정이며 자연의 이치입니다. 금상 전하께옵서는 신(臣) 등의 천지부모이시며, 신들은 전화의 화육지적자(化育之赤子)입니다. 이제 곤궁하고 병들어 아픈 처지가 되어 외람됨이 지나침을 헤아리지 못한 죄를 조심스럽게 여기며 폐하의 지척 아래서 부르짖는 것은 분수없고 망령되고 두려움을 알지 못하여 그런 것이 아니옵니다. 억울하고 분통한 처지가 극에 달해 이러하오니 천지부모에게 호소하지 못한다면 천지지간(天地之間)에 어디다 의지하겠습니까? 자고로 성제(聖帝)와 명왕(明王)과 어질고 착하게 잘 받드는 신하는 사문(四門)을 열고 사총(四聰)이 통달토록 음양의 이치와 사시의 순리에 맞게 베풀어 천하를 태산과 같이 안정되게 하는 것은 경천명(敬天命) 순천리(順天理)로 도리를 밝히고 기강을 세웠기 때문입니다. 근자에 이르면서 실천행도(實踐行道)하는 참된 선비는 얼마 되지 않고 헛된 문장을 드러내며 한갓 겉치례만 숭상하여 경전에서 표절하여 천박하게 이름이나 얻고자 하는 선비가 십에 팔구입니다. 선비가 되겠다 말하나 덕성을 기르고 도를 따져 학(學)하는 사람을 가위 업신여기어 국치((國治)에 연계되니 실로 작은 통곡과 눈물을 흘리는 것입니다. 다행히도 천운이 순환하사 무왕불복의 이치로 지난 경신년(1860) 여름 4월에 황천(皇天)이 도우시고 귀신이 정하시어 경상도 경주 고 학생 신인 최제우로서 비로소 천명을 받아 사람을 가르쳐 포덕하시니 (중략) 또한 동학이라 하는 것은 그 학명(學名)이 본래부터 동학이라 한 것이 아닙니다. 도는 한울님으로부터 나왔으나 동쪽에서 비롯되었으므로 당시 사람들이 서학으로 잘못 알고 배척하여 업신여기자 스승님인 신 제우께서 제자들에게 이르기를 "도는 비록 천도이나 학인즉 동학이다. 하물며 땅도 동서로 나뉘어 있는데 서쪽을 어찌 동이라 하며 동쪽을 어찌 서라 하겠는가. 공자님도 노(魯)나라에서 태어나 추(鄒) 나라 풍화가 미쳐 추로지풍이 이 세상에 전해오거늘, 우리 도는 이곳 동쪽에서 받아 동쪽에서 퍼니 어찌 서쪽의 이름을 취하리오" 하였습니다. 서학으로 배척하는 것도 부당한 것이요 또한 동학으로 물리치는 것도 부당한 것인데 감영과 고을에서 속박하고 형벌로 죽이고 귀양 보내어 어찌해 볼 바 없게 하니 통원하지 않겠습니까. 수심정기(守心正氣)하고 경천순인(敬天順人)하며 그 바탕이 되는 도리를 따르면 성자는 성인이 되고 현자는 현인이 될 것인즉 공부자의 도 또한 여기서 벗어나지 않을 것입니다 어찌 조금 다르다 하여 이단으로 지목합니까. 대저 이 도는 심화(心和)로 근본을 삼으니 마음이 화하면 기운이 화하고, 기운이 화하면 형체가 화하고 형체가 화하면 바르게 되고 사람의 근본 도리가 확립될 것입니다. 진실로 스승님인 신 제우는 이와 같이 선성(先聖)들이 밝히지 모했던 대도를 창시하여 우부우부(愚夫愚婦)로 하여금 천리의 근본을 모두 알게 했으니 어찌하여 동학이란 이름만 공평치 못하게 취급하나 실로 천하의 무극대도(無極大道)입니다. 신 등은 어찌 감히 그릇된 말로써 폐하에게 아뢰어 위로는 기망(欺罔)의 죄를 짓고 아래로는 추잡한 행위로 죄지음을 하겠습니까? 엎드려 원컨데 폐하

보은 장내리 일대. 1893년 3월 이곳에서 대대적인 교조신원운동 겸 척왜양창의 운동이 전개되었다. 맞은편 산 아래 동학 대도소가 신축되어 청산의 대도소와 함께 동학의 본부가 되었다. 보은집회 당시에는 석장(石墻)을 둘러 안팎을 구분하고 질서정연하게 민회(民會)를 개최하였다. ⓒ표영삼

께서는 이 화육지적자를 불쌍히 여겨 빨리 신 등의 억울한 마음을 펴게 하고 빨리 종전의 정배 간 도인들을 용서하며, 덕음(德音)을 크게 펴고 천기를 준영(尊迎)하옵소서. 신 등은 감격함을 이기지 못하여 피눈물로써 간절하게 바라옵니다.[38]

추운 날씨에도 40여 명의 동학도들이 땅바닥에 엎드린 채 복합상소를 이어가자 과거를 보러 올라온 전국 각지의 유생들은 물론이고 궁궐을 출입하는 각국의 외교관들이나 인근의 시전상인 등 많은 사람들이 관심을 보였다. 이에 정부는 해산하고 각자 고향으로 돌아가 본업에 충실하면 요구를 들어주겠다고 회유했다. 복합상소의 실행을 맡았던 동학도들은 2월 13일부터 15일에 걸쳐 한강 이남으로 해산을 완료하였다. 그러나 해월 최시형을 비

롯한 동학교단이 조정의 회유를 그대로 믿은 것은 아니었다. 아니나 다를까 막상 동학도들이 해산하자 조정은 태도를 돌변하여 주모자에 대한 체포령을 내리는 한편, 동학에 대해 더욱 강력한 금지를 명령했다. 해월 최시형은 다시 경통(敬通: 동학도인들에게 보내는 최시형의 공문)을 보내 지목받을 행동을 하지 말도록 주의를 환기하였다.

광화문 앞에서 복합상소가 전개되고 또 해산하는 바로 그 시기에 서울 시내 곳곳에서는 그 흐름과 짝을 이루는 또 하나의 중요한 운동이 동학도들에 의해 전개되었다. 즉 외국의 공관과 예배당 등의 시설에 외국인(서학교도)은 우리나라를 떠날 것을 종용하는 동학도 명의의 방문이 나붙은 것이다. 이는 동학도인들은 이미 서구화 일변도의 노선을 걷고 있던 일본을 비롯한 서구열강의 침투에 경계심을 보이며 본격적인 반외세 행동에 돌입한 첫 번째 사례로서 중요한 의의가 있다. 첫 번째 격문은 복합상소가 있기 전인 1893년 2월 7일 한성 내의 서학(종교)의 두령, 즉 '서학교두(西學敎頭)'에게 보내는 것이다.

서학 교두(敎頭)들에게 타이르노니 귀를 기울여서 들어야 할 것이다. 기수(氣數: 길흉화복의 운수)가 쇠퇴하고 세상의 도가 무너져서 묘당(廟堂)이 더러운 때를 없애고 허물을 감싸는 교화로 너희와 통교(通交)하기로 하였지만, 상관(商館)을 설치하고 전교(傳敎)를 하는 것을 허용한 것은 아니다. 그런데 너희들은 마음대로 잇달아 들어와서 명목상은 비록 상제(上帝)를 공경해서 비는 바를 글로 만들고 예수를 믿는다고 말하지만, 그러나 다만 '예수(耶蘇)'를 찬미하는 것을 법으로 삼아, 바른 마음과 성실한 뜻을 가르치는 학(學)은 없고, 또한 말대로 실천하고 행실을 돈독하게 하는 실제가 없다. 말로는 부모에게 효경(孝敬)한다고 하나 부모가 살아서는 공양하고 순종하는 도가 없고, 부모가 죽어서는 곡읍(哭泣: 소리 내어 슬피 우는 것)하고 장례

하는 절차가 없으니 이것을 떳떳한 인륜이라고 할 수 있는가? 혼인의 풍속은 처음에는 야합을 하고 끝내는 다른 사람과 혼인을 하고 말을 두려워하지 않고 서로 헤어지는 폐단이 있으니 부부의 도라고 할 수 있는가? 너희들은 본시 구걸하는 부류로 너희 모임에서 관례적으로 정한 돈과 밥을 지나치게 탐하고 훌륭한 거처와 음식에 마음을 쓴다. 처음에 영어 교리를 익히다가 한문을 가르쳐 준다고 양가의 자손을 꾀어 끝내 너희의 교회 속으로 끌어들인다. 게다가 학생들에게 제공할 밥값과 옷값에서 떼어 여분의 돈을 챙기니 어찌 이처럼 비루한가? 전도라고 하는 것은 말뿐이고, 경전을 파는 등의 일이 가장 긴요한 일이다. 그러므로 영원히 고생하는 지옥이 있다면 너희들이 반드시 먼저 들어갈 것이니 두렵지 않겠는가? 이번에 감히 불러다가 변론하기를 요청했는데, 어찌 동학을 수학하는(修道之學) 우리가 이로움만 따지는 너희들(爭利之輩)과 함께 앉아 말을 하겠는가? 이처럼 너희들을 타이르니 속히 짐을 꾸려 본국으로 돌아가라. 그렇지 않으면 우리의 충성스럽고 믿음직한 병사와 인자하고 의로운 방패로 죄를 성토하고 토벌할 것이다. 다음 달 3월 7일까지이니 이것을 잘 알라.

계사(1893) 2월 초 7일[39]

또 13일에는 외국인 거리에 비슷한 격문을 붙였다. 이 격문은 "우리 동방은 수천 년 예의와 범절의 나라였"음을 밝히고 타교(他敎), 즉 서학의 서책과 학문에 쓰인 내용이 "허무지설(虛無之說)"로서 "황당무계"한 무부무군(無父無君)의 요설이라고 질타한다. 우리나라는 일찍이 일치(一治)의 상태였으나 서학(=西敎)이 들어와서 횡행하여 일란(一亂)의 상태가 되었으니, 혹세무민하며 인의예지의 도를 능멸하지 말고, 가지고 있는 "성경책을 불태우면 혹시 만에 하나라도 살 길이 있을지 모"르겠다고 위협을 가하고 있다.

동학도인들은 또 3월 2일에 일본 상려관(商旅館)에 격문을 보냈다.

> (전략) 너희는 비록 변방에 살고 있으나 천품을 받음은 한가지임을 아는
> 가 모르는가. 이미 인도(人道)에 처하였으니 각기 자기 나라 범위를 다스리
> 고 각기 자기 생산을 보호하여 길이 강토를 보존하며, 위로는 받들고 아래
> 로는 백성을 기르는 것이 옳을 것이다. 망령되이 탐욕의 마음을 가지고 남
> 의 나라에 자리 잡고 앉아서 공격하는 것을 으뜸으로 삼고 살육을 근본으
> 로 삼으니 진실로 무슨 마음이며 끝내는 무엇을 하려는가? (중략) 안전하
> 게 될 것인가 위태롭게 될 것인가는 너희들이 스스로 취하는 것이니 후회
> 할 짓을 하지 말라. 우리는 두 말 하지 아니하니 급히 너희 땅으로 돌아가
> 라.[40]

이 격문의 내용들이 모두 동학도들의 것인지는 불명확하지만, 동학도들
의 복합상소와 때를 맞추고, 또 그 흐름을 타서 일을 벌인 것만은 분명하다.
복합상소에 참여한 동학도들도 한성에서 전개되는 이러한 급박한 시대 흐
름을 관찰하고 정세를 파악하는 중요한 경험을 한 셈이다.

보은취회와 김개남 태인포대접주의 등장

한편, 임금과 중앙정부조차 신뢰할 수 없다고 판단한 동학교단 지휘부와
도인들은 운동의 방향을 전환할 필요를 느꼈다. 해월은 다시 통유문을 전국
각지의 동학 대접주들에게 하달하여, 3월 11일 충청북도 보은에 대규모로
회집할 것을 지시하였다. 보은취회로 불리는 이 집회에는 각지에서 2만여
명의 도인이 모였다. 우리 역사상 민중 집회에 이만한 사람이 모인 것은 최

보은집회(취회) 당시 돌성(石墻)을 쌓고, 집단 시위를 벌인 현장. 동학도회소는 사진 왼쪽 언덕 쪽에 새로 지은 기와집이었다고 전해지고 있다. ⓒ이병규

초의 일이었다. 보은집회의 성격은 크게 달라졌다. 삼례집회와 복합상소가 교조신원과 동학공인·탄압금지 등 교단 내부의 요구에 집중되었던 데 비해 보은에서의 집회는 목표가 '척왜양창의(斥倭洋倡義)' 등 시대적 요구를 담은 주장으로 바뀌었다.

이 보은취회(집회)에는 김개남도 태인 지역을 중심으로 한 관내의 동학도인들과 함께 참여하였다. 특히 보은집회를 앞두고 김개남은 김기범(金箕範)이라는 이름으로 태인포대접주(泰仁包大接主)로 임명되었다. 그동안 동학의 접(接)과 포(包)는 접주나 대접주의 이름을 따서 '손병희포' '김개남포' 등으로 불렸던 것을 이때 비로소 각 포에 이름을 부여한 것이다. 주요한 포를 보면 태인포 김개남(김기범) 외에 충의포(忠義包, 大接主 孫秉熙), 청의포(淸義包,

孫天民), 호남포(湖南包, 南啓天), 보은포(報恩包, 金演局), 서호포(西湖包, 徐璋玉), 금구포(金溝包, 金德明), 무장포(茂長包, 孫華中), 부안포(扶安包, 金洛喆), 시산포(詩山包, 金洛三), 청풍포(淸風包, 成斗煥), 내면포(內面包, 車箕錫), 정선포(旌善包, 劉時憲) 등을 들 수 있다. 이로써 김개남은 동학 역사의 전면에 등장하게 된다. 즉 그동안 해월과의 관계 속에서만 그 모습을 드러내던 데서, 이제 본격적으로 그의 정체성을 분명히 하고, 교단 조직의 공적인 체제 속에서 활동하게 된 것이다.

한편 보은집회가 벌어지던 것과 비슷한 시기에 전라도 금구(원평)에서는 1만여 명의 동학도인·농민들이 별도 집회를 열고 상경하여 탐관오리와 외국세력을 내쫓을 계획까지 세우고 있었다. 이 같은 동학의 기세에 놀란 정부는 어윤중을 선무사로 파견하여 해산을 명령했다. 그리고 동학도에 대한 박해를 이유로 충청도와 전라감사(조병식·이경식)를 징계하는 한편, 정부군 600여 명을 보은과 금구에 파견했다. 이에 놀란 동학도인들은 해산했지만, 가슴에는 더욱 뜨거운 응어리가 불타고 있었다. 금구(원평) 집회에 집결한 세력이 교단 중심의 보은집회 주력과 다른 이른바 '남접'의 사회변혁 세력이었다는 주장도 있으나 그보다는 보은 장내리의 수용력을 초과한 인원이 별도로 모인 것이라는 연구가 설득력이 있다.[41]

공주집회→삼례집회→복합상소→보은(과 금구) 집회로 이어지는 동학의 평화로운 요구를 정부는 기만과 물리력으로 제압하려 들었고, 동학교단은 비록 뜻을 이루지는 못했으나 자신들의 역량을 충분히 시험하고 이를 과시하는 계기가 되었다. 무엇보다 보은집회에 모인 2만여 명의 동학도들은 지역별로 임명된 대접주 산하에 공식적인 포명(包名)을 획득하면서, 스스로를 운동의 단위로 인식하는 계기가 되었다. 또한 전국 각처에서 모인 '동심동덕(同心同德)'의 동학도들의 위용을 눈으로 확인하고 나자 변혁의 의지와 자신감마저 충만하게 되었다. 또한 거듭된 정부의 허언(虛言)과 식언(食言)은 동학도인들로 하여금 혁명적 봉기를 일으킬 수 있다는 명분을 더욱 공고하게 인식하는 계기도 되었다.

이로써 동학의 열차가 엔진을 가동하기 시작한 것이다. 이 무렵 경기도 안성, 경상도 함창, 제주도, 강원도 고성, 함경도 함흥 등에서 민란이 일어나고, 일본 어민(왜구)들이 떼지어 제주도 등에 몰려와 인명을 살상하고 재물을 약탈하는 행위가 자주 일어났다. 내외적으로 혁명의 시기가 무르익어 가고 있었다.

제5장

동학혁명의
불씨는 만들어지고

동학, 농민들 각성시키고 기치를 들다

기나긴 실정이 누적되어 통치권의 정당성을 인식하는 객관적 능력이 결여될 때, 그리고 위정자가 이러한 불평과 불만에 대처함에 있어서 새로운 대책을 강구하기보다는 도리어 이것을 탄압하려고 할 때, 억압이 실패하였을 경우 전면적인 타협을 시도하기보다도 도리어 가혹한 탄압을 끝까지 강행하려고 할 때, 위정자의 선의에 대한 민중의 신뢰감이 소멸하였을 때, 혁명이 일어난다. (A.H. 라스키)

한말에 이르러 세도정치가 강화되면서 조선 왕조의 부패상은 극한에 이르고, 기울어 가는 국운은 회복될 기미가 보이지 않았다. 1870년대 민씨 척족의 지배체제가 강화되면서 부정부패는 더욱 심화되고 탐관오리들의 국가 재정의 수탈과, 이들과 유착한 지주들의 농민수탈이 더욱 가속화되었다. 생존 위기에 내몰린 민중들은 자주 민란을 일으켰다. 이러한 민란은 1811년의 홍경래 난에서부터 1862년의 진주민란(임술민란)까지 반세기에 걸쳐 간단없이 계속되었다. "진주민란이 발생한 1862년 한 해에만도 경상도에서 17회, 전라도 9회, 충청도 9회, 경기도와 황해도, 함경도 등지에서는 1회 등 총 38회의 농민봉기가 발생하였다."[42]

만석보 유지비. 동학혁명이 일어나던 당시 탐관오리들의 수탈의 상징인 만석보가 있던 곳을 표시하였다. 만석보는 고부봉기 당시 농민군들에 의해 파괴되었다. ⓒ이병규

　이러한 민란이 거듭되는 동안 민중들은 차츰 각성하기 시작했다. 단순한 민란으로는 거대한 질곡을 바로 잡을 수 없다는 자각과 대안의 모색이 다각도로 이루어졌다. 민초들은 차츰 자신들의 정체를 드러내지 않은 채 비밀결사체를 만들거나 여러 가지 방법의 저항을 시도하였다. 비밀결사체는 양반을 죽이자는 '살반계(殺班契)', 상전을 죽이자는 '살주계(殺主契)', 부유한 자를 죽이고 재산을 빼앗는다는 '살약계(殺掠契)' 등 다양한 형태를 띠었다. 또 고을의 수령을 비롯한 관리들의 수탈에 항의하는 와언(訛言), 산호(山呼), 거화(擧火), 투서(投書) 등이 빈번하게 일어났다. 나아가 관아 정문이나 담벼락에 비방하는 글을 써 붙이는 괘서(掛書)나 방서(榜書)가 횡행하고, 흉서(凶書)를 보내 겁을 주는 사건도 빈발했다. 이에 따라 고변(告變)도 늘어났다. 민란의

도모가 사전에 발각되는 사례가 늘어난 것은 그만큼 민란 시도가 많아졌다는 것이기도 하다.[43]

이러한 민중의 각성과 행동의 고양에는 동학의 평등사상과 개혁사상이 기여한 바가 적지 않았다. 그래서 각지의 민란에는 동학도들이 참여하는 경우가 많아지고 그럴수록 관의 탄압이 가중되었다. 삼례집회를 알리는 최시형의 〈통유문〉에서는 "여러 고을의 수령들이 오도(吾道)를 서학 여파로 지목하여 조사해 잡아들여 감옥에 가두고 전재를 토색질해서 죽은 자와 상한 자가 연속해서 끊어지지 않고 향곡의 호민이 동학도라는 소문을 들은 대로 침학을 해서 집을 허물고 재산을 빼앗음이 곳곳에 널려 있으니 도유(道儒=동학유생, 동학도인)로 이름한 자는 모조리 유리(流離)해 살 곳이 없다."[44]고 하여 이러한 사정을 에둘러 표현하였다.

한편, 내우외환으로 국가적인 위기가 목전에 이르고 있는데도 조정의 민씨와 조씨 세도 척족들은 크고 작은 감투를 매관매직하느라 영일이 없었고, 외세는 칼날을 세우면서 조선 실정을 정탐하기에 여념이 없었다. 이즈음 일본 정부의 한 인물이 분석한 '조선사정'이다.

독립국이라고는 하나 실제는 없고 단지 겨우 금일의 일루의 명맥만이 간신히 명멸(明滅)의 사이를 이어가고 있다. 무슨 연유이든 실로 조선은 동양에 있어 발칸반도이다. 사방의 이웃이 그 손톱과 이빨을 갈면서 그 고기를 살핀 지가 오래되었다고 하지만, 또 어찌 하지도 않았다. 러시아는 결코 조선을 아우를 수 없고, 영국은 감히 조선을 범할 수 없다. 지나(支那, 중국)또한 조선을 자기 나라에 예속시킬 수가 없다. 우리나라(일본─필자주) 또한 용이하게 조선을 움직이기 어렵다. 이것은 동양의 화평을 유지하기 위해 마땅히 그리하지 않을 수 없는 바의 것이다. 돌아보면 이 나라의 내부 모습을 관찰하니, 각종 불평당의 숨은 세력이 지금은 점차 그 걸음을 내딛어 정부의 기강이 흔들리는 기회를 타서 혁명을 간절히 바라고, 내지(內地) 여러 곳에서 봉기하여 안으로는 간사한 자를 배척하여 충량(忠良)에 힘쓰고 밖으로는 척왜(斥倭) 척양(斥洋) 주의를 실행해야 한다는 것을 명분으로 삼고, 행위는 지극히 착실할 것을 뜻으로 하고 망동을 피해 오직 지방 토민의 환심을 사는 것에 노력하였다.…조정을 싫어하는 토민은 다투어 이에 응하여 그 세력이 대단히 창궐하였다.[45]

조병갑의 탐학과 전봉준 부친의 장살

김개남은 최시형으로부터 신임을 받고 보은집회에 즈음하여 태인포(泰仁包)의 대접주가 되었다. 태인포는 실질적으로는 태인 출신의 김낙삼과 김문행 등이 통솔하였고, 직접 관할하는 도인만도 1,300명이나 되었다. 동학은 창도 초기부터 전교-수교의 인맥 관계에 따라 전국 각지에 세포조직인 포(包)와 접(接)을 구성하였고, 몇 개의 접을 관할하는 최고 책임자가 대접주가 되었다. 대접주가 관할하는 접단(接團)을 '포(包)'라 하였고, 대접주와 접주 사이에 도접주(都接主), 수접주(首接主) 등 단위별, 직능별 지도자들이 분포하였고, 대접주가 있는 도소(都所=包所)에는 교장(敎長)·교수(敎授)·도집(都執)·집강(執綱)·대정(大正)·중정(中正) 등 육임(六任)을 두었다. 접주와 대접주는 인맥 중심 조직인 접과 포의 지도자이므로 한 지역 내에 여러 명의 접주 또는 대접주가 혼재하기도 하였다. 태인을 근거로 하는 대접주가 여러 명이라는 데서 태인 지역의 동학 교세가 대단했음을 알 수 있다. 대체로 접주는 4, 50호의 도인들을 관할하고, 대접주는 몇 명에서 십여 명의 접주를 관할하였다. 그러나 김개남은 대접주이면서도 같은 대접주들로부터 큰 신망을 얻어서, 남원의 유태홍 대접주처럼, 김개남을 중심으로 결합하여 더 큰 규모의 조직을 형성하는 중심점에 놓여 있었다. 김개남은 태인을 중심으로 남원 일대를 아우르는 거대한 동학 집단에서 영향력이 가장 큰 인물 중의 한 사람이었다. 그가 그 지역의 대성(大姓)인 도강김씨 집안의 중심인물이었기 때문이기도 하지만, 일찍이 동학에 입도한 이래, 해월의 신임을 두터이 받는 인물이기도 했기 때문이다.

1890년 전후한 시기에 대접주든 접주든 동학의 모든 임첩(任帖: 임명장)은 보은 장내리에 있는 대도소에서 해월 최시형의 직접 주관하에 발행되었다. 그 정황을 보여주는 사료가 김구의 『백범일지』에 상세하게 묘사되어 있다 (전봉준 『공초』 참조).

독립운동가 김구는 18세 때인 1893년 황해도 팔봉접주가 되었다. 김구는 동학 2대 교주 최시형으로부터 연비(聯臂: 傳敎人-受敎人 系統)를 보고하라는 지시를 받고 해주를 떠나 충청도 보은군 장안에 도착하여 대도주 해월 최시형을 만나게 되었다.

　　우리가 불원천리하고 온 뜻은 선생의 선풍도골도 뵈오려니와, 선생께 무슨 신통한 조화 줌치나 받을까 함이었으나 그런 것은 없었다. 선생은 연기(年紀)가 육십은 되어 보이는데 구레나룻이 보기 좋게 났으며 약간 검게 보이고 얼굴은 여위었으나 맑은 맵시다. 크고 검은 갓을 쓰시고 동저고리 바람으로 일을 보고 계셨다. 방문 앞에 놓인 수철 화로에서 약탕관이 김이 나며 끓고 있었는데 독삼탕 냄새가 났다. 선생이 잡수시는 것이라고 했다. 방 내외에는 여러 제자들이 옹위하고 있었다. 그중에도 가장 친근하게 모시는 이는 손응구(孫秉熙의 初名-필자주), 김연국(金演局), 박인호(朴寅浩) 같은 이들인데, 손응구는 장차 해월 선생의 후계자로 대도주가 될 의암 손병희로서 깨끗한 청년이었고, 김은 연기가 사십은 되어 보이는데 순실한 농부와 같았다. 이 두 사람은 다 해월 선생의 사위라고 들었다. 손씨는 유식해 보이고 '천을천수'라고 쓴 부적을 보건대 글씨 재주도 있는 모양이었다.(『백범일지』)

이 자리에서 백범은 함께 온 황해도 지역 접주들과 함께 직접 접주 첩지(帖紙)를 받았으며, 함께 오지 못한 그 지역 다른 접주와 육임 등의 첩지를 모두 받아서 귀향하였다.

해월과 김개남이 만난 것은 당연히 보은집회보다 훨씬 이전이다. 김개남은 해월이 1891년 호남을 순회할 때, 지금실의 그의 집에 머무는 동안 여름옷 다섯 벌을 지어서 바쳤다고 한 것으로 보아 1891년 이전에 입도하였을 것으로 추정한다. 김개남이 보은집회 때 '대접주'가 된 이력을 볼 때는 그보다 5, 6년 앞선 1885년 전후로 입도하였고, 해월이 1891년에 김개남의 집에 거처를 정하였던 것도, 그가 이미 이 일대의 대접주로 자리 잡고 있던 인물이기 때문이라는 설도 있다.[46] 해월이 호남을 순회하게 된 가장 직접적인 이유는 호남의 교세가 급속도로 성장하는 가운데, 천민 출신인 남계천(南啓天)을 호남좌도 편의장(총 책임자)으로 임명한 것을 두고 그 지역 동학도들의 불만이 팽배하자 이를 수습하기 위한 길이었다. 해월은 그 순례 길에서 갈등의 당사자들을 만나 "동학은 귀천을 타파하는 것을 으뜸으로 삼는다."며, 더욱이 이번 결정은 사의(私意)가 아니라 천의(天意)에서 나온 것이므로 번복할 수 없다고 강력한 의지를 피력하였다. 가만히 이 사태를 지켜보던 그 일대의 민중들은 해월의 군건한 '신분타파' 의지에 감읍(感泣)하여 동학에 더욱 군건하게 결속되었다. 해월은 이어 태인 동곡리의 김낙삼(훗날 詩山包 대접주)의 집을 거쳐 김개남의 집으로 간 것이다. 이렇게 보면, 김개남의 입도 시기는 1880년대 중반까지 올려 잡는 것이 더 설득력이 있어 보인다. 1891년 호남 지역 순회를 마치고 해월은 "호남에 도를 아는 이가 적다"고 말했다고 한다. 이는 아마도 호남 지역에 끓어오르고 있던 혁명의 기운이 너무 뜨거워, 차분히 수도(修道)하는 분위기를 압도하고 있었던 것을 지적한 것이 아닐까 한다.

그러나 손화중과 김개남 등의 대접주와 전봉준 접주 등이 훗날 혁명을 일으키는 주역이라고 해서 이들이 과격하거나 '혁명론자'일 것으로만 단정하는 것은 오산이다. 전봉준의 경우 부친 대에서부터 주변의 신망을 받던 훈장이

최시형은 동학혁명에서 실질적인 총지휘자였다. 동학혁명의 시간적 공간적 범위는 최소한 1891년부터 1895년까지와 한반도 전역으로 확장되어야 한다. 이것을 가능하게 하는 것이 해월의 존재이다. 해월은 교단의 지도자로서뿐만 아니라 동학혁명의 사상적 근거를 제공하는 지도자이다.

자 약방어른이었고, 손화중은 그중에 나이가 어리면서도 진중한 인품을 소유한 것으로 정평이 나 있었다. 김개남도 훗날 '과격파'로서 이름이 나지만, 태인포의 대접주가 된다는 것은 과격함만이 아니라, 풍부한 덕성을 겸비하지 않으면 안 되는 일이었다. 남계천을 둘러싸고 당시 그 지역 유생 출신의 동학도인들이 보여준 반응에서 알 수 있듯이 학식과 더불어 인격적 수양이 충분히 되지 않고서는 대접주가 될 수 없었다.(남계천의 경우도 천민 출신이지만, 일정한 학식을 겸비했던 것으로 알려지고 있다.)

고부봉기의 고장 고부. 동학혁명 당시에는 인근 고을의 중심지였으나 '동학란'의 본고장이라는 이유로 위상이 격하되고, 퇴락하고 말았다. ⓒ이병규

어찌 되었든 보은집회가 끝나고 김개남은 남원 일대의 동학도인들을 규합하고 조직화하는 일에 더욱 전념하며, 손화중, 전봉준, 김덕명, 최경선 등 훗날 동학혁명의 주역이 되는 인근 지역의 대접주, 접주들과의 교류도 넓혀 나갔다. 동학교단으로서는 교조신원을 통해 동학 신앙의 자유를 획득하고, 유무상자(有無相資)하는 동학 신앙공동체의 문화를 확산시켜 기아선상에 헤매는 민중을 구원하는 일이 급선무였다. 관리들이 '동학'이라는 이름을 걸고 무고한 백성들까지 핍박하고 재산을 늑탈(勒奪)하는 일이 비일비재한 고로, 대대로 농토에 붙박여 살아가는 농민들이 대다수인 동학도인들은 하루하루가 가시방석에 사면초가로 내몰리고 있었다. 그런가 하면 물밀 듯이 밀려오는 외세는 금방이라도 이 나라를 집어삼킬 듯이 큰 바람을 일으키고 있

었다. 동학교단의 지휘부에서는 이처럼 내우외환에 시달리는 민심을 안정시켜 새로운 세상으로 향하는 길을 열고 싶었지만, 나라와 백성의 안위는 아랑곳하지 않는 지배층의 무능하고 부패한 치리(治理) 행위들은 나라를 더욱더 깊은 질곡으로 몰아가고 있었다. 결국 그 질곡 속에 신음하던 민중들은 최후의 발화점을 향해 발걸음을 옮기고 있었다. 동학의 지도자들은 사람과 만물이 귀하다는 것을 다시금 각성한 바탕 위에, 살신성인의 자세로 이 민중들을 이끌어, 직접적으로 새 세상을 열어나가지 않으면 안 되겠다는 결론에 도달하고 있었다.

동학혁명은 시간적으로 100여 년의 차이를 둔 1789년 7월에 일어난 프랑스대혁명과 비교된다. 당시 프랑스는 10%도 안 되는 제1신분인 성직자와 제2신분인 귀족이 특권계급으로서의 지위를 누리며 토지의 절반 이상을 차지하고, 모든 관직을 독차지하면서 면세의 혜택까지 받았다. 전 인구의 90% 이상인 농민과 상인들은 수탈과 빈곤에 시달렸다.

특히 루이 16세의 왕비인 마리 앙투아네트 등의 과도한 사치와 국고 낭비, 인사 개입 등은 국민의 분노를 촉발시켰다. 조선조 말기의 국정도 이와 크게 다르지 않았다. 고부군수 조병갑은 조대비의 근친으로 훗날 영의정을 지낸 조두순의 조카이다. 서자 출신이지만 워낙 세도가라 철종 14년(1863)에 관직에 올라 고종 30년(1893)에 통정대부에 이어 진주목사 자리를 꿰찼고, 당시 호남 제일 부군(富郡)인 고부군 군수로 부임했다.

고부군수가 된 조병갑은 부임 초부터 먹잇감을 찾았다. 만석보라는 저수지를 만든 것이다. 상류에는 주민들이 축조한 멀쩡한 보가 있었음에도 쓸데없이 더 큰 보를 만들면서 농민들을 노금도 주지 않고 동원하고, 만석보가 완공된 후에는 만석보의 물을 쓰는 농민들에게 과도한 수세를 징수했다. 뿐만 아니었다. 인근 태인의 군수를 지낸 아버지의 공적비를 세운다고 백성들의 고혈을 쥐어짜고, 이런저런 사유로 백성들을 붙잡아다 곤장질을 하면서 재물을 받고 풀어주는 등 탐학이 극심하였다.

동학혁명의 발발과 추이를 예의 주시하였던 황현의 기록에도 고부봉기 전후의 조병갑의 비리가 낱낱이 드러난다. 즉 "고부는 산과 바다가 서로 엇갈리는 지형으로 북쪽은 흉년이 들었지만 남쪽은 그런대로 추수를 하였다. 병갑은 가뭄에 대한 보고를 받고 각 고을을 순시하면서 북쪽 4개 면의 세금을 탕감해 주었다. 그러나 고을에는 '가뭄의 재해로 세금을 탕감하지는 않는다'고 말하면서, 북쪽 지방의 세금을 남쪽 지방에다 옮겨 부과하고 실제보다 배나 되게 독촉하여 받아들였다. 그리고 북쪽에는 세금을 다른 지방에 옮겨 부과한 것을 자랑하고 백성들에게 후한 보상을 요구하여, 논 백 이랑당 거두어들인 것이 백 말이나 되었다. 이것은 실제로 국세의 세 배나 되었다"고 하였다.[47] 보은집회에서 흩어져 나온 각 지역의 동학 대접주들은 각자의 근거지에서 다음 단계로의 도약을 모색하며 기회를 엿보고 있던 1893년 중엽, 마침내 고부군에서 그 전단이 마련되고 있었던 것이다. 고부 군민들의 원성이 임계점에 도달해 가는 와중에, 신축한 만석보(萬石洑)의 수세(水稅) 문제가 결정적인 발화점을 제공했다.

한국근대사에서 가장 부패한 탐관오리로 지목되고, 동학혁명을 직접 촉발시킨 당사자이기도 한 조병갑(趙秉甲)에 대해서는 예상 외로 자료가 빈약한 편이다. 심지어 그의 생몰연대까지도 정확하게 나타나지 않는다. 본관이 양주인 조병갑은 순조 왕비 조씨 일족이다.

조병갑의 할아버지는 규장각 검서관과 의금부도사를 지냈고, 아버지는 태인군수에 이어 현감을 지낸 조태순이며, 조병갑은 그 서자이다. 영의정을 지낸 조두순의 조카이기도 하다. 순조 왕비인 조대비의 비호 아래 출세한 가문이다. 조병갑이나 조두순이 과거 급제자의 명단에 없는 점으로 미루어 정상적인 방법으로 관직에 출사(出仕)한 것이 아니라 권력의 비호를 받아 음직으로서 고위직에 올랐던 것 같다.

조병갑은 1871년 영해교조신원운동의 주도자 이필제를 국문할 때 의금부도사로서 기록을 담당했다. 그는 1892년(고종19) 4월 고부군수에 부임하였다. 그 전에도 여러 주군(州郡)을 돌아다니며 탐학 행위를 일삼는 탐관오리로 알려졌다. 조병갑과 그의 부친이 주로 전라도 곡창지대의 군수에 임명된 것은, 당시 이 지역이 가장 '기름진' 곳이었기 때문이다.

조병갑과 관련하여 역사적으로 웃음거리의 하나는 경상남도 함양에 선정비(善政碑)가 세워진 일이다. 함양읍 상림 북측 역사인물공원 앞엔 〈군수조후병갑청덕선정비(郡守趙侯秉甲淸德善政碑)〉라는 이름의 조병갑 선정비가 세워졌다. "조선말 조병갑 군수는 유민을 편케 하고 봉급을 털어 관청을 고치고 세금을 감해 주며 마음이 곧고 정사에 엄했기에 그 사심 없는 선정을 기리어 고종 24년(1887) 7월에 비를 세웠다."는 내용의 비문이다. 따지고 보면 그 시절에 조병갑만이 탐관오리였던 것은 아니다. 전라감사 김문현의 탐학도 이에 못지않았다. 전운사(轉運使) 조필영이 전운영(轉運營)의 세미를 운반하면서 운임 · 유실 등을 이유로 정량보다 더 거두고 한양으로 수송한 뒤에는 부족미가 생겼다는 명분으로 농민들을 수탈하였다. 조필영은 풍양조씨로 조대비의 배경을 업고 농민들의 뼛골을 짜냈다. 여기에 균전사(均田使) 김창석은 농민들에게 묵은 토지를 개간하면 일정 기간 동안 세금을 받지 않겠다고 하고는, 농민들이 추수할 때는 관리를 동원하여 도조를 빼앗다시피 받아갔다. 이중삼중의 수탈에 농토를 버리고 도망가거나 유리걸식하는 사람이 줄을 이었다.

이와 같은 수령들의 탐학은 전라도 일대에서 공공연하게 자행되고 있었다. 정도의 차이는 있을지언정, 이러한 경향은 전국적인 현상이었다. 부패한 왕조의 말기 증세였다. 조병갑의 시대보다 앞서 산 다산 정약용은 이미 『목민심서』에서 "나뭇가지 하나 병들지 않은 것이 없다"면서 "굶은 호랑이와 독수리가 더욱 사납게 농민들을 등치고 빼앗는다."라고 조선 후기 관리들의 탐학을 밝혔다. 견디다 못한 고부 농민들이 부당한 조치의 시정을 요구한 민장(民狀)을 들고 조병갑을 찾아가 등소(等訴) 즉 민원을 제기하였지만, 옥에 갇히거나 관아 마당에서 내쫓기었다.

이래저래 고부 농민들의 원성은 하늘에 닿고 그들은 급속하게 결속되어 갔다. 김개남을 비롯한 전봉준, 손화중, 김덕명 등은 평소 이 지역 백성들이 의지하는 인품을 갖춘 데다, 몇 년 사이 급격하게 세력이 늘어난 동학의 접주, 대접주인지라 자연스레 조병갑을 비롯한 탐관오리들의 숙청에 감연히 발 벗고 나서게 되었다. 훗날 전봉준이 붙잡혀 재판을 받을 때의 기록인 '공초'에서 밝힌 고부군수 조병갑의 '죄상'은 다음과 같다; "첫째, 보를 쌓은 봇둑의 물로 농사를 짓는 농민들을 압박하여 상답 1두락에 2말에서부터 하등답(畓) 1두락에 1말까지 세금으로 거두어, 도합 벼가 7백여 석이나 되었다. 둘째, 황무지는 백성에게 갈아 먹으라고 문서까지 발급하면서 세금은 징수하지 않는다고 해 놓고, 가을 추수 때가 되니 억지로 거두어 갔다. 셋째, 부유한 백성들은 불효(不孝), 불목(不睦), 음행(淫行) 및 잡기(雜技) 등의 일로 죄목을 얽어서 돈 2만여 냥을 억지로 빼앗았다. 넷째, 태인 고을에서 원을 지낸 자신의 아비 비각을 세운다고 하면서, 1천여 냥을 억지로 거두었다. 다섯째, 대동미를 민간에서 거둘 때는 상등미로 거두고, 상납할 때는 하등미로 값을 쳐서 그 잉여 이익을 몽땅 착복하였다. 여섯째, 새 보를 쌓을 때 억지로 남의 산에서 수백 년 된 큰 나무를 베어다가 일꾼들에게 보를 쌓게 하고, 한 푼도 품삯을 주지 않았다."[48]

고부봉기의 직접적인 공격 목표였던 고부관아가 있던 고부초등학교. 왼쪽으로 보이는 것은 고부 향교. 갑오년 1월 10일 이후 고부관아는 동학농민군에 의해 수차례 점거되었다. ⓒ이병규

전창혁 상가에서 혁명의 씨앗은 뿌려지고

전봉준은 동학에 입도하기 전부터 외지의 낯선 사람들을 자기 집으로 부르거나 자신이 직접 찾아가 교유하며 세상사를 의논하였다. 그때 만난 사람들이 훗날 동학혁명을 주도한 인물들이다. 김개남과 손화중, 김덕명, 최경선 등이 대표적인 인물이고, 그 밖에도 그의 주변에는 이런저런 인연으로 연결된 인맥이 거미줄처럼 얽혀 있었다. 또 전봉준은 나들이를 할 적에도 결코 혼자 다니지 않고 몇 사람 이상과 동행했다고 한다. 집에서 회합할 때는 남의 눈을 피하는 자취가 분명하여, 주로 한밤을 이용하여 한 사람씩 들어왔다가 새벽녘이면 한 사람씩 소리 없이 사라져갔다. 밤이 깊어 밥을 들여오고 내갈 때에도 산가지를 내놓으면 그 숫자만큼 밥을 들이고, 가인(家人)들은 손님이 누군지 얼굴조차 볼 수가 없었다.[49]

그런데 예기치 못한 변수가 생겼다. 고부 군수 조병갑의 등쌀에 민소(民訴)에 앞장섰던 전봉준의 부친 전창혁이 장살(杖殺)을 당한 것이다. 조병갑 부임 이래 고부 군민들은 나날이 늘어나는 잡세(雜稅)와 부역에 견디지 못하고 기회가 되는 대로 원소(怨訴)하였다. 1893년 가을걷이가 끝나고 고부 고을 백성들은 다시 조병갑에게 몰려가 등장(等狀)을 제출키로 했다. 이때 장두(狀頭)로서 앞장섰던 전창혁은 그 일로 말미암아 고부관아에 끌려들어가 수십 대의 곤장을 맞고, 초주검이 된 채 집으로 업혀 와 한 달 만에 눈을 감았다. 장독으로 숨진 것이다. 김개남, 손화중, 김덕명, 최경선 등은 전창혁의 병문안을 온 자리에서 이 일을 계기로 거사를 일으켜야 한다는 데 뜻을 모았을 것으로 보인다. 역사의 큰 사건들 대부분이 그렇듯이 동학혁명의 거대한 물줄기에는 전창혁의 죽음 또한 하나의 동력으로 녹아들어 갔다. 그러나 전창혁이 장살된 사건이 고부봉기와 나아가 동학혁명에 구체적으로 어떻게 영향을 끼쳤는지를 두고는 후대 학자들 간에 이견도 적지 않다. 고부봉기 소식이 처음으로 해월에게 알려졌을 때는 '사사로이 부친의 원수를 갚기 위해 봉기했다'고도 알려졌으나, 전봉준은 자신의 거사가 한 개인의 사사로운 감정 때문이 아님을 분명히 밝혔다. 이 사건이 아니었어도 봉기를 향한 발걸음은 돌이킬 수 없게 나아가고 있었지만, 적어도 고부에서 혁명의 불꽃이 타오르게 된 것은 '전창혁 상가'가 역사적인 장소가 된 것만은 분명할 터였다.

김개남과 전봉준은 앞에서 소개한 대로 어릴 적 이웃 마을에서 함께 살았고, 김개남의 중매로 전봉준의 장녀는 지금실 마을의 강민복과 결혼해서 두 사람은 더욱 각별한 사이가 되었다. 전봉준의 아버지 전창혁은 그때도 서당을 열어 훈장 노릇을 하여, 집안 누대로 사족(士族)이었던 김개남도 전창혁의 서당에서 글공부를 했을 것으로 추정된다. 또한 비슷한 시기에 동학에 입도하여 대접주가 되고 접주가 되는 동안 서로를 믿고 의지하는 마음이 각별했을 것이다. 특히 두 사람 모두 원처근처를 오가며, 전라도만이 아니라, 전국의 정국(政局)이 돌아가는 판세를 읽고 있었으므로 시국을 보는 눈이 서로 통했을 것이다. 보은취회를 해산한 이후 동학도에 대한 핍박이 전보다는 잦아들면서, 교조신원운동과 취회 형태의 거사를 일으키기도 여의치 않았다.

무엇보다 왕조시대에 민란은 반역 행위에 속했다. 특히 가담한 일반 농민들에게는 비교적 관대한 대신 그 주모자만은 본보기로 엄형이 가해지고, 집안이 풍비박산 당하는 처벌을 감수해야 했다. 조선 후기 전국 각지에서 일어난 민란의 주동자들이 하나같이 그렇게 죽어갔다. 그러므로 어지간히 담이 큰 인물이 아니고는 여간해서 봉기를 주동하기란 쉽지 않았다. 고종 집권기에 왕권이 다소 약화되기는 했지만, '반역'에 대한 징치는 오히려 더 강화되었다. 전봉준의 아버지가 만석보의 수세를 경감해 달라고 관청에 호소했는데도 때려죽인 것은, 유독 조병갑이 악독해서만이 아니고 당시 일반적인 행태였다. 따라서 봉기는 목숨을 내건 도박일 수밖에 없었다.

그러나 김개남은 일대의 대성(大姓)인 도강김씨로서 이미 문중의 청년들을 동학에 입도시키고, 그중에 24명이 접주의 임첩을 받을 만큼 강대한 세력을 형성하고 있었다. 한 문중에서 이같이 많은 접주가 나온 것은 도강김씨가 유일했다. 이들은 1893년 3월 충청도 보은 장내리에서 보국안민과 척왜척양의 깃발을 내걸고 '보은집회'가 열렸을 때 김개남의 지휘에 따라 다수가 참여하였기에, 동학 교단을 둘러싼 시국의 흐름에도 나름 경험을 쌓은 이들이 많았다.

매천 황현이 쓴 『오하기문』에서 김개남의 세력권인 태인 일대의 동학 상황에 대해 다음과 같이 썼다.

적(동학농민군)이 지난날 고부에서 처음 일어났을 때 그 우두머리들은 태인 사람이 많았다. 이런 까닭에 전라 좌, 우도에서 태인 접은 접주들 가운데에서도 가장 우대를 받았으며, 다른 지역의 접주들은 모두 태인이라는 호칭을 부러워하였다. (…) 전봉준과 김기범(김개남)의 나이는 모두 마흔 살쯤 되었다. 기범의 집안은 태인 지방에서 몇 대에 걸친 토호였던 까닭에 그 지방 사람들은 이들 집안을 '도강김씨'라고 불렀다. (전라도 전주 영장-필자주) (김)시풍 또한 이들과 한 집안 사람들이다. 기범의 사람됨은 음험하면서도 의지가 굳은 면이 있어 자못 무력으로 사람들에게 군림하였다. 그리하여 난이 일어났던 초기에 그 집안사람들은 대부분 그를 따라 난에 참여하게 되었으며 도강김씨 중에 접주가 스물네 명이나 되었다. 기범은 스스로 꿈에 신령이 나타나 손바닥에 '개남(開南)' 두 자를 써 주었다고 말하면서 '개남'을 호로 삼았다. 이렇게 되어 태인은 적의 소굴이 되어 재물이 산처럼 쌓이고 집집마다 네다섯 마리의 말을 길렀으며 (…) 집집이 총을 쌓아 두었는데 적은 경우라도 10여 자루가 되었다.[50]

여기서 보이듯이 김개남의 도강김씨 문중과 태인 향리에서 동학도인이 많았고, 김개남의 그런 힘이야말로, 손화중과 함께 전봉준을 앞세워 동학혁명을 촉발시킬 수 있게 한 결정적인 동력이 되었다.

사발통문을 사방으로 날려 고부봉기 결행

동학혁명의 발화점인 고부봉기 과정에서 가장 돋보이는 '사건'의 하나는 바로 사발통문이다. 이들은 봉기를 준비하면서 주동자가 누구인지 알 수 없게 사발 모양으로 둥글게 이름을 적은 문서를 만들었다. 그냥 기록해 두는

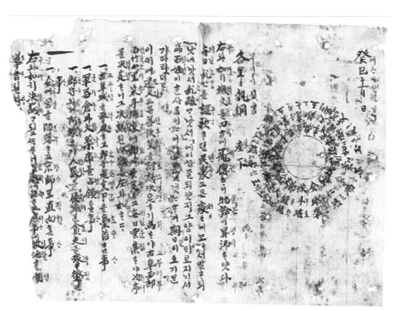

사발통문. 각리이집강좌하(各里里執綱座下)로 시작되는 이 사발통문은 동학혁명의 상징적인 문서이다. ⓒ이병규

문서가 아니라 비밀리에 돌려보기 위해 마련한 것이다. 사발을 종이에 엎어 둔 후 사발 둘레를 따라 한 사람씩 세로 쓰기로 돌아가며 둥글게 이름을 적은 때문에 누가 시작점인지, 주도자인지 알기 어려운 특성이 있어 일반적으로 민란을 주동할 때 이용하였다.

이 통문에 따르면, '계사(1893) 11월 ○일'이 앞에 나오고 다음으로 사발을 놓고 둥그렇게 둘러 쓴 서명자 명단이 나온다. 이어 그 왼쪽으로 세로쓰기로 각리이집강좌하(各里里執綱座下)라고 조금 큰 글씨로 쓰고 계속해서 다음과 같은 본문 글이 이어진다.

> 우(右)와 같이 격문을 사방에 날래 전하니 여론이 비등하였다. 매일 난망(亂亡)을 구가하던 민중들은 곳곳에 모여서 말하되, "났네 났어, 난리가 났어", "에이 참 잘 되얐지. 그냥 이대로 지내서야 백성이 한 사람이 남아 있겠나" 하며 기일이 오기를 기다리더라.
>
> 이때에 동학도인들은 선후책을 토의 결정하기 위하여 고부 서부면 죽산리 송두호(宋斗浩) 집에 도소를 정하고 매일 운집하여 차서(次序)를 결정하니 그 결의된 내용은 좌와 같다.
>
> ① 고부성을 격파하고 군수 조병갑을 효수할 사.
>
> ② 군기창과 화약고를 점령할 사.
>
> ③ 군수에게 아부하여 인민을 갈취한 탐리를 쳐 징계할 사.
>
> ④ 전주영을 함락하고 서울로 곧바로 올라갈 사.
>
> 우와 같이 결의가 되고 따라서 군략에 능하고 모든 일에 민활한 영도자가 될 장(將)…(이하 판독 불능)[51]

통문의 서명자는 전봉준을 비롯하여 송두호·정종혁·송대화·김도

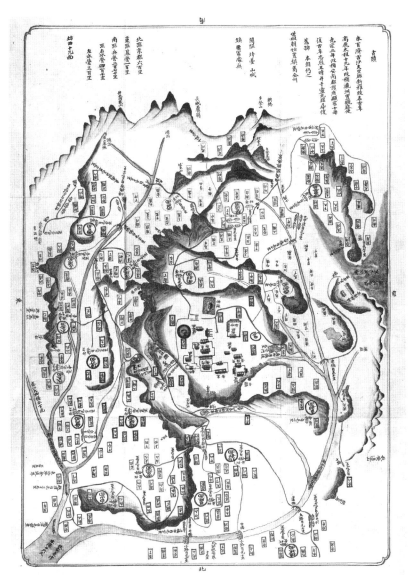

고부군 지도(『고지도로 보는 동학농민혁명』, 2010, 전라북도동학농민혁명기념관)

삼·송주옥 등 6명의 고부 사람과 태인의 최경선 외에 고창, 부안, 정읍 사람도 있었다. 그런데 1893년 겨울의 거사는 준비 과정에서 일단 중단되었다. 그해 11월 30일(음) 고부군수 조병갑이 익산군수로 전임되면서 표적물이 사라졌기 때문이었다.

그런데 조병갑은 전라도의 노른자위인 고부군을 떠나고 싶지 않았다. 백방으로 손을 써서, 드디어 전라감사 김문현이 "조병갑을 다른 곳으로 옮기고 새 수령에게 맡기면 실정을 몰라 잘못을 저지르기 쉽습니다"라고 보고를 올리기에 이르렀다. 그러자 고종으로부터 조병갑을 고부군수로 '유임'하라는 전교가 내렸다. 조대비를 정점으로 하는 풍양조씨 세력을 동원하여 이임(離任)을 차일피일 미루면서 그의 후임으로 오는 고부군수의 발령을 잇달아 취소시키는 바람에 아무도 고부군수로 올 수가 없었던 것이다. 결국 조병갑은 다시 고부군수로 눌러앉게 되었다.

조병갑이 1894년 1월 9일 자로 유임이 결정되자 전봉준은 준비했던 거사를 실행에 옮겼다. 동학도인들이 앞장서고, 농민들을 다수 동원하여 이전부터 구상해 온 농민혁명을 감행하여 광제창생을 위한 행동에 나서기로 결심한 것이다.

전봉준은 고부 조소리뿐만 아니라 옮겨가는 곳마다 훈장·유의(儒醫) 등을 하면서 인근 백성들의 두터운 신망을 얻고 있던 터였다. 이렇듯 훈장 노릇을 하면서 교분을 넓혀 두었기에 여러 지역에 믿을 만한 동지들과 돈독한 관계를 유지하고 있었고, 이들은 진작부터 유언무언 간에 변혁의 기운을 공유해 왔기에 봉기군의 핵심으로 삼을 수 있었다. 무엇보다 급격하게 세력을 키워온 동학접주들과도 밀접한 관계를 맺으면서 이 봉기가 단순히 원한을 앙갚음하거나 일개 지방관을 징치하는 데서 머물지 않고 국정 전반을 개혁하는 데로 나아갈 수 있는 길을 도모하였다.

고부봉기는 그 전초전인 셈이었다. 전봉준은 통문을 띄워 인근의 동학도인과 백성들의 참여를 독려하고 정익서·김도삼 등 고부 인근의 동학도인들과 협의하여 1월 9일 아침부터 말목장터에 집결하였다. 당시의 긴박했던 거사 광경을 목격한 박문규라는 사람이 그날의 상황을 다음과 같이 기록으로 남겼다.

> 갑오년, 정월이 당도하니 내 나이 16세라. 새해를 맞이하여 태평가(太平歌)를 부를 적에 초 8일이 말목(馬頂) 장날이었다. 석양 무렵에 마을 사람들이 수군수군 하더니 조금 있다가 통문(通文)으로 저녁 먹은 후에 장터에 모이라는 기별이 왔다. 저녁을 먹은 후에 여러 마을에서 징소리며 나팔소리, 고함 소리가 천지에 뒤끓더니 수천 명 군중들이 우리 마을 앞길로 몰려 오며 고부군수(古阜郡守) 탐관오리 조병갑(趙秉甲)을 죽인다고 하는 민요(民擾)가 일어났다. 수만 군중이 사방으로 포위하고 몰아갈 때 군수 조병갑은 정읍으로 망명도주(亡命逃走)하여 서울로 도망갔다. 원래 조병갑은 서울의 유세객(有勢客)이었다. 이때 민요군은 새벽(平明)에 말목 장터로 다시 모여 수직(守直)을 하니 누차 해산 명령이 내려졌다.[52]

전봉준과 지휘부는 고부관아를 점거하기에 앞서 금번 봉기의 행동 요령을 선언하였다; "첫째, 관속 중에 군수와 부동하고 탐학한 자를 처단한다. 둘째, 군기고를 열어 총·창·탄약을 회수한다. 셋째, 읍내의 청죽을 베어 죽창을 만들어 무기가 없는 자에게 준다. 넷째, 옥문을 열어 민란의 장두와 원통하게 갇혀 있는 백성을 석방한다. 다섯째, 창고를 열어 빈민을 구휼한다. 여섯째, 읍사를 신속히 정리한다. 일곱째, 봉기군을 잘 먹인다."[53]

하루종일 대오편성과 죽창 등의 무기 마련을 끝낸 전봉준은 농민 대오를 둘로 나누어 고부관아로 내달려갔다. 말목장터에서 고부읍으로 통하는 길은 둘이 있다. 하나는 말목장터-창동-운학리-은선리-후지리를 거쳐 고부 북쪽으로 진입하는 것이고, 다른 하나는 남쪽으로 내려가 덕천사거리-황토재-두승산을 넘어 고부 동쪽으로 진입하는 길이다.[54] 전봉준이 이끄는 주력 부대는 북쪽 도로를 통해 고부관아로 들이닥쳤다. 조병갑은 이미 도망치고 없었다. 봉기군들은 감옥을 부수고 억울하게 갇힌 백성들을 석방했다. 날이 밝자 농민군은 말목장터로 나와 원한의 표적이었던 만석보로 몰려가 이를 허물고 예동 두전(斗田)에 쌓아 놓은 보세미를 헐어 농민들에게 나누어 주었다. 이처럼 4, 5일 동안 고부 군내의 읍폐민막(邑弊民瘼)을 해소하고, 봉기군들의 대오를 재편하여 정예화를 도모하면서 전봉준은 이 봉기를 확장할 수 있을지 여부를 가늠하고 있었다. 민란이 지경(地境: 고을의 경계)을 넘으면 반란(叛亂)이 되는 것이 당시 불문율이었으나, 고부를 넘어 전주성까지 점령하는 것은 물론이고 한양성까지 올라가는 것이 사발통문에서 밝힌 거사의 대의였다. 그러나 대부분의 농민 봉기 참여자들은 '조병갑을 쫓아내고 쌀도 얻었으니 이쯤에서 그만두자'고 하였다. 전봉준은 고부관아를 나와 다시 말목장터를 장악하고 장두청(狀頭廳)까지 설치했다.[55]

한편 앵성리(현 정읍시 영원면) 은(殷) 아무개로부터 농민들이 관아로 몰려온다는 전갈을 전해 듣고 농민군이 들이닥치기 직전 고부관아를 빠져나온 군수 조병갑은 고부 입석리 진선마을 부호 정참봉 집으로 숨어들었다가 변장하고 야간에 정읍-순창을 거쳐 전주 감영으로 도망하여, 난민을 진압해야 하니 병정 수백 명을 지원해 달라고 애걸하였다. 그러나 민란의 대상자를 맞아줄 곳은 아무 데도 없었다. 조병갑은 그 후 민란을 일으키고 국고를 횡령하였다는 죄로 고부군수 직에서 파직되고 공주에 은신해 있다가 4월 20일 의금부도사에게 체포되어 서울로 압송되었다. 그리고 5월 4일 전라도 고금도(현 완도군 고금면)로 유배되었다.

전주감사 김문현은 조정에 사태를 보고하는 장계를 올리는 한편 나름의 수습을 시도하였다. 우선은 수교(首校) 정석희를 파견하여 서둘러 농민군과의 대화를 시도하면서 다른 한편 군교(軍校) 정석진을 시켜 병졸 40명을 대동하여 봉기의 지도자들을 체포하도록 지시하였다. 주모자만 잡아들이면 쉽게 봉기를 잠재울 수 있을 것으로 판단한 것이다. 그러나 농민군은 이러한 사태가 있을 것을 예감하고 외부 출입자들과 식별하기 위하여 비표처럼 왼손 손목에 노끈을 매고 있었는데, 감영의 병졸들은 이것을 모르고 말목장터에 잠입했다가 붙잡히고 말았다. 전봉준은 그 책임자 정석진은 처단하고 나머지는 살려 보냈다.

1811년(순조11) 평안도 농민들이 홍경래를 중심으로 봉기하여 청천강에서 의주에 이르는 10여 개 지역의 관아를 점령한 이래 실로 80여 년 만에 고부 지역 농민봉기군이 지방 관청을 다시 점거한 것이다. 홍경래의 봉기군은 관군에 포위된 채 4개월을 버티다가 성이 폭파됨으로써 진압되고 말았지만 전봉준은 달랐다.

전봉준은 고부봉기를 일으킬 때 몇 가지 대안을 갖고 있었던 것으로 보인다. 전봉준은 말목장터에서 일단 백산으로 옮겨 세력의 강화를 시도하는 쪽으로 가닥을 잡았다. 그러나 일반 농민군 참여자들은 눈앞의 목적(조병갑 징치)이 달성되자 더 이상 사태가 확산되는 것을 원치 않았다. 한 고을의 원님을 내모는 것과 고을의 경계를 넘어 난을 키우는 것은 단순한 민요와 반란을 가르는 핵심적인 기준이 되는 일이었다.

전봉준은 인근의 동학 접주들에게 통문을 보내 2월 19일 무장현 동음치 김성칠의 집에서 회합을 갖고 향후 대책을 숙의하였다. 이 자리에는 김덕명, 김개남, 서장옥, 임천서, 강경중, 김영달, 고영숙, 최재형 등 중진급 이상

의 접주, 대접주들이 참석하였다.[56]

전봉준 지휘부는 2월 20일경 다시 각 읍에 격문을 띄워 거사를 하게 된 뜻을 밝히고 거사에 참여를 독려하였다.

> 백성을 지키고 길러야 할 지방관은 치민의 도를 모르고 자신의 직책을 돈벌이 수단으로 삼는다. 여기에 더하여 전운영이 창설됨으로써 많은 폐단이 번극하니 민인들이 도탄에 빠졌고 나라가 위태롭다. 우리는 비록 초야의 유민이지만 차마 나라의 위기를 좌시할 수 없다. 원컨대 각 읍의 여러 군자는 한목소리로 의를 떨쳐 일어나 나라를 해치는 적을 제거하여 위로는 종사를 보전하고 아래로는 백성들을 편안케 하자.[57]

그러나 새롭게 호응하는 세력보다 하나둘씩 농민들이 빠져나가는 기미가 늘어나 2월 25일경 잠정적인 해산을 선언하고 잠복하였다.[58]

전봉준은 일단 봉기군을 해산시켰지만, 한 번 빼든 칼을 도로 칼집에 넣은 것은 아니었다. 봉기의 규모를 키우는 데는 좀 더 치밀한 전략의 수립이 요구되었고, 동지들과의 협의와 역할 분담이 필요했다. '전략적인 해산'이자 '삼보 전진을 위한 일보 후퇴'였다고 할 수 있는 선택이었다.

안핵사의 패악질과 혁명 분위기의 성숙

정부는 용안현감 박원명(朴源明)을 서둘러 고부군수에 임명하여 고부의 민심을 수습케 하였다. 신임군수 박원명은 군민들을 불러놓고 크게 잔치를 열어 각자 안심하고 생업에 열중하라고 위무하였다. 조정에서는 용서하기로 했으니 문책하지 않겠다는 다짐도 잊지 않았다.

고부군 신중리에 있는 동학혁명모의탑의 초기 모습. 뒤편으로 보이는 마을이 신중리이다. ⓒ표영삼

그런데 새 군수에 이어 고부로 온 안핵사 이용태(李容泰)가 문제를 일으켰다. 안핵사(按覈使)란 조선 후기에 여기저기서 발생하는 민란의 원인을 파악하고 이를 수습하기 위하여 파견하던 임시 벼슬아치였다. 이용태는 역졸 800명을 대동하고 고부에 들어와 박원명 신임군수가 펼치던 유화책을 모두 원점으로 돌리고 주모자를 색출한다는 구실로 마을마다 수색하면서 닥치는 대로 농민들을 체포하고 재물을 약탈하는가 하면 젊은 여자들을 겁탈하는 등 만행을 자행하였다. 한 역사 기록에는 "역졸들이 우박처럼 한 읍에 흩어져서 마을 거리를 횡행하며 부녀자를 강제로 욕보이고 재산을 노략질하여 뺏고 남정네들을 매질하여 때리면서 포박하기를 고기 꿰듯이 하니 온 군(郡)에 사는 백성들의 원통함이 골수까지 스며들었다."[59]고 했다. 군수 박명

원에게도 협박·공갈의 행패를 부렸지만 신임군수는 안핵사 이용태와 맞설 수 없는 처지였다.

이용태는 고부 일대만이 아니라 부안·고창·무장 등 각지로 돌아다니며 노략질을 이어갔다. 그러다가 무장 선운사에서 인근의 다소 부유한 상민(常民)들을 잡아다가 치죄한답시고 농민군이라 트집을 잡아 결박하여 서울로 압송하다가 손화중의 무장포(茂長包) 도인들에게 붙잡혀 정읍 연지원(정읍시 연지동) 주막거리에서 매를 얻어맞고 도망치고 말았다. 그러자 경포(京捕: 서울에서 온 포교), 영포(營捕: 감영에서 온 포교)는 물론이고 각 읍의 사령배들이 벌떼같이 쏟아져 일어나 농민군을 잡아들인다며 더한층 그악스러워졌다. 인심은 극히 흉흉해지고 머지않아 큰일이 일어날 것을 예언하는 사람이 늘어갔다.[60]

안핵사 이용태는 오로지 재물 갈취와 보복에 정신을 빼앗겨 여러 날이 지나도록 조정에 보고 한번 올리지 않았다. 이용태와 김문현, 대소 포교들이 할퀴고 간 자리는 초토화, 그것이었다. 난민들의 가옥이나 재물뿐만 아니었다. 봉기에 가담하지 않았던 동학교도들까지 오직 동학도라는 이유만으로 체포되어 살상을 당하였다. 역설적으로 이들의 만행이 혁명의 불길에 기름을 끼얹는 격이 되었다. 고부관아를 공격할 때까지만 해도 일반 농민들은 아직 혁명의 기운이 충만하지 않았다. 그래서 백산에 웅거하였다가 곧 해산하는 쪽으로 의견이 쏠렸던 것이다. 그러나 이용태와 김문현의 만행을 보고는 더 이상 당하고 있을 수만은 없다는 여론이 비등하였다. 이용태는 사태가 심상치 않게 전개되자 뒤늦게 고부 민란의 원인을 나름대로 정리하여 조정에 다음과 같은 장계(狀啓)를 올렸다; "첫째, 토지제도가 해이해진 점, 둘째, 전운소(轉運所)가 부족미를 채우기 위하여 수탈한 점, 셋째, 유망(流亡; 농지를 떠나 정처 없이 떠돌아다니게 된 사람, 流民)한 곳의 세를 받을 수 없었던 점,

넷째, 개간한 황무지에 과세한 점, 다섯째, 미개간한 황무지에 세금을 과세한 점, 여섯째, 만석보에 과세한 점, 일곱째, 팔왕보(八旺洑)에 과세한 점."[61]

그 나름대로 민요의 원인을 어느 정도 파악하고 있었던 것을 알 수 있다. 그러나 이 정도는 힘들이지 않아도 알 수 있을 만큼 당시 고부 지역에 널리 퍼져 있던 원성의 일부였을 것이다. 그만큼 백성들의 주장이 강력하게 제기되고 있었다는 증거이기도 하다. 또한 이러한 보고는 자신이 저지른 만행을 숨기고, 고부 민심이 들끓는 것을 여전히 조병갑의 탓인양 몰아가는 뜻도 있었다.

그의 얄팍한 수가 조정은 속일 수 있을지언정, 깨어난 민중을 기만할 수는 없었다. '어리석은 백성'으로 끊임없이 지배세력의 수탈을 당하고도 힘이 없는 것을 한탄하거나 자신의 박복으로 돌리고 체념했던 호남의 항민(恒民)이, 지배층의 수탈에 원망에 찬 눈으로 바라보면서 순응적이었던 호남의 원민(怨民)이, 이제 정의감에 불타 개혁의지를 행동으로 옮기는 호민(豪民)으로 바뀌어 갔다. 시대의 운에 따르고 인사(人事)가 병행하며, 혁명의 기운이 무르익고 있었다.

전봉준이 기획했던 것은 처음부터 민란이나 민요(民擾)의 수준이 아니었다. 고부봉기에서 그 가능성을 시험해 보고자 했던 것일 뿐이다. 큰 틀에서 전봉준이 기획했던 대로 이제 혁명을 위한 모든 준비는 끝난 셈이었다. 오랫동안 교유하며 혁명의 꿈을 키워오던 전봉준과 김개남, 손화중 등은 마침내 선두에 서서 혁명의 대열을 형성하였다. 이날의 역사는 어쩌면 한국인들이 두고두고 기억해야 할 것이며, 역사에는 고딕체로 기록되고, 읽는 이들은 밑줄을 쳐가면서 의미를 되새겨야 할 것이다.

제6장

반봉건 반외세의
횃불을 들다

동학농민군 무장에서 본격적인 혁명 기포

해마다 빠지지 않고 여름·가을에 몰아치는 태풍은 여러 가지 피해를 주지만 이득이 되는 부분도 있다고 한다. 바다 밑에 쌓인 침전물을 뒤엎어 바다생물의 먹이를 풍부하게 하고, 바다를 청정하게 하는 역할을 한다는 것이다. 사회혁명도 그 같은 기능을 한다. 대부분의 사회혁명이 구체제(앙시앙레짐)를 전복하고 새 시대를 여는 역할을 하였다.

우리나라는 역성혁명, 반란, 반정(쿠데타), 의거 등은 있었지만 혁명다운 혁명은 없었다. 동학혁명이 최초의 일이다. 세계 각국의 혁명, 예컨대 영국의 청교도혁명, 독일의 종교혁명(개혁), 미국의 독립혁명, 프랑스대혁명, 중국의 신해혁명, 러시아의 볼셰비키혁명은 모두 그 나라의 정체성을 보여주는 일대 변혁운동이었다. 우리의 경우 동학혁명이 이들의 반열에 올려도 손색이 없는 자주적인 민중혁명에 속한다.

동학혁명은 어떤 점에서 우리나라에서 그전에 있었던 역성혁명이나 반정과는 다른 것일까? 동학혁명은 주자학의 전통으로 굳게 닫힌 전근대의 강고한 철벽을 허물어뜨리며, 반봉건·평등·자주·인존·반외세와 같은 새로운 가치로써 새로운 사회, 새로운 시대를 열었다는 점에서 진정한 혁명이라고 할 수 있다. 무엇보다 지배층 내부에서의 세력 교체가 아니라, 민중들이 주축이 되어 봉기한 최초의 민중혁명이라는 점에서 우리나라 역사상 초유의 혁명인 것이다.

고부봉기 때와 달리 전봉준은 손화중, 김기범(김개남), 최경선 등 고부 인근의 대접주들을 본격적으로 참여시켰다. 고부봉기에 비하여 '동학의 새 세상에 대한 비전'이 더욱 강력하게 부각되면서 봉기를 넘어 '혁명'의 골격이 갖추어졌다.

> 그 일당 김기범, 손화중, 최경선 등과 화를 복으로 바꾸어 준다는 꾀로 백성들을 유혹하고 선동하여 그들을 끼고 함께 반란을 일으키고는 큰소리로 '동학(東學)이 하늘을 대신하여 세상을 다스려 나라를 보호하고 백성들을 편안케 할 것이다. 우리는 살상과 약탈을 하지 않을 것이나, 오직 탐관오리만은 처벌할 것이다'라고 하였다. 어리석은 백성들은 이 말에 솔깃하여 우도 일대 10여 읍이 일시에 봉기하여 열흘 정도에 수만 명이 모여들었고, 동학이 난민과 함께 어우러진 것이 이때부터였다.[62]

1894년 3월 21일(양4.26) 무장(茂長)의 당산마을 앞 들판에서 동학농민군은 본격적인 기포를 하였다. 동학혁명 제1차 봉기이다.[63] 1월 10일 고부관아를 들이치고 말목장터와 백산으로 옮겨 다니며 웅거했다가 스스로 해산한 지 약 한 달 만의 일이다. 그 사이 전봉준은 손화중의 근거지인 무장으로 옮겨 와 본격적인 기포 준비에 착수하였던 것으로 보인다. 무장은 동지 손화중이 동학접주로 있는 곳이고, 이들 지휘부의 지인, 친지들도 많이 살고 있어서 거사에 적합한 지역이었기 때문이다. 이 무렵 전봉준은 고부봉기의 주동 인물로 지목되어 조정에까지 보고되고, 그 이름은 전국적으로 알려져 체포 대상이 되어 있었다.

손화중 대접주의 주 근거지인 무장 전경. 무장현 외곽의 여시메 아래에서 동학농민군이 기포하여 창의문을 선포하고 본격적인 동학혁명의 기치를 들었다. ⓒ표영삼

무장에서의 기포는 지난번 고부봉기와는 군중의 수나 조직, 내건 구호, 지휘 체계 등이 확연히 달랐다. 1월의 고부봉기가 다소 일반적인 농민봉기에 가까운데다가 주로 고부 지역의 농민들이 다수를 이루고, 그리고 일부 외지인이 합세하며 동학도인들이 이끌었던 것에 비해 이번에는 1차적으로 각 접·포별로 동학도인들이 우선 조직적으로 동원되어 편제된 혁명적인 대오였다. 이것은 전봉준을 중심으로 하고 김개남, 손화중, 김덕명 등 전라도 일대의 대접주들을 본격적으로 혁명 대열에 결합하였기 때문이다.

그동안 동학혁명의 제1차 기포(起包) 장소가 무장인가 백산인가를 둘러싸고 학계에서는 오래전부터 논란이 일었다. 과거에는 백산설이 정설처럼 굳어졌는데 근래에는 무장설이 더 공감을 받고 있는 편이다.

1차 기포의 장소가 무장이라는 논거로서는, ①『전봉준공초 초초(初招)』, ②『전봉준 판결선고서』에 무장에서 기포했다는 기록, ③『취어(聚語)』에 실린 '무장동학포고문', ④『오하기문(梧下記聞)』 기록, ⑤『수록(隨錄)』의 일지, ⑥ 박문규의〈석남역사소설-박씨정기역사』(이 필사본은『한국학보』(71) 부록, 일지사, 1993), ⑦ 김방선의『임하유고(林下遺稿)』의 기록이 제시되고 있다.[64]

백산기포설을 주장하는 논거도 만만치 않다. 즉 ① 동학농민군은 부안·고부·태인 등지에서도 집결하였다. 따라서 무장에 집결한 농민군은 전체의 일부라고 볼 수밖에 없다. ② 전봉준의 공초 가운데 '고부기포'란 표현은 있으나 '무장기포'라는 표현은 없다. ③ 백산(白山)에서 각 지역의 농민군들이 비로소 동학농민군으로서의 대오를 결성했으니 이곳을 기포지(발상지)로 보는 것이 타당하다. ④ 농민군의 진압에 나선 관군이 고부로 출동했다. 만일 기포지가 무장이었다면 관군이 무장으로 출동했을 것이다. ⑤ 전봉준이 무장에 머물렀던 까닭은, 전봉준은 일개 접주로서 대규모 조직인 포(包)를 거느리지 못했다. 공초에서 말한 바와 같이 동학의 교(敎)를 행한 일이 없기 때문에 접주로서의 조직을 갖지 못했던 것이다. 그리하여 그는 무장을 근거지로 하는 손화중포를 거느리기 위해서 무장에 머물렀을 뿐이다. 당시 손화중포는 도내에서 가장 거포(巨包)였다. ⑥ 무장의 동학농민군과 고부의 동학농민군이 백산에서 연합부대를 형성했다는 일부의 설은 봉기지(발상지)가 두 군데였다는 이야기이다.[65]

신용하 교수는「갑오농민전쟁의 1차 농민전쟁」에서 무장기의(茂長起義)설을 제기하고, 신복룡 교수는『전봉준평전』에서, 이이화는「전봉준과 동학농민전쟁(1)」에서 각각 무장기포설을 주장한다. 최초로 동학농민봉기를 연구하여 학문적으로 접근한 한우근 교수는『동학과 농민봉기』에서, 우윤

교수는『전봉준과 갑오농민전쟁』에서 백산기포설을 주장하고, 최현식 선생은『갑오동학혁명사』에서 보다 구체적으로 백산기포설을 제기하였다. 그러나 그동안 연구된 자료와 증언을 종합하면, 무장에서 1차 기포를 하여 고부를 거쳐 백산으로 이동한 것으로 정리되고 있는 실정이다.

지휘부가 무장의 당산마을 앞 들판을 제1차 기포 장소로 택한 데는 그럴 만한 까닭이 있었다. 앞서도 언급했듯이 대접주 손화중의 무장포가 그 규모 면에서 전라도에서 가장 커서 당시 그가 직접 관할하는 도인 숫자만 3천 명에 이르렀으며, 이미 1년 전의 보은취회 때 손화중은 독자적으로 호남의 동학도를 모았던 금구취당의 두목이었다. 무엇보다 손화중은 해월의 깊은 신임을 받고 있었고, 손화중이 움직이면 많은 동학도인들에게 신뢰감을 심어주는 데 결정적인 역할을 할 수 있었다. 따라서 무장에 도소를 설치하면 단기간에 효율적으로 대규모 동학 조직의 세력을 도소의 휘하에 둘 수 있었다.

손화중은 온화한 인품을 지닌 것으로 알려졌으며, 쉽사리 움직이지 않는 신중한 입장을 취하였다. 그러나 한번 결심을 하자 자신보다 여섯 살이나 연하인 전봉준의 지략과 지도력을 인정하여 그를 '동도대장'으로 추대하는 과감한 선택을 하였다. 이것이 혁명 초기의 성패를 가르는 결정적인 분수령이 되었다. 또한 지리적으로도 무장은 고부에 비교적 가까운 동학 조직의 거점이었다.[66]

전봉준 · 손화중 · 김개남 무장에서 창의문 선포

3월 21일을 동학혁명의 기포일로 정한 것은 이날이 동학 2대 교주 최시형의 탄신일이었기 때문이다. 동학교도들을 움직이게 하기 위해 2대 교주의 탄일을 거사일로 택한 것이다. 이날 무장에 집결한 군중은 8,000여 명에 이르렀다. 당시 군세에 대한 동학농민군 측의 자세한 기록은 남아 있지 않지만 전봉준은 「공초」에서 4,000여 명이라 밝혔고, 지방관청의 보고에도 수천 명으로 기록되었다. 여러 사료를 종합하면 8,000여 명이 정확한 것 같다.

3월 20일, 기포를 하루 앞두고 무장 동음치면 당산에서 전봉준과 손화중, 김개남은 혁명의 대의를 밝히는 포고문(布告文)을 발표했다.

사람을 세상에서 가장 귀하게 여김은 인륜이 있기 때문이며 군신과 부자는 가장 큰 인륜으로 꼽는다. 임금이 어질고 신하가 충직하며 아비가 자애롭고 아들이 효도를 한 뒤에야 국가를 이루어 끝없는 복록을 불러오게 된다. 지금 우리 임금은 어질고 효성스럽고 자애로우며 지혜롭고 총명하시다. 현량하고 정직한 신하가 있어서 잘 보좌해 다스린다면 예전 훌륭한 임금들의 교화와 치적의 날을 꼽아 기다려도 바랄 수 있을 것이다. 지금 신하가 된 자들은 나라에 보답하려는 생각을 아니하고 한갓 작록과 지위를 도둑질하여 임금의 총명을 가리고 아부를 일삼아 충성스런 선비의 간언을 요사스런 말이라 하고 정직한 사람을 비도(匪徒)라 한다. 그리하여 안으로는 나라를 돕는 인재가 없고 바깥으로는 백성을 갈취하는 벼슬아치만이 득실거린다. 인민의 마음은 날로 더욱 비틀어져서 들어와서는 생업을 즐길 수 없고 나와서는 몸을 보존할 대책도 없도다. 학정은 날로 더해지고 원성은 줄을 이었다. 군신의 의리와 부자의 윤리와 상하의 구분이 드디어 남김없이 무너져 내렸다. 관자가 말하길 '사유(四維)[예의염치]가 베풀어지지 않으면 나라가 곧 멸망한다.'고 하였다. 바야흐로 지금의 형세는 예전보다 더욱 심하다. 위로는 공경대부(公卿大夫) 이하, 아래로는 방백수령(方伯守令)에 이르기까지 국가의 위태로움은 생각지 아니하고 거의 자기 몸을 살찌우고 집을 윤택하게 하는 계책만을 몰두하여 벼슬아치를 뽑는 문을 재물 모으는 길로 만들고 과거 보는 장소를 사고파는 장터로 만들고 있다. 그래서 허다한 재물이나 뇌물이 국고에 들어가지 않고 도리어 사사로운 창고를 채운다. 나라에는 부채가 쌓여 있는데도 갚으려는 생각은 아니하고 교만과 사치와 음탕과 안일로 나날을 지새워 두려움과 거리낌이 없어서 온 나라는 어육이 되고 만백성은 도탄에 빠졌다. 진실로 수령들의 탐학 때문이다. 어찌 백성이 곤궁치 않으랴. 백성은 나라의 근본이다. 근본이 깎이면 나라가 잔약해지는 것은 뻔한 일이다. 그런데도 보국안민의 계책은 염두에 두지 않고 바깥으로는 고향집을 화려하게 지어 제 살길에만 골몰하면서 녹위만을 도둑질하니 어찌 옳게 되겠는가? 우리 무리는 비록 초야의 유민이나 임금의 토지를 갈아 먹고 임금이 주는 옷을 입으면서 망해 가는 꼴을 좌시할 수 없어서 온 나라 사람이 마음을 함께하고 억조창생이 의논을 모아 지금 의로운 깃발을 들어 보국안민을 생사의 맹세로 삼노라. 오늘의 광경이 비록 놀랄 일이겠으나 결코 두려워하지 말고 각기 생업에 편안히 종사하면서 함께 태평세월을 축수하고 모두 임금의 교화를 누리면 천만다행이겠노라.

　　갑오 3월 20일 호남창의소 / 전봉준 손화중 김개남[67]

　처음 무장에 모인 인원은 4천여 명이었다. 이들은 곧 고부관아를 다시 접수하고 3월 25일에는 백산으로 옮겨가 진을 쳤다. 무장에서 고부를 거쳐 백산에 이르는 동안 처음에 참여하지 않았던 인근 지역의 각 접별로 속속 기포하여 대오에 합류하였다. 주목할 것은 이 포고문에 '전봉준, 손화중, 김개남' 세 사람의 이름이 병기된 것이다. 김개남이 실제로 동학농민군 대열에 합류한 것은 무장에서 기포한 대군이 고부를 거쳐 백산에 당도한 이후라는 사실을 들어 이 기록에 의문을 제기하는 연구[68]도 있으나, 이는 전봉준과 김개남, 손화중이 적어도 이때 이미 혁명 지도부로 결속되어 있었음을 보여주는 사례라고 보는 것이 더 타당할 것이다.

무장에서 기포한 동학농민군은 고창에서 하루를 묵은 다음 관청을 점거하고, 홍덕, 정읍, 줄포 등을 전전하며 인근 지역 동학도와 농민들의 참여를 독려하며 고부로 향하였다. 동학농민군이 다시 몰려온다는 소식을 듣고 신임군수 박원명과 안핵사 이용태는 일찌감치 줄행랑을 놓아 고부는 무주공산이 되어 있었다. 이들은 이미 '인, 의, 예, 지, 신'이라든지 순천, 광주 등의 읍호가 적힌 깃발을 들고 있었으며, 그 색깔도 청홍백흑황의 오색이 찬란하였다. 김개남은 이무렵 태인에서 출발하여 백산으로 향하였다.

3월 25일, 백산에 집결한 동학농민군은 호남창의대장소(湖南倡義大將所), 즉 혁명 본부를 설치하였다. 이어서 혁명조직 구성에 나서서 전봉준이 총대장인 동도대장(東徒大將)에 추대되고 손화중·김개남이 총관령, 김덕명·오지영이 총참모, 최경선이 영솔장, 송희옥·정백현 등이 비서에 선임되었다. 3월 25일경에 집결된 동학·농민군의 수는 약 8천여 명이고, 지금까지 알려진 영솔자별로 정리하면 다음과 같다.

손화중 대접주의 무장포는 고창(오하영, 오시영, 임향로, 임천서) 1,500명, 무장(송경찬, 강경중) 1,300명, 홍덕(고영숙) 700명, 정읍(손여옥, 차치구) 1,200명 등을 규합하였고, 김개남 대접주의 태인포는 김낙삼, 김문행 솔하에 1,300명을 규합하였고, 김덕명 대접주의 금구포는 태인(최경선), 김제(김봉년), 금구(김사엽) 등 2,000명을 규합하였다.[69]

백산 결진, 혁명지휘부 편성하고 격문 공포

대오를 갖추고 조직을 편제하자 오합지졸이던 농민군의 진영은 예상보

동진강과 백산. 동진강은 만석보가 설치되었던 바로 그 강이다.

다 빨리 정비되었다. 대의를 위해 자발적으로 참여한 까닭에 모든 사람이
솔선수범하였기 때문이다. 지휘본부에는 〈동도대장〉이란 대장기에 '보국
안민(輔國安民)' 네 글자가 선명하게 새겨져 하늘 높이 게양되었다. 그리고
각지에 다시 〈격문(檄文)〉을 보내어 참여를 호소하였다.

　　우리가 의(義)를 들어 이에 이름은 그의 본의가 단연 다른 데 있는 것 아
니고, 창생을 도탄에서 건지고 국가를 반석 위에 두자는 데 있다. 안으로
탐학한 관리의 머리를 베고 밖으로는 횡포한 강적의 무리를 구축하는 데
있다. 양반과 부호 밑에서 고통을 받고 있는 민중들과 방백(方伯) 수령(守
領) 밑에서 굴욕을 당하고 있는 소리(小吏)들은 우리와 같이 원한이 깊은 자

다. 조금도 주저치 말고 이 시각으로 일어서라. 만일 기회를 잃으면 후회하여도 미치지 못할 것이다. / 호남창의대장소(湖南倡義大將所) 재백산(在白山) [70]

격문을 띄운 지 며칠이 지나자 호남 일대의 동학교도와 일반 농민들이 거사를 지지하며 구름처럼 몰려왔다. 동학의 포가 있는 지역은 각자 지역별로 기포(起包)하여 소속 백산으로 모여들었다. 이때 이미 이름이 알려진 두목급만 하더라도 김개남, 손화중을 위시하여 김덕명, 최경선, 오하영, 오시영, 임천서, 강경중, 송경찬, 고영숙, 김봉년, 김사엽, 김봉득, 손여옥, 차치구 등이 참여하였고 참여한 지역으로는 고부, 고창, 광주, 곡성, 구례, 나주, 남원, 능주, 담양, 만경, 무안, 무장, 무주, 보성, 부안, 순창, 순천, 영광, 영암, 옥구, 임실, 장성, 장수, 장흥, 전주, 진안, 창평, 태인, 해남 등지의 교도가 거의 때를 같이해서 일어나 백산에 합류하거나 각 지역을 장악해 나갔다.

모여드는 군중은 동학도뿐이 아니었다. 관의 행패와 양반, 토호들의 극악한 착취에 원한이 골수에까지 사무친 백성들이 동학의 깃발 아래로 모여들었다. 이렇게 모인 백성들은 지역별로 동학의 포와 접의 조직에 흡수되어 군장의 지휘 아래 동학교도와 동일한 행동을 취하게 된다.

아침나절에 80여 명밖에 안 되던 포에서도 저녁때면 그 인원이 이백 명, 혹은 삼백 명으로 늘어났다. 식량의 조달은 관아의 창고에 쌓여 있는 세미(稅米)를 가지고 넉넉히 충당할 수 있었지만, 인원이 늘면 느는 대로 곧장 군막을 새로 쳐야 했다. 백산 일대는 밤늦도록 군막을 치는 망치 소리가 끊일 사이가 없었다. 밤이면 군데군데 화톳불이 찬란했다.

당시 동학의 기세에 고무되어 동학에 새로 입도하는 사람도 늘어났음은 쉬이 짐작할 수 있다. 그 정황을 비추어볼 수 있는 증언은 이 시기에 충청도

서산 지역에서 입도한 홍종식이라는 사람이, 1920년대 말 인터뷰 기사[71]에서 "하루에도 몇십 명씩 입도를 하곤 하였습니다. 마치 봄잔디에 불 붙듯이 포덕(布德: 동학에 입도함-필자주)이 어찌도 잘 되는지 불과 일이 삭(朔) 안에 서산 일군(一郡)이 거의 동학화가 되어 버렸습니다. (중략) 첫째, 입도만 하면 사인여천(事人如天)이라는 주의 하에서 상하귀천 남녀존비 할 것 없이 꼭꼭 맞절을 하며, 경어를 쓰며, 서로 존경하는 데서 모두 다 심열성복(心悅性服)이 되었고, 둘째, 죽이고 밥이고 아침이고 저녁이고 도인(道人)이면 서로 도와주고 서로 나눠 먹으라는 데서 모두 다 집안 식구같이 일심단결이 되었습니다. 그때야말로 천국천민(天國天民)들이었지요." 이처럼 동학도인이 되면 신분상의 해방과 극심한 굶주림을 면할 수 있는 데서, 농민들은 '새 세상'을 목격하고 체험하는 그 거대한 열기 속에서 자연스레 동학에 감화되고, 죽기로 혁명의 대열에 참여하는 의기를 길러낼 수 있었다.

대장소에서는 전봉준을 비롯하여 그 지휘부가 둘러앉아 전략을 짜기에 밤낮이 없었다. 한편에서는 군사를 조련했다. 총질에 익숙한 사람은 특별히 선발되어 군기고에서 탈취한 화승총으로 장비를 갖추고 총질하는 연습을 하였다. 또 한편에서는 대를 베어다가 죽창을 만든다, 궁장이는 활을 메운다, 화살을 다듬는다 등으로 바쁘게 움직였다.

지휘부는 급격히 늘어가는 농민군을 혁명군으로 재편하는 데 심혈을 기울였다. 이 과정에서 다시 한번 혁명의 당위를 설명하고, 이번 거사에 임하는 동학농민군이 목표로 하는 대의(大義)를 4개 항의 행동강령으로 집약하여 선포하였다.(4대 명의)

1. 사람을 죽이지 말고 재물을 손상하지 말라. (不殺人 不殺物)
2. 충효를 다하여 제세안민(濟世安民)하라. (忠孝雙全 濟世安民)

3. 일본 오랑캐를 내쫓아서 성도를 깨끗이 하라. (逐滅倭夷 澄淸聖道)

4. 군사를 몰아 서울로 들어가 권귀를 없애라. (驅兵入京 盡滅權貴)

현실적인 목표인 축멸왜이, 징청성도, 진멸권귀보다도 이상적인 목표로서 충효쌍전과 제세안민을 앞세운 것은 동학혁명의 성격이 단순한 정치적, 경제적 혁명이 아니라 더 근본적인 의미에서 새로운 세상을 지향하는 것임을 보여준다. 특히 첫 번째 조항은 생명과 사물까지도 존중하고 함부로 대하지 않는 동학혁명 정신을 보여주는 것으로, 이후 이 혁명이 현실적인 여러 우여곡절을 겪으며 때로 승리하고 때로 좌절하며 끝내 수많은 희생자를 낳고 그 뜻이 꺾이게 되지만, 그들의 꿈, 그들의 지향이 어디에 있었는지를 기억하게 하는 중요한 조항이라고 할 수 있다.

또 동학농민군이 지켜야 할 규율을 12개 조항으로 선포하였다. 조항은 군율(軍律)에 해당하는 것으로, 농민군에서 혁명군으로 재편이 이루어졌음을 보여주는 상징적인 것이다. 그 내용 또한 민중을 위한 군대로서의 동학농민군, 도덕적인 군대로서의 동학농민군의 성격을 보여주고 있다.

1. 항복한 자는 대접한다.

2. 곤궁한 자는 구제한다.

3. 탐욕한 자는 추방한다.

4. 순종하는 자는 경복한다.

5. 도주하는 자는 쫓지 않는다.

6. 굶주린 자는 먹인다.

7. 간활한 자는 없애 버린다.

8. 가난한 자는 도와준다.

9. 불충한 자는 없애 버린다.

10. 거역하는 자는 효유한다.

11. 병자에게는 약을 준다.

12. 불효한 자는 죽인다.

이러한 4대 명의와 12개조 규율의 조항들은 백산에 모인 농민군들이 처음에는 자신의 신변에 대한 관심에서 모였을지라도, 당당한 혁명군으로서 거듭날 수 있도록 가슴속에 각인되었을 것이다.

동학이 척왜를 내걸게 된 역사적 내력

일반적으로 동학혁명 1차 기포(무장기포~전주화약)는 '반봉건' 투쟁이었고, 반외세, 즉 척왜척양을 내걸게 된 것은 2차 봉기(삼례 재기포 ~ 해산) 때라고 이야기한다. 일반적인 관점으로는 틀리지 않은 이야기라고 할 수 있다. 그러나 당시 조선의 내정(內政)으로 보나, 또 한반도를 둘러싼 청, 일, 러, 미 등 외세의 대립 및 조선 정부와의 관계 등으로 보나 반봉건과 반외세는 동전의 앞뒷면과 같은 것이다. 다만, 동학혁명의 구체적인 전개 과정에서 현실적인 당면 과제에 따라 반봉건 투쟁과 반외세 투쟁이 각각 핵심적인 과제로 부각되었을 뿐이다. 이미 3월의 1차 봉기나 1월의 고부봉기 이전 1893년 1월 광화문 복합상소 당시의 괘서운동 때에 반외세 운동이 함께 전개되었고, 1893년 3월 보은취회 당시에도 '척왜양창의'의 기치를 높이 세운 바 있다. 또 백산 결진 당시 '12개조 군율'이나 전주성 점령 이후 전주화약에도 '외세와 간통'한 자를 엄벌하거나 외국 상인의 남행(濫行)을 엄금하는 조항들이 분명히 들어 있음을 간과해서는 안 된다. 그러면 동학농민군은 왜 반외세, 그중

백산 결진 기록화. 이곳에서 전봉준을 총대장으로 추대하고, 격문(檄文)을 발포하고, 4대 명의와 12개조 군율 등을 포고하며 농민군의 대오를 정비하였다.

에서도 '척왜(斥倭)'의 기치를 높이 걸게 되었을까? 그것은 동학혁명의 중추적인 지향인 보국안민(輔國安民)을 위해서나 제폭구민(除暴救民)을 위해서는 척양척왜(斥洋斥倭)라고 하는 외부로부터의 위협을 제거, 척결하지 않고서는 조선 사회의 평화와 안녕을 기약할 수가 없기 때문이다.

1890년대 이전부터 일본의 약탈적인 양곡 무역에 따른 폐해는, 정부의 과중한 세금과 탐관오리의 수탈에 신음하는 농민들에게 설상가상, 이중삼중의 부담이 되고 있었다. 쌀의 일본 유출로 인한 물가의 앙등(仰騰), 1889년 '조일통어장정' 이후 일본 어선의 남획으로 우리 어족 자원의 고갈 상태, 임오군란(1882), 갑신정변(1884)과 관련한 정부의 거액의 배상금 지불 등은 대부분 농민의 부담으로 돌아왔다. 이는 1876년 강화도조약으로 일본에 개항

한 이래 일본 상인들이 조선 농촌 깊숙이 침투하여 갖은 방법으로 쌀·콩 등을 매점하여 일본으로 실어가면서부터 이미 조선의 골수에 깊숙이 자리 잡은 폐단이었다. 이 바람에 조선 농민들은 풍년작을 하더라도 만성적으로 극심한 식량난에 허덕이게 되었다. 또한 강화도조약 이후 일본 상품의 조선 진출은 급속도로 증가되어 상권을 장악하였다.

이를 개선하려는 노력이 없었던 것은 아니다. 일본의 수탈로 농민들이 아사상태에 놓이게 되자 정부는 1889년(고종26) 식량난을 해결하기 위해 곡물 수출금지령을 내렸다. 이른바 방곡령(防穀令)이다. 방곡령이 실시되면서 일본의 상인들은 큰 타격을 입게 되었다. 이로써 두 나라 사이에 분규가 일어나자 정부는 서둘러 관찰사들에게 방곡령의 해제를 지시하였다. 방곡령이 해제되고 일본에 배상금까지 지불하면서 일본상인들의 매점·매석이 더욱 기승을 부리게 되고, 농민들의 생활은 갈수록 어려워졌다. 일본 상인들은 매년 다량의 농산물, 특히 쌀·대두·소·쇠가죽·인삼·면화 등을 약탈하다시피 일본으로 반출해 갔다. 1877년 후반기부터 1882년 전반기까지 5년간, 평균 농산물의 대일 수출액은 61만여 엔이었지만 1891~1893년에는 789만여 엔으로 늘어났다. 이 농산물 중에서 가장 큰 비중을 차지하는 것은 쌀을 중심으로 하는 곡물이었다.[72]

이런 상황에서 전국적으로 한재(旱災)가 거듭되면서 사방에서 도적떼가 횡행하고 무장한 화적들은 노략질을 일삼았다. 전국 곳곳에 화적이 없는 곳이 드물게 되어 상화(商貨)의 유통이 막힐 정도에 이르렀다. 농민들은 더 이상 견디기 어려운 처지가 되었다. 그러므로 농민들 사이에 반외세, 특히 왜국(倭國)에 대한 적대감은 높을 수밖에 없었다.

천심을 담보한 민심에 기반하여 성장한 동학으로서 이 문제를 간과하고 혁명적 행보를 할 수는 없었다. 그러므로 당연히 동학의 교조신원운동 당시부터 동학혁명 시기에 이르기까지 '반외세, 즉 척왜'는 혁명의 핵심 기치 중 하나로 자리매김하게 된 것이다.

1893년 3월 보은취회 당시 동학 도소(都所)에서 보은 삼문(三門) 밖에 게시한 방문의 한 대목은 당시 동학도인들이 외세에 대해 가지고 있던 생각을 적나라하게 보여준다.

> 이제 왜양(倭洋)의 적이 심복에 들어와 어지러움이 극도에 달하였다. 우리의 국도(國都: 한양-필자주)의 형편을 보면 이것이 이미 오랑캐의 소굴이 되었습니다. 가만히 생각건대 임진년의 원수와 병자년의 치욕을 어찌 차마 말할 수 있고, 어찌 차마 잊을 수 있겠습니까. 지금 우리나라 삼천리강토가 짐승의 발자국 아래 놓였고, 오백 년 종묘사직은 장차 쑥밭이 되게 되었으니, 인의예지 효제충신은 이제 어디에 있습니까. 하물며 왜적이 뉘우치는 마음이 없이 재앙을 일으킬 마음만을 품고 있어 바야흐로 그 독을 뿌려 위험이 닥쳐왔는데도 불구하고 이를 대수롭게 여기지 않고 별일 없다고 하는데, 지금의 형세는 장작불 위에 있는 것과 다른 것이 무엇입니까. 우리는 비록 초야의 어리석은 백성이지만, 오히려 선왕의 법을 이어받고 이 나라 국토에서 밭을 갈아 부모를 봉양하고 있으니 신하와 백성된 직분에 귀천은 비록 다를망정 충효야 어찌 다르리오. 원컨대 적은 충성이지만 나라에 바치고자 하나….[73]

제7장

혁명의 첫발, 황토현 전투 승리하다

백산 떠나 관군 동향 보며 교란작전

백산(白山)에서 속속 집결하는 전라도 일대의 농민군들을 기다려 격문(檄文)을 발표하고 농민군의 목표를 설정하는 4대 격문과 농민군 기율의 기본이 되는 12개 조항을 발표하면서 완연한 혁명군 대오가 결성되었다. "서면 백산, 앉으면 죽산"이라는 말에서 볼 수 있듯이 백산에 머무는 동안 농민군들은 훈련을 거듭하면서 혁명군으로서 거듭나게 되었다.

전투 태세를 갖춘 후 4월 3일(음) 1대를 부안현으로, 다른 1대를 태인현으로 파견하여 진주시켰다. 이곳에서 일박한 동학농민군의 1대는 그 다음날인 4월 4일(음) 금구현 원평으로 진출하여 이곳에서 봉기한 동학농민군과 합류한 후 금구현 관아를 습격하고, 현감을 결박한 다음 무기를 접수하였다. 다른 1대는 부안현 관아를 습격하여 현감 이철화를 결박하고 무기고를 파괴한 후 이곳 무기와 전곡을 접수하였다. 전봉준·김개남·손화중 등 지휘부가 인솔하였다.

본래 지휘부는 동학농민군을 이끌고 태인·금구를 거쳐 곧 전주로 공격해 들어갈 것처럼 행동하다가 전주 영병(營兵)이 출동한다는 정보를 듣고 금구·부안으로 우회하여 다시 고부로 돌아와 고부군 도교산에 둔진(屯陣)하였다. 이에 앞서 금구·부안을 점령한 이들은 2통의 통문을 법성포 등지

동학농민군의 최대 전승지 황토현 전경. 동학혁명승전기념비가 보인다. ⓒ표영삼

에 발송하여 농민군 봉기의 목적을 다시 천명하였다. 즉 "지금 우리들의 봉기는 백성을 위하고 나라를 위하는" 거사라고 밝히고, 이서(吏胥)도 일반 백성과 구별이 없는 사람이니 민막(民瘼)을 근절할 공문서를 가지고 농민군으로 들어오라고 당부하는가 하면, 전운사 조필영의 횡포, 균전사 김창석의 불법 수탈, 일본 밀무역상들에 의한 미곡 매점에 따른 미가(米價)의 상승, 지방관의 백지(白地) 및 개간지의 과세 등 전라도 일대의 민폐를 바로잡고 위로는 국가를 도우며 아래로는 빈사의 민생을 건지는 것이 죽음을 맹세하고 무기를 든 목적이라고 설명하였다.[74]

성명(聖明)이 위에 있고 생민이 도탄이니 누가 민폐의 근본인고. 이는 포흠질하는 관리로 말미암은 것이니, 포흠질하는 관리의 근본은 탐관(貪官)

으로 말미암은 것이고 탐관의 소기(所紀)는 집권의 탐람(貪婪)에 있다. 오호라, 난(亂)이 극한즉 다스려지고 흐린즉 바뀌는 것은 당연한 이치이다. 지금 우리들이 백성을 위하고 나라를 위하는 이 마당에 어찌 이서(吏胥)와 민인(民人)의 구별이 있겠는가? 그 근본을 캐면 이서 역시 백성이니 각 공문부(公文簿)의 이포(吏逋: 관리들의 포흠질)는 민막(民瘼: 백성에 대한 병폐)의 조건이므로 몰수하여 와서 보고하라. 또한 시각을 어기지 말기를 특별히 명심하라.[75]

이것은 한편으로는 민심(民心)의 동요를 막고 농민군에 대한 우호적인 여론을 확장시키는 것과 다른 한편으로 관리들의 자진 귀순을 유도하여, 관과의 마찰을 최소화함으로써 전력의 손실을 막아 보자는 뜻이 담긴 것이었다. 또한 관군으로 하여금 동학농민군이 겁을 먹고 후퇴하는 듯한 모습을 보여주어 그들을 교란시키는 것이었다. 동학농민군 지휘부는 황토현 전투를 앞두고 몇 차례 사발통문과 밀서 형식의 통문을 돌려서 혁명의 의지를 거듭 천명하였다. 아래 내용은 동학농민군이 내건 폐정 개혁 요구 사항들이다.

一. 전운영(転運營)이 이서와 백성에게 미치는 폐해를 혁파할 것.

一. 균전관(均田官)의 폐해를 혁파할 것.

一. 각 시정(市井)에서 분전수세(分錢收稅)를 혁파할 것.

一. 각 포구에서 선주(船主)의 늑탈을 혁파할 것.

一. 다른 나라 참상(潜商)의 준가역미(貿米)를 금지할 것.

一. 염전에 대한 징세를 중지할 것.

一. 각종 물품의 도가취리(都價取利)를 금지할 것.

一. 백지징세(白地徵稅)의 폐단을 혁파할 것.

一. 와환(臥還)은 발본하여 시행하지 말 것.[76]

전주에서 관군이 출동하였다는 소식을 접한 동학농민군은 시시각각 다가오는 접전을 앞두고 안으로는 동학농민군들의 내부결속을 다지고 밖으로 농민들의 지지와 참여를 위하여 여러 가지 홍보전을 전개하였다. 당시의 여건상 사발통문을 통해 알리는 방법이 채택될 수밖에 없었다. 다음은 두 번째 공포한 〈통문〉이다.

오늘 우리의 의거는 위로는 종사를 보호하고, 아래로는 백성들을 편안케 하고자 죽음으로써 맹세한 것이니, 놀라지 말고 차례로 우두머리들은 와서 회개할지어다. 전운영이 이민들에게 끼치는 폐단과 균전관의 거폐생폐(去弊生弊)와 각 시정의 분전회수와 각 포구의 선주 늑탈과 타국 밀무역상들의 무역과 소금의 시장세와 각종 물건의 도매상의 폭리와 백지징세와 송전기진(松田起陳)과 고리대의 발본 등 많은 폐악은 이루 다 기록할 수 없으나, 우리 사농공상의 사업에 종사하는 백성들은 동심협력하여 위로는 국가를 돕고 아래로는 빈사의 민생을 편안케 하면 어찌 다행이 아니겠는가![77]

동학농민군의 사기는 충천했지만 막상 무기는 형편없이 열악하여 화승총과 칼·죽창이 전부였다. 반면에 관군은 나름대로 무장을 갖추고 있었다. 또 보부상을 풀어 정보를 취하고 있어서 농민군의 무장 실태를 파악하고 있었다.

동학군, 관군을 황토현으로 유인하다

3월 25일부터 백산에 유진(留陣)하며 군제를 편성하고 어느 정도 훈련을 마친 동학농민군은 4월 2일 전라 감영군이 백산을 향해 출발했다는 소식을 듣고 백산을 떠나 태인과 부안, 금구 등을 점령하고 4월 6일 고부에서 20리 길인 황토현 기슭에 도착했다. 황토현 또는 황토재는 해발 35미터밖에 되지 않는 야트막한 산이지만 사방이 훤히 트인 평야지대 중 높은 지대여서 전략적 요충지이기도 했다. 또 지역적으로 말목장터와 고부관아의 중간쯤에 위치해서 고부와 외부의 소통이 이루어지거나 외부의 세력이 고부로 접근한다면 이를 파악하기도 용이한 곳이다. 신복룡은 관군이 고부관아를 들렀다가 말목장터로 가는 도중에, 안개가 자욱한 날씨 속에서 황토현에 매복해 있던 농민군의 기습을 받아 패전하였다고 하였다. 이는 황토현 전투와 별개의 소규모 전투에 대한 기록이든지, 아니면 기록을 오독한 내용일 것이다. 다만, 황토현 전투의 전개 과정에 대해서는 여러 가지 이설이 존재한다.[78] 이곳의 이름이 황토재가 된 것은 그 언덕 산을 이룬 흙이 그 주변의 평야지대와 마찬가지로 누른 황토 흙이기 때문이다.

동학교단의 한 종파인 시천교단에서 기록한 역사서 『동학도종역사』에 따르면 황토현에 집결한 동학농민군의 연합부대는 "호서대접주 전봉준, 무장접주 손화중, 부안접주 김개남, 남원접주 김낙철, 청풍접주 성두환, 홍천접주 차기석, 청산접주 권병덕, 화포영장 이상진·이유형·김덕명·최경선·차치구·정진구 등이 도유(道儒=동학도인) 수십만 명을 거느렸고, 그 진법은 서너 명 또는 대여섯 명으로 하늘에 가득한 별들의 모습을 이루었다. 깃발은 청색·황색·적색·백색·홍색 등 오색의 기를 사용하여 하늘에 휘날렸고, 이르는 곳마다 포(砲)와 말을 거두었으며 대나무를 깎아 창을 만

들었다."[79]라고 하였다.[80] 이어지는 다음의 기록은 좀 더 생생하게 동학농민
군의 모습을 묘사하고 있다.

> 또한 바랑을 찢어 각각 어깨에 둘렀다. 각 포의 도유로 하여금 어깨에
> 궁을(弓乙) 두(二) 자를 붙이게 하고 몸에는 동심의맹(同心義盟, 한마음으로 의
> 기를 맹서하다) 네(四) 자를 두르게 하였으며, 깃발에는 오만년수운대의(五萬
> 年受運大義)를 특별히 써서 내거니 진실로 전무후무한 변화 막측의 신묘한
> 장수와 훌륭한 병사였다. (「東學道宗繹史」)

백산을 출발하여 태인과 부안으로 분산했던 동학농민군이 4월 6일 점심
때쯤 해서 황토현 자락을 거쳐 도교산으로 이동하여 집결하자 백산으로 출
동했던 전라감영군도 그 뒤를 쫓아왔다. 이때 동학농민군은 두승산에서 동
북으로 뻗어 내린 시목리 고지인 사시봉에 진을 치고 있었다. 뒤를 쫓던 관
군은 6일 해질 무렵 황토현에 이르러 진을 치고 머물게 되었다. 당시 양쪽
인원의 배치 상황을 잠깐 설명한다면 동학농민군 진지는 남쪽에 위치하여
높은 곳이요, 이에 비하여 황토현은 북쪽에 위치하여 낮았다. 서로의 거리는
약 1.5킬로미터 정도…. 4월 6일 밤, 그날따라 유난히 짙은 안개가 끼었다.
동학군 측은 이날 밤, 관군들이 야습해 올 것으로 예측하고 병력을 나누
어 주위 요처에 잠복시켜 놓고 본진은 실제 병력은 철수시키고 대신 허수아
비를 만들어 흰 포목(布木)으로 위장해 놓았다. 과연 관군은 밤이 깊어 농민
군 진지를 야습해 왔다. 관군 측에서는 농민군과의 싸움이 처음이었으므로,
그들을 오합지졸로 과소평가하여 거침없이 치고 들어갔다.
얼마 후 관군은 자신들이 농민군의 위계에 빠진 것을 알아챘지만 이미 때
가 늦었다. 동학농민군들이 전후좌우에서 홍수가 진 듯 밀려들어오며 닥치

황토현전적지 표지비. 현재 이 일대에는 동학농민혁명기념관을 비롯한 기념공원이 조성되어 있으며, 지속적으로 정비, 확장을 하고 있다. ⓒ이병규

는 대로 치고 달려드니 어느덧 관군과 농민군 사이에 혼전이 벌어졌다. 관군들은 지형에 익숙지 않은 데다 지적을 분간 못하는 상황이라 변변히 대적조차 못하고 시산혈해를 이루며, 겨우 포위망을 뚫고 나온 일부만이 살아남아 도망치고 말았다. 그러는 사이 동학농민군 한 부대는 관군의 본진을 기습하여 또한 큰 성과를 거두었으니, 이 싸움에서 관군은 영관 이경호, 서기 유상문이 전사하고 많은 사상자를 냈다.

이때 관군의 유기품 가운데는 민간인으로부터 약탈한 재물이 숱하게 많았다고 하며 어찌된 일인지 전사한 감영군 가운데는 남장을 한 여자의 시체도 있었다고 한다.[81]

그래도 정규 훈련을 거친 정부군이 변변히 무장도 없는 농민들로 구성된 농민군에 참패한 이유를 관군의 관점과 동학농민군의 관점으로 각각 구분하여 살펴볼 수 있다. 조선 관군은 19세기 들어 중앙군이든 지방군이든 군역을 번갈아 하는 제도가 유명무실해지면서 정번(停番: 번을 드는 일을 쉼)이 발생하며 와해되고 있었다. 1881년부터 부분적으로나마 일본식 훈련을 받다가, 다시 중국식으로 훈련을 받다가, 또 어느 때에는 미국식으로 훈련을 받는 등으로 오락가락하는 사이 민족적인 자긍심은 깎여 나가고, 훈련의 성과도 제대로 축적되지 못하였다. 이것은 군정(軍政)에 서툰 민씨 정권하에 이미 예견된 일이기도 했다. 뿐만 아니라, 뚜렷한 자기 철학을 갖지 못한 채 군대의 신식화가 이루어지다 보니 구식 군대와 신식 군대 사이에 갈등과 대립이 격화되었고, 이것이 1882년 구식 군인들의 폭동, 이른바 임오군란으로 표면화되었다. 신식 군대는 장비나 복색은 전에 없이 새로워지고 향상되었으나, 자긍심을 가지기에는 그 기반이 너무 허약하고 외래적이었다. 반면에 동학농민군은 우선은 목숨을 걸고 일어선 사람들이었고, 무엇보다 그동안 숱한 민란에도 불구하고 근본적으로 해결될 것이라는 희망을 갖지 못하던 것과 달리, '동학대장'들이 앞장선 이번 싸움에서는 새로운 세상을 보게 될지도 모른다는 희망이 온몸을 감싸고도는 사람들이었다. 게다가, 황토현 전투에서의 승리는 이들의 희망을 신념과 확신으로 공고하게 하는 계기가 되었다.[82]

황토현 전투, 의표를 찌른 작전의 승리

황토현 전투는 동학혁명의 역사에서뿐 아니라 우리나라 역사 전체의 맥락에서도 중차대한 의의를 갖는 사건이다. 민란군이 지방 일개 관아의 포군들을 물리친 것이 아니라, 비록 지방군이라 하더라도 조선 왕조의 정규군을 상대로 대규모 전투에서 승리한 것이다. 무장기포와 백산 결진이 혁명의 서막이라면 황토현 전투는 이제 혁명이 돌이킬 수 없는 고갯마루를 넘어선 상징적인 사건이라고 할 수 있다. 이 사건은 조선 조정에도, 그리고 혁명의 추이를 예의주시하던 일반 민중들에게도, 그리고 동학농민군 자신에게도 두루 의미가 있었다. 조선 왕조에는 비로소 전라도 지역의 '소요'가 예삿일이 아님을 깨닫게 하였고, 민중들의 쏠림은 더욱 가속화되었으며, 동학농민군들 또한 막연한 희망을 구체적인 전망으로 전환하는 계기가 되었다. 그런데 이 전투에서 농민군이 대승을 거두었다는 점은 분명하지만 그 과정은 분명하지 않다. 우선 농민군과 관군 중 어느 쪽이 선공하였는지조차 자료에 따라 차이가 있다. 다음은 관군이 선공했다는 기록이다.

이때 전라 중군(中軍) 김달관(金達觀)과 초관(哨官) 이재섭(李在燮)이 병사 수천을 거느리고 좌익(左翼)이 되어 십 리쯤 떨어진 곳에 매복하고 있었다. 초관 유영호(柳榮浩)는 보부상 부대 천여 명을 거느리고 백산(황토현의 착오-필자주) 뒤쪽 30리에 진을 매복해 있었다. 김달관과 이재섭이 공을 세우고자 함께 도모하여 호령을 듣지 않고 깃발을 휘두르며 앞을 다투어 나가 위로 올려다보며 산위를 공격하였지만 형세가 서로 대적할 수 없어서 크게 무너져 도망가고 흩어졌다. 유영호의 부하들은 깜깜한 밤에 도망가고 흩어져 한 사람도 남아 있지 않았다. 적도의 기세가 크게 올라 더욱 빠르게 돌격하였다. 이경호는 일이 잘못된 것을 보고 휘하의 병사로 산에 올라가 한번 죽도록 싸우자고 하였다. 이때 향관(餉官: 군량담당관-필자주) 김명수(金命洙: 금구현감)가 일을 제대로 하지 않아 군량미가 단절되었다. 무남병(武南兵) 700인과 토병(土兵) 560인이 여러 날 먹지를 못하여 얼굴에는 사람 기색이 없었다. 하물며 연일 비가 내려서 굶주림과 추위가 절박하게 이르렀다. 4월 초 7일 새벽에 이경호가 칼을 빼어 한 번 소리를 치니 군사들의 사기가 비로소 떨쳤다. 곧바로 백산(황토현-필자주)으로 올라가니 화살이 비처럼 쏟아졌다. 앞선 사람은 시체로 눕고 뒤따르는 사람은 달아나 목숨을 건졌다. 좌우를 돌아보니 서기(書記) 유상문(柳尙文)과 뒤를 따르던 김암회(金岩回) 두 사람뿐이었다. 이경호는 손수 일곱의 적도를 베면서 꾸짖는 소리가 입에서 떠나지를 않았으나 탄환을 맞고 죽었다. 유서기도 그 옆에서 죽었는데, 김암회가 시체를 업고 도망쳤다. 관직의 크고 작음에 관계없이 몸을 바쳐 나라에 보답하는 절개가 어찌 장하지 않겠는가. 다만 큰일을 잘못되게 한 것은 두세 사람에게 있으니 칼과 도끼로 처단하지 못한 것이 한스럽다.[83]

관군 지휘관들이 도중에 모집한 민병(民兵)과 보부상대를 거느리고 황토현 인근에 도착하였으나, 이미 그들 사이의 협조 체계가 흐트러져 있었고, 오랜 행군 끝에 도착한지라 군율과 체력 모두가 정상이 아니었다고 하였다. 그럼에도 지휘관들은 동학농민군을 얕보고 또한 공명심이 앞서서 무리하게 황토현에 주둔 중인 동학농민군을 선제공격하였으나 반격에 부딪쳐 일패도지하였다고 기록하였다. 이 싸움의 결과로 "비적(匪賊=동학농민군)의 기세는 사납게 퍼졌고, 관군은 떨치지 못하였다"고 하였다.

다음은 농민군이 먼저 공격했다는 자료이다.

관군은 경계를 벗어나자마자 주민들을 약탈하였다. 관군은 고부에 도착해서 백산(白山: 黃土峴의 誤記-필자주) 꼭대기에 진을 쳤다. 날이 저물어 바야흐로 저녁을 먹으려 하는데, 군대는 항오(行伍)를 잃어 다만 배를 채울 생각만 하고 있었다. 동도가 기회를 틈타 별안간 습격하여 죽이자, 관군과 보부상들은 싸워보지도 못한 채 무너졌으며 서로 짓밟아 죽은 사람을 헤아릴 수가 없었다. 영관(領官)인 곤양 이근창이 죽고 나머지는 각자 달아났다.[84]

여기서는 관군이 황토현에 진을 치고, 노독(路毒)에 빠져 저녁 식사 후에 잠들었는데 동학농민군이 기습공격을 하는 바람에 제대로 싸워 보지도 못하고 도망쳤다고 하였다.

전라감사 김문현은 4월 8일 정부에 올린 황토현 전투에 관해 다음과 같이 보고하였다.

당초 신영(新營: 武南營)의 병사와 각 읍의 포군(砲軍)이 각처 요새를 나누어 지키면서 경군(京軍)이 내려오기를 기다리더니, 흉악한 저 두 무리(태인과 부안의 동학농민군)가 함께 한곳에 주둔하여 비록 그 모임이 오합지졸과 같지만 그 형세는 벌떼가 일어나는 것과 같습니다. 어제 인시(寅時, 오전 3~5시)경에 그들이 사방으로 포위하여 돌격함에 신영의 군사가 패전을 당하여 도리어 저들의 살해를 입었으니 더욱 분하고 통탄스럽습니다.[85]

위의 기록에서도 본래 전라감영군은 경군 지원군이 내려오기를 기다리면서 농민군 활동을 견제하기로 하였는데, 김달관·이재섭 등이 공명심에서 선제공격을 함으로써 전투가 벌어지게 되었다고 하였다.

그러나 황토현 전투 상황을 취재한 일본인 신문기자 기꾸지의 기록은 관군 선제공격설과 달리, 동학농민군 선제공격설의 관점에서 상세하게 당시의 상황을 전한다. 여러 정황으로 보아 동학농민군이 주연(酒宴)에 취해 잠에 빠진 관군을 기습공격하여 승리를 거둔 것으로 보인다. 기꾸지의 기록을 따라가 본다.

우선 당시 농민군의 무장 상태는 구식 총 30정, 칼 수백 개 외에 대개는 죽창뿐이었다. 동학농민군은 2,000여 명이었고, 두승산 기슭의 약간 높은 구릉지대에 있어 관군이 공격해 올 경우 방어하기에 용이한 시목리(柿木里)에 본진(本陣)을 설치했다. 그곳은 십여 채의 초옥(시골집)이 있고 소나무가 빽빽이 들어서 있는 전형적인 시골 동네였다. 동학농민군은 이곳에서 사방으로 정탐군을 보내 관군의 이동 경로를 추적하고 있었다. 관군의 제1대는 송봉호(宋鳳浩)가 지휘하는 500명 규모의 부대였고, 제2대는 이재한(李在漢)이 지휘하는 300명 규모의 부대, 제3대는 800명의 보부상으로 구성된 별동대로서 후방을 받치고 있었다. 총지휘는 이용태가 맡았고, 선봉은 대포 2문까지 갖추었으며, 정규군이었으므로 한눈에 보기에도 질서정연한 군복을 착용한 그 모습이 복색이나 무기가 통일되지 않은 '잡군(雜軍)'인 동학농민군'과는 비교도 되지 않았다. 숫자상으로도 동학농민군에 비하여 결코 적은 것은 아니었다. 일부 농민군들이 흥분하여, 행군중인 관군을 공격하자고 나섰지만, 전봉준은 준엄하게 막아 나서며 지휘 체계를 다잡았다. 4월 6일 황토현에 도착한 관군은 그곳에 본진을 설치하고, 농민군의 움직임이 없는 것을 보고 그대로 하룻밤을 보내기로 하였다.

4월 6일 저녁, 관군은 모두 황토현(黃土峴)에 도착하였다. 황토현은 사자봉(獅子峯)이라고도 불렸는데, 농민군은 그곳을 점령하고 있는 관군에 대해 "사자는 사시(死屍)와 통하니 이곳에 관군의 시체를 매장하자"고 하는 등 사기가 매우 고양되었으며, 투지가 더욱 굳세게 되었다. 관군의 본영지의 황토현과 농민군의 본진인 시목리는 서로 15리 정도의 거리를 두고 서로 마주 보고 있었는데, 이곳은 두승산 기슭의 줄기를 이룬 곳이었다. 그날 밤, 관군은 군사가 많음을 믿고 보부상의 첩보에 안도하여 아무것도 대비하지 않았고, 관군의 막사에서는 춤추고 노래하는 소리까지 들렸다. 농민군의 척후병은 황토현의 본영에 접근하여 그 실상을 탐지하였지만, 관군의 지휘관과 군사들은 다음날의 싸움도 하기 전에 주연을 베풂으로써 이날 행군한 피로를 더욱 심하게 하는 등 적의 진지가 가까이 대치하고 있음을 전혀 알지 못하였다. 전봉준은 승패를 결정짓는 것은 오늘 밤 안에 있으며 기묘한 계책으로 야습하여 관군을 한 번에 쓸어 버려야 한다는 뜻을 명령하고, 진영 내의 모든 군사가 수면에 깊이 빠질 시간이 오기만을 기다리고 있었다.[86]

동학혁명 전쟁 중 최고의 혁혁한 전과

동학농민군 지휘부는 황토현의 지형을 훤히 꿰고 있어서 이곳을 첫 접전지로 잡고 있었다. 계속해서 기꾸지의 기록에 따라 황토현 전투 상황을 따라가 본다.

농민군이 의도한 대로 관군은 황토현에 진을 쳤다. 황토현으로부터 서남쪽으로 십오 리 정도 떨어진 계곡 지대에 진을 친 동학농민군 진영은, 황토현에 진을 친 관군 진영에서 보면 얼핏 그 동태를 쉽사리 파악할 수 있는 것처럼 보였을 것이다. 관군이 살펴건대 농민군은 특별한 움직임이 없었다. 진영은 조용했고, 밤이 깊어 가는데도 불빛도 제대로 밝혀지지 않아 날이 밝기를 기다리는 것처럼 보였다. 노독에 지쳐 있던 관군은 안심하고 무장을 해체하였고, 오는 도중에 수탈한 음식을 펼쳐 놓고 술자리와 노래판 등의 잔치를 벌였다. 한참의 잔치 끝에 자정(三更)을 전후로 대부분의 관군들이 잠에 빠져들었을 때, 동학농민군의 내습이 시작됐다. 동학농민군은 두 갈래

황토현 갑오동학혁명기념탑. 1963년에 이 자리에 세워진 기념탑은 동학혁명 관련 기념물 중 최초로 세워진 기념탑이다. ⓒ표영삼

로 나뉘어 한쪽은 황토현의 서남쪽 정면 방향에서, 다른 한쪽은 관군 진영의 뒷부분인 동북쪽에서 기습해 들어왔다. 관군 진영에 완전히 도달할 때까지도 관군 쪽에서는 전혀 눈치를 채지 못하였다. 농민군들의 평상복은 보부상의 옷과도 구별되지 않는 것이었기에, 설령 농민군을 보았다 하더라도 금세 농민군인지 알아차릴 수는 없었다. 또 '설마 관군 진영 내에서 농민군을 보게 되랴!'하는 확증편향이 농민군을 보았다 하더라도 구분하지 못하게 했을 것이다. 관군 주둔지를 지나 황토현 정상 유리한 고지까지 점령한 뒤에 동학농민군의 본격적인 공격이 시작됐다. 신호에 맞춰 일제히 고함을 지르며 관군을 공격하자, 미처 잠에서 깨지도 못하고 우왕좌왕하며 관군들은 일패도지하였다.

앞서 말한 기구지의 기록에는 당시 관군을 따라 갔던 보부상 별동대의 객주(客主)로서, 요행히 살아남았던 한 사람을 인터뷰한 내용이 있다.

당시 관군을 따라갔던 보부상의 객주(客主)로 지금까지 살아 있는 한 사람이 그날 밤 패배의 광경을 다음과 같이 나에게 이야기했다. "4월 6일 아침, 고부를 떠나 징집된 마을 사람들과 함께 고생스럽게 군량을 운반하였다. 비가 온 뒤라 수레와 짐을 실은 말의 행진이 생각과 같이 되지 않았기 때문에, 우리는 커다란 짐만을 챙겨서 진군을 하였다. 두승산 동쪽의 장거리(長距里)에서는 좁은 계곡 길을 더듬으며 진군하였는데, 길은 좁았고 비탈길은 고르지 않았다. 그러나 모든 군사는 매우 원기 왕성하여 행진 중에도 노래를 부르고 크게 소리를 지르는 등 와자지껄하였다. 여러 번 휴식을 취하면서 저녁 무렵 황토현에 도착하였다. 그 뒤 곧바로 짐을 풀고는 진지의 막사를 만들었으며 각 부대, 각 군단의 작은 진지를 각 소에 만든 뒤 밥을 하였다. 모두 배가 고파 저녁밥을 달라고 크게 소리쳤는데, 장교 한 명과 10여 명의 군사가 마련한 소고기와 술을 먹고는 모든 군사가 원기를 회복하였으며 술잔치를 열지는 않았다. 그리고 아둔한 동학 사람들은 모두 나무껍질을 먹고 계곡의 물로만 배를 채워 당장 내일은 길도 걷지 못할 것이라고 비웃었다. 이러한 유희에 빠진 전쟁은 다시는 없을 것이라고 생각되었다. 그날 밤 처음에는 경계를 하였다. 그러나 농민군의 진영이 완전히 고요하여 불빛조차 보이지 않았기 때문에, 모두 안심하고 그 뒤부터는 술을 마셔 취하고 노래와 춤을 추다가 깊이 잠이 들었는데 나도 술에 취해 잠이 들었다. 그러다가 한밤중에 적이 습격해 온다는 커다란 부르짖음에 잠이 깨었는데, 이리저리 도망하는 사람, 엎어지는 사람, 울부짖는 사람, 엎드린 사람, 숨는 사람 등 진영의 주위에는 죽은 시체가 쌓여 있었다. 약

2,000명 가량의 관군 가운데 무기를 가지고 대적한 사람은 매우 적었고, 나머지는 앉아서 칼을 맞거나 자다가 죽는 등 그 패배의 모습은 매우 참혹하였다. 나는 황토현 북쪽 소나무 숲에 몸을 숨기고 겨우 지름길을 더듬으며, 백산 서쪽 해안까지 갔다가 배를 타고 아산 쪽으로 도망하여 목숨을 건졌다. 왜냐하면 동쪽으로 도망한 사람들은 농민군의 별동대에게 습격당하였고 또 곳곳에 수리의 작은 샛강이 있어서 그냥 건널 수가 없었기 때문이다. 7일 동트기 이전까지 대개가 살해되었는데, 이 싸움에서 나의 동료 보부상은 70~80명가량이 전사하거나 살해되었다. 관군은 다수의 군기를 버렸고 대포 2문도 퇴각시켰으며 쌀 100석을 잃었다."[87]

기꾸지의 기록에도 "황토현의 야간 습격은 농민군이 각 지역에서 벌인 전투 중 가장 혁혁한 큰 싸움"이라고 하였다. 또한 기꾸지도 농민군의 내습을 받은 관군 '장교'의 막사 안에서 "여러 명의 젊은 여자들이 울부짖다가 도망"하였다는 전언을 기록하였으며, 관군의 품속에는 약탈품이 적지 않다고 했다. 또한 당시 관군은 마치 저항하지 못하는 '닭이나 돼지' 같이 나약했다고 하였다.

황토현 전투는 이렇게 전개되고 동학농민군의 큰 승리로 끝났다. 당연히 농민군의 사기가 충천하게 되고 관군의 처지는 말이 아니었다. '의기(義氣)' 하나만으로 구성된 오합지졸의 '농민봉기군'이 훈련된 관군과 싸워 이긴 것은 흔치 않는 일이었다. 신라 후대 이래 조선조 말까지 발생한 각급 민란이나 농민 봉기는 일부 고을의 포군(鋪軍)을 위협하거나 살상하기는 하였으나, 정규군이 출동한 이후로는 대부분 농민들의 희생으로 마무리되었다. 그러나 황토현 전투에서 관군은 많은 사상자를 냈다. 황현은 『오하기문』에서 1천여 명이 사상되었다고 하였다. 또 『동비토록』에는 사망자가 200여 명이라고 축소되었다. 사상자 숫자는 정확한 통계가 나와 있지 않다. 1980년대 중반에 이 지역을 답사한 문순태는 "관군 측은 642명이 전사하고 부상자 63명, 농민군 측은 6명이 전사하고 부상자 27명"이라는 기록을 소개하면서도 그 정확성을 확신하지 못한다고 하였다.[88]

다만, 이러한 기록들을 참조로 할 때 황토현 전투에서 관군은 농민군에 비해 최소 10배 정도의 희생을 치러야 했다고 할 수 있다. 첫 접전에서 농민군이 대승을 하게 된 데는 지휘부의 전략이 주효하였다. 황토현 지역의 지형을 잘 알고 적절히 대처했던 것이 승리의 요인이었다. 여기에 오합지졸이지만 사기가 넘치고, 무엇보다 수백 년 동안 짓밟히고 억눌려 왔던 '한풀이' 장이 되었다. 동학농민군은 신바람이 났고, 여기에 '광제창생' '척왜척양'의 대의명분이 주어졌다. 창고가 열리면서 배고픔이 해결되고, 주위의 농민들이 밥을 지어오면서 더러는 막걸리 동이도 나왔을 것이다. 동학교도들에게는 '개벽'의 날이 오는 것으로, 농민들에게는 배불리 먹고 압제가 없는 '새날'이 오는 것으로 인식되었을 것이다.

제8장

호남의 심장부
전주성을 점령하다

민심을 등에 업으며 전력을 보강하다

황토현 전투에서 대승을 거둔 동학농민군은 용기백배하며 대오를 정비하고 다음 행보를 준비했다. 고부관아와 일대를 석권한 데 이어 별다른 희생 없이 황토현에서 관군을 물리침으로써 사기가 충천하고, 여러 대접주들이 합세한 연합군의 성격인데도 모두 한 부대처럼 움직였다.

황토현 전투에서 동학농민군이 크게 승리했다는 소문은 사방으로 전해졌다. 소문은 풍문을 낳고 풍문은 각종 참설과 유언비어를 새끼 치면서 걷잡을 수 없이 퍼져나갔다. 앞으로 세상은 동학농민군이 지배하게 될 것이라는 소문이었다. 여기에 동학농민군은 총을 맞아도 죽지 않는다는 소문이 덧칠되면서 신비감과 외경심이 상승작용을 일으켰다. 실제로 농민군은 동학의 부적을 몸에 간직하고 전장에 나갔다. 이런 소문이 관군에게 알려지면서 관군은 움츠리고 사기에 크게 영향을 미쳤다.

황토현에서 대승한 농민군은 머뭇거리거나 승리에 취해 흐트러지지도 않았다. 날이 밝아 오자 곧바로 전열을 재정비하여 정읍으로 진격하였다. 동학농민군 지휘부가 황토현에 이어 정읍을 공격키로 한 것은 황토현의 여세를 몰아 전주성을 점령하기 위한 전 단계 전략이었다. 오전 일찍 황토현을 출발하여 점심때쯤에 모천(茅川, 현 정읍천)에 도착하여 점심을 먹고 휴식

동학농민군 진압의 임무를 띠고 한양에서 전라도로 급파된 경군(京軍). 홍계훈이 초토사로서 이들을 이끌었으나 황룡 전투에서 패하고, 전주성을 내려다 보는 완산에 진을 치고 동학군과 대치하였다. ⓒ 표영삼

을 취하였다. 다시 길을 재촉하여 주막거리인 연지원(蓮池院)을 거쳐 정읍 관아로 들어갔다. 동학농민군들은 관아 주변에 있던 보부상의 점막(店幕)을 불태우고 삼거리에서 잠을 잤다. 황토현에서 이곳까지 35리의 거리였다. 이 튿날은 흥덕을 거쳐 고창으로 들어가 고창성을 점령하고 옥문을 파하였다. 잡혀 있던 농민군을 석방하고, 성 앞에 있는 은수룡(殷壽龍)의 집을 불태웠 다. 그는 이 일대를 주름잡고 있던 만석군 토호로서 온갖 불법과 횡포로 농 민들의 원성을 사 온 인물이다.

이어서 동학농민군은 성 안에 있던 군기(軍器)를 회수하여 무장을 강화하 고, 관청의 장부를 거두어들여 적폐를 징치하는 근거를 확보하였다. 정읍과 고창에서의 활동은 백산에서의 결진(結陣) 이후 동학농민군이 조직적으로 움직이면서 본격적으로 전개한 첫 번째 대관(對官), 대민(對民) 활동이었다. 그들은 악질 구실아치(胥吏)와 토호, 양반들을 단호하게 징치함으로써 민중들의 희망에 부응하는 활동의 서막을 열어 나갔다.

정읍에서 동학농민군은 왜 보부상들의 점막(=상점)을 먼저 공격했을까? 앞서 소개한 대로 동학농민군은 백산에서 결진(結陣)하여 출정식을 할 때 4대 명의에서 "사람을 죽이지 말고 가축을 잡아먹지 말라"는 조항을 제1로 하여, 민간에 폐를 끼치지 않는 것을 으뜸 가치로 삼았다. 그러나 한편으로 '동학군 12개조 기율'에서는 '간활한 자는 없애 버린다'는 무시무시한 조항도 들어 있다. 당시 보부상은 말하자면 이 조항에 저촉된 무리라고 할 수 있다. '보부상(褓負商)'이란 봇짐장수와 등짐장수를 합친 이름으로 가내수공업자와 소비자 사이에 물물교환을 이어주는 행상인을 말한다. 전국에 수백 명씩의 조직을 갖고 있어 그 연락망은 당시 최고 수준이라고 할 수 있었다. 그런데 이들은 동학혁명 기에는 관의 첩자 노릇을 하였다. 더욱이 황토현 전투에서는 동학농민군에 대항하는 관군의 별동대로 참전하면서, 민폐도 극심하였고, 원한도 쌓인 터였다.

이렇게 한편으로 전투를 치르면서, 다른 한편으로 관과 조정의 대응 태세를 주시하는 중에 속속 소식이 당도하였다. 황토현 전투가 있을 무렵 한양에서 양호초토사 홍계훈이 이끌고 온 부대는 4월 6일(음)에 군산에 상륙하여 전주성에 입성하였다. 홍계훈은 황토현 전투 소식을 접하고, 자기가 인솔하고 온 부대로는 동학농민군에 맞설 수 없다고 여기고 전력 보강을 요청하며 미적거리고 있었다.[89]

동학군, 전력 보강 위해 남진 택해

동학농민군 역시 좀 더 본격적인 전투를 치르기 위해서는 농민군의 숫자도 보강하고, 무엇보다 무장을 강화할 필요가 있음을 절감하여 전라도 서해안의 여러 군현을 돌면서 무기를 접수해 나갔다.

4월 8일 고창을 출발한 동학농민군은 9일에서 12일 사이 손화중의 근거지인 무장에 머물면서 그동안 수합한 무기와 추가로 가세한 농민들의 편제를 정비하였다. 이어 12일에서 16일 사이에는 영광에 진출하여 유진하면서 훈련과 군량 수합에 나섰다. 16일에 함평으로 진출하고 18일과 19일에는 무안과 나주 등을 거쳐 21일경에는 장성으로 들어가 황룡천변에 자리를 잡았다.[90]

말머리를 남쪽으로 돌리고 이리저리 옮겨 다니고 있었지만, 동학농민군의 주력 부대가 염두에 두는 곳은 전주성 한 곳이었다. 수만 명의 군세를 거느리고 또 서전을 승리로 장식한 동학농민군이지만, 호남의 요새 전주성을 공격하는 일은 만만찮은 일로 여겨졌다. 무엇보다 그 길은 그동안 그 누구도 가 본 적이 없는 길이었다. 동학농민군의 압도적인 수적 우위를 앞세워 일거에 점령하게 될지, 한양에서 파견되어 온 경군(京軍)의 완강한 저항과 반격에 밀려 큰 희생을 치르게 될지 알 수 없는 일이었다. 동학농민군 지휘부는 나름대로 계산이 서 있었고, 승리를 확신하고 있었지만, 그럴수록 신중을 기할 필요가 있는 일이었다.

그래서 동학농민군은 남도 일대를 돌며 한편으로는 후방의 우환을 없애고, 한편으로는 병력과 무력을 보강하는 전략을 취한 것이었다. 전주로 가기 전에 동학농민군이 최종적으로 목표로 삼은 곳은 무기를 비롯하여 물자가 풍부한 나주성이었다. 당시 나주는 전주와 더불어 전라도의 핵심적인 전략 도시의 한 곳이었다. 학자들 중에는 전봉준이 전주를 선공하지 않고 남진한 것을 두고 정권(政權)을 도모할 혁명의 의도가 없었던 것이 아닌가 하는 의문을 제기하기도 하지만, 실상은 북진을 위한 전략상의 남진이었다. 그러나 나주성은 훗날 동학농민군이 끝끝내 함락하지 못한 데서도 알 수 있듯이 전주성보다 방비 면에서는 더 공략하기 어려운 전략적인 요충지였다. 나주와 전주 사이를 가늠하며 전봉준과 김개남을 비롯한 동학농민군 지휘부의 고심도 깊어 갔다. 역시 전주성에 웅거한 관군이 어떻게 움직이느냐에 따라 최종 방침이 정해질 수밖에 없었다.

동학농민군이 고을에 진공하면 현감을 비롯하여 관리들은 대부분 겁을 먹고 도망치거나 관아의 문을 굳게 닫아걸고 방비에 나설 뿐 대응하려 하지 않았다. 반면에 지역 농민들은 대대적으로 이들을 환영해 마지않았다. 심지어 자기 집에 불을 지르고 농민군에 가담하는 사람도 있었다. 그만큼 결의를 다지기 위한 행동이었다.

농민군이 남진하면서 속속 관아를 점거해도 전주성에 웅거한 홍계훈 휘하의 관군은 사태의 추이를 지켜보면서 쉽게 움직이려 하지 않았다. 황토현의 참패로 전력의 큰 손실을 입은 데다 군사들의 사기도 극도로 저하되어 싸울 계제가 못 되었다. 또 내려오기로 된 증원 부대가 도착하기를 기다리면서 시간을 벌자는 계산도 깔려 있었다. 한편으로 황토현 전투 패배 후 급속히 동학농민군 쪽으로 이반해 가는 민심을 돌리기 위해 여러 가지 위무책을 썼다. 4월 8일에는 농민 봉기군이 각자 집으로 돌아가도록 하는 〈감결(甘結)〉을 각 고을에 붙였다.

지금 (급선무는-필자주) 양호(兩湖)의 동도(東徒)를 진압하는 일이다. 본원 초 7일 현재 완영(完營: 전주성-필자주)에 주둔하고 있다. 이 좀도둑(鼠偸)을 생각한다면 마땅히 왕의 덕화(王靈)에 의하여 하루 빨리 섬멸해야 할 것이다. 그러나 불쌍한 평민들은 오랫동안 소란의 폐해를 입었다. 지금 농사의 일이 한창인 때를 당하여 도망다니면서 본업을 상실하는 폐단이 있기 쉽다. 생각이 여기에 미침에 어찌 가엾지 않겠는가? 그러므로 본(本) 군문(軍門)에서 우리 임금이 다친 자를 어루만지듯, 어린아이를 보호하듯 하는 은혜를 본받아 이에 먼저 타이른다. 너희 양민들은 삼가 놀라 동요하지 말고 각자가 편안하게 여겨 흩어져 떠나지 말라. 너희 자제를 깨우치고 너의 친척에게 고하여 사설(邪說: 東學-필자주)에 물들어 나라의 법을 범함이 없으면 어찌 다행스럽지 않겠는가? 대저 추적하여 체포할 때 그 읍의 교졸(校卒)들이 만일 폐를 짓는 일이 있으면 각각 그 마을에서 우선 잡아 두고 그 성명을 기록하여 즉시 보고해 엄하게 징계하도록 해야 할 것이다. 이 감결의 말을 한문과 언문으로 베껴서 동네에 게시하여 한 사람의 백성이라도 모르는 폐단이 없게 하라. 감결이 도착한 일시와 거행한 전말을 우선 보고함이 마땅하다.[91]

동학농민군은 사기가 충천하고 백성들의 전폭적인 지지가 있었기 때문에 홍계훈의 방문 따위에 겁을 먹거나 '회개'하여 전선을 떠난 사람은 거의 없었다. 오히려 교졸들의 기강을 단속하는 데 급급한 방문의 내용은 농민군의 사기를 북돋아주는 역할만 하였다.

홍계훈은 9일이 되어서야 경병(京兵) 160명과 향병(鄕兵) 200명을 금구와 태인으로 투입하고, 14일에는 선발대 2대를 무장으로 내려 보냈다. 이런 정도의 군사로는 1만 명에 가까운 농민군을 대적할 수 없었다. 그래서 전라병사 이문영이 전라좌우도에 징병령을 내려 군사의 모집에 나섰다. 징병령은 소란스러운 민심을 더욱 어지럽혔을 뿐 별다른 효과는 없었다. 간신히 끌어

황룡 전투가 벌어진 황룡 장터 일대 ⓒ이병규

모은 장병의 수는 몇백 명에 불과하였다. 이들을 각 고을 관아에 배치했지만, 강제로 끌려온 농민들이 관복을 입고 관군으로 활동한다는 것은, 그야말로 억지 춘향이었다. 수적으로도 중과부적이었다.

그러나 홍계훈은 한편으로는 여전히 동학농민군을 얕잡아 보고 있었다. 특히 무기의 우세를 앞세워 제대로 위협을 가하면, 오합지졸인 농민 봉기군이 금방 흩어져 버릴 것이라는 막연한 기대도 없지 않았다. 결국 한편으로는 주춤주춤 엉덩이를 뒤로 뺀 채, 또 한편으로 안일한 생각으로 장성 황룡천변에 주둔한 동학농민군을 도발하였다가 큰 낭패를 당하게 되었다. 장성의 황룡천변에서 벌어진 접전은 동학농민군과 관군 사이에 벌어진 두 번째 큰 전투이지만 그 의의는 황토현 전투에 못지않았다. 황토현 전투가 최초의 승전이라는 의미가 있다면, 황룡 전투는 한양에서 파견된 정예 경병에게 승리를 거두었다는 점에서 의의가 큰 전승이다.

동학농민군의 주력은 4월 21일 장성 황룡천변의 월평 삼봉(三峰) 장터에 진을 쳤다. 이를 정탐한 홍계훈은 다음날인 4월 22일 관군 대관 이학승으로 하여금 정병 300명을 이끌고 이들을 공격하도록 명령을 내렸다. 이날 오전 동학농민군 4~5천 명이 황룡천변에 집결하여 점심 식사 중인 것을 탐지한 관군이 대포 2문으로 포격을 가하면서 공격이 시작되었다. 관군은 수적으로 열세였지만 동학농민군을 얕잡아보고 대환포를 쏘면서 농민군의 공격에 나섰다. 그러나 황토현에서 이미 관군의 역량을 시험해 온 농민군은 관군을 두려워하지 않았다.

이때의 농민군의 행렬을 일본의 한 신문은 다음과 같이 보도하였다. "동학군의 실력을 살펴보건대 4천 명, 그 가운데 2천 명은 화승총을 가졌고, 기병 1백 명은 2열로 나뉘어 수색에 종사하고 있다. 그 동작은 양식 조련과 닮아 지방민을 감복케 하였다."[92]

동학군은 '장태'라는 방탄차를 투입

특히 황룡 전투의 승패를 결정적으로 좌우한 것은 당시 농민군이 사용하여 관군을 놀라게 하고, 전세에 크게 영향을 미친 '장태'였다. 장태의 원형은 전통적으로 닭들을 야생동물로부터 안전하게 보호하며 기르기 위한 원형의 대나무 닭장이었는데, 황룡 전투에서 사용된 것은 그 규모가 훨씬 커진 점이 달랐다. 동학농민군은 장태를 앞세우고 관군에게 돌진했다. 전투용 장태는 청죽(靑竹)을 얽어 만든 본체 밑에 차바퀴를 달았다고 한다. 그 속에 사람이 앉아 총을 쏘았다고도 하고 뒤에서 굴리며 앞으로 나아가며 총을 쏘았다고도 한다. 다른 기록에는 그 둘레가 열 아름쯤 되고 길이가 열 발쯤 되었다고 한다. 아마도 여러 개의 장태를 나란히 한 것을 묘사한 것이 아닌가 생각된다.

광산(光山) 접주 이춘영의 손자 이찬종과 이현종의 증언으로는, 장태의 크기는 길이가 11~12자였고 높이가 4.5자였다고 하니, 길이 3~3.6미터, 높이 1.2~1.5미터쯤 된 셈이다. 그들의 부친 이규익(李圭益: 1898~1973)은 선대 어른들로부터 장태 이야기를 들으며 자랐다고 하는데, 장태는 방탄용으로 당시 죽세공 기술자들이 황룡촌에서 4킬로미터 떨어진 임곡(臨谷)의 가정마을에서 대나무를 베어다가 장성군 삼계면 사창리에서 7, 8개를 만들었다고 한다. 장태는 대를 쪼개 원통을 만들고 그 안에 볏짚을 채워 넣은 일종의 방탄차라고 했다. 황현은 "큰 죽롱(竹籠)이 몰려오는데, 크고 둥글며 닭 우리처럼 생긴 것이 수십 개다. 게다가 밖에는 칼을 꽂아서 마치 고슴도치와 같고 아래는 두 바퀴를 달아서 굴려서 몰려온다. 관군이 연환과 시석을 쏘았으나 죽롱이 모두 막아주고 적은 그 뒤를 따라 포를 몰면서 몰려온다."는 기록도 있으나, 바퀴가 달렸다는 것은 사실과 다른 것 같다.

장태를 만든 사람이 누구인가에 관해서는 기록이 일정하지 않다. 오지영은 장흥 접주 이방언(1838~1895)이 장태를 만들었기 때문에 '이장태'라 했다고 전한다. 그러나 향토사학자 최현식(1923~2011)은, 장태를 만든 사람은 이방언이 아니라 담양의 이용길(1857~?)인데 그는 월평 장터 싸움, 즉 황룡 전투에서 장태를 만들어 이장태라는 이름을 얻었다고 한다. 또 이찬종의 증언에 따르면, 장태를 만든 사람은 그곳의 죽세공이었던 김남수라고 하는 말을 아버지로부터 들었다고 한다. 장태를 한 사람이 만들지 않았을 것이므로, 아이디어를 낸 사람을 비롯해서 각자의 역할을 분담하였던 사람들의 이야기가 전하는 사람에 따라 다른 갈래로 전해지게 된 것이라고 짐작할 수 있다. 동학 연구가 신복룡은 황룡 전투의 정황을 다음과 같이 정리하였다.

　　월평 삼봉에서 관군이 연환과 시석을 쏘았으나 모두 죽롱(竹籠=장태-필자
주)이 막아내고 농민군은 그 뒤를 따라 포를 쏘면서 몰려왔다. 초토사의 대
영(大營)에서도 멀리 바라보기만 하고 구원할 수가 없어서 제 마음대로 달
아나게 내버려두니 농민은 쫓지 않고 군사를 거두어 퇴각했다. 이날 죽은
관군의 수가 7명이요 대환포 2문을 빼앗겼다. 농민군 가운데는 대환포에
맞아 죽은 자가 많아 이들을 끌어 모아 무덤 17개를 만들어 하나에 시체 4,
5구씩을 묻었다. 농민군은 다시 월평으로 들어가 마을 가득히 깃대를 세우
고 밥을 지으려 하다가 경군이 습격해 온다는 말을 듣고 나팔소리 한 번 나
더니 군사를 재촉하여 앞으로 나가는데 말 탄 자가 200여 명이었다.[93]

관변기록은 다음과 같이 전한다.

　　싸움터에 나간 병사가 황급하게 와서 보고하기를 "우리 군사가 장성(長
城)의 월평(月坪)에 도착하자 저들(=동학농민군-필자주) 또한 마침 황룡촌(黃
龍村)에 이르러, 차츰 서로 접전하여 한바탕 전투가 벌어졌습니다. (우리가-
필자주) 극로백(克虜伯: 크루프포)을 한 번 발사하자 저들 중 맞아 죽은 자가
약 수백 명이 되었습니다. (동학농민군) 10,000여 명은 악에 바쳐 일어나 목
숨을 돌보지 않고 죽기를 각오하고 돌격하고, 30리를 쫓아오는데, 저들은
많고 우리는 수가 적은 관계로 우리 군사는 지쳐 쓰러지면서 창황하게 본
진으로 돌아왔습니다. 그러나 우리가 쫓겨 올 때 대관 이학승이 분발하여
칼을 들고 뒤에서 홀로 싸우다가 병정 5명과 함께 저들에게 살해당하였다
고 하니, 참혹하고 놀라움이 막심합니다. 극로백(크루프포) 1좌와 회선포(回

장성황룡전적기념탑 ⓒ이병규

旋包) 1좌 및 실탄 얼마는 잃고 말았으니 매우 분하고 한스럽습니다.[94]

　'죽은 자(농민군)가 수백'이라고 하였으나 이는 과장이고, 선제공격에 농민군이 피해를 입고 잠시 후퇴했던 것은 사실인 듯하다. 그러나 결국 동학농민군은 황룡 전투에서 정예병이라고 할 수 있는 경군(京軍)을 격퇴하는데 성공하였다. 관군 지휘자가 공명심에 들떠서 전열이 갖춰지기도 전에 대포를 쏘는 등 서두르다가 농민군의 반격에 쉽게 무너지고 말았다. 농민군도 40~50명이 사망하는 큰 희생을 치렀지만, 전과는 승리한 싸움이었다. 이 싸움에서 동학농민군은 대관 이학승을 죽이고, 야포 2문과 양총 100여 정을 노획하는 전과를 올렸다.

　자신은 멀찍이서 동학군을 쫓는 척하면서 꽁무니를 빼고 있다가, 선봉대를 섣불리 내보내 거듭 패배한 홍계훈은 더욱 위축되어 정부에 증원군을 요청하면서 청나라 군대를 불러오도록 건의하였다(청군의 원군 요청에 관해서는 뒤에서 다시 서술한다). 홍계훈의 증원 요청을 받은 정부에서는 16일 강화도에 주둔한 수비병을 파견키로 하였다. 또 사태를 조기에 수습하지 못한 책임을 물어 전라감사 김문현을 파면하고 외무협판 김학진을 후임으로 임명하였으나, 그는 미처 부임하지 못하고 있었다.

　황룡 전투는 동학혁명 전개에서 또 하나의 변곡점을 만들었다. 남도 일대를 전전하던 동학농민군은 일거에 방향을 바꾸어 25일 정읍으로 되돌아와서 다시 한번 관아를 점거한 뒤 태인→금구를 거쳐 26일에는 전주성 인근인 삼천(三川)에 도착하여 포진하였다. 실로 전격적인 진군이었다. 동학농민군을 뒤쫓다 일격을 당한 홍계훈은 내달리듯이 북향하여 전주성에 다다른 동학농민군을 놓치고 허둥지둥 뒤를 쫓았으나 이미 때는 늦었다. 특히 동학농민군은 북상하던 중 태인 원평리에서 경군을 위문하기 위해 내탕금 1만 냥

전주성 입성 기념비. 1991년 전주시 완산공원의 등산로 입구에 건립되었다. ⓒ이병규

을 가지고 왕명을 받아 내려온 선전관 이주호와 부하 2명을 체포하였다. 그리고 전날 왕의 윤음을 전달하러 왔던 초토사 종사관 이효응, 배은환과 함께 이들을 원평 장터에서 참수하였다. 어설픈 회유에 연연하지 않겠다는, 결연한 의지를 보여준 셈이었다.

연전연패의 소식에 놀란 정부에서는 4월 27일 이원회를 양호순변사(兩湖巡邊使)로 임명하여 홍계훈을 지휘할 수 있게 하고, 강화·청주 지역의 군사를 호남에 파견하면서 그들에 대한 지휘권 또한 이원회에게 맡겼다. 이후 동학농민군 토벌의 총책임을 맡게 되었다.

전라도의 심장 전주성 해방구가 되다

여러 기록을 종합할 때, 동학농민군이 전주성에 입성하는 과정은 '무혈입성(無血入城)'이라고 익히 알려진 대로 순조롭기 그지없었다.

4월 27일 날이 밝았다. 날씨는 화창하였다. 동학농민군은 전주 삼천을 벗어나 한편으로는 전주성을 내려다보는 완산을 점령하여 나발을 불고, 성내를 향하여 여러 발의 총을 난사하였다. 전주 성문 앞 시장은 일순 혼란에 빠져 장꾼들이 앞다투어 성안으로 몰려들어갔다. 그러나 그중에는 이미 다수의 동학농민군이 섞여 있어서, 자연스레 성안으로 들어가게 되었다. 당시 신임감사 김학진은 아직 부임해 오지 않았고, 파직 당한 전 감사 김문현이 감영에 있다가 뜻밖에 농민군의 공격을 당하자 군령을 발하여 사방의 문을 수비토록 하였다. 그러나 전주성에 있던 대부분의 병사들은 홍계훈을 따라 출정한 뒤였기에 남아 있는 군사는 얼마 되지 않는 형편이었다. 그래도 병졸은 활을 쏜다, 총을 쏜다 하며 나름대로 대적하려 애를 썼고, 특히 풍남문 밖 성벽에 붙어 있는 20~30호의 민가가 방해가 된다고 하여 스스로 이를 소각하는 바람에 그곳에 거주하던 백성들은 피난하랴, 불 끄랴 더더욱 정신이 없었다. 그러나 이러한 대응도 잠시뿐, 장꾼에 섞여 성안으로 들어간 동학농민군이 안에서 성문을 열고 호응하고 밖에서는 동학농민군 본대가 물밀듯이 몰려들자, 도저히 방어할 길이 없게 되고 여기저기서 성을 빠져나가는 자가 속출했다.[95]

동학농민군은 희생자라고는 거의 없는 그야말로 무혈입성이었다. 황토현 전투 이후 남진을 택하여 전력을 보강하고, 원거리를 이동해 온 홍계훈의 경군들을 혼란에 빠뜨린 다음 일순간에 이들을 따돌리고 전광석화같이 전주성을 점령해 버린, 그야말로 전략의 승리였다.

전봉준과 김개남 등 지휘부는 전라감찰사가 집무를 보는 선화당(宣化堂)에 자리 잡고 호령했다. 전주성 안에 있던 관노와 사령들은 물론이고 일찍이 동학의 소문을 익히 듣고 있던 성내의 백성들은 처음에 놀랐던 마음을 가라앉히고 환호하며 몰려들었다. 그들은 동학농민군 지도자들이 효유하는 말을 듣고 함성을 지르며, 동학농민군들을 이끌고 신바람이 나서 전주성내를 휘젓고 다녔다.

동학농민군은 관노와 사령들의 안내를 받아 가며 마치 사전에 계획이라도 한 것처럼 재빠르게 움직여 각급 공공건물을 접수했다. 전주성의 핵심 시설이라고 할 수 있는, 조선 태조의 어진(御眞: 초상화)을 모신 경기전(慶基殿)도 순식간에 동학농민군이 에워쌌고, 무기고를 활짝 열어 무기를 꺼내 무장을 강화하고, 창고를 헐어 곡식을 실어 내왔고, 감옥을 부수어 죄인들을 풀어주었다. 일부 동학농민군들은 전봉준 등 지휘부의 강력한 지시에도 불구하고 그동안 횡포를 부리던 양반·부호와 그 하수인인 영리(營吏)들은 농민군과 관노·사령들에게 곤욕을 당했다. 동학농민군들은 또 전주 전보국으로 달려갔다. 이곳의 상황을 한양으로 급보할 수 없게 하려는 것이었다. 그러나 전보국 시설은 이미 철거된 상태였고, 국원들은 달아나고 없어서 나머지 기물을 흩어 버리고 돌아왔다. 이로 인해 관변에서는 뒷날 김제의 전보국 시설을 이용하여 겨우 중앙에 보고할 수 있었다.[96]

한 일본인은 동학농민군의 전주성 입성 과정을 다음과 같이 기록했다. 전반적으로 1차 봉기 과정과 2차 봉기 과정이 혼재된 상황도 있으나 동학농민군의 봉기와 황토현 - 장성 - 전주성으로 이어지는 흐름을 일목요연하게 볼 수 있다는 점에서 요긴하게 읽어볼 만하다.

　　황토현의 싸움에서 크게 승리한 농민군은 다시 백산에 집합하였는데, 여기에서 군대의 위용은 정리되었고 사방에서 동지를 많이 불러 모았다. 큰 승리의 보고가 일단 사방에 전해지자, 무장에서 군대를 일으켜 태인과 부안 지방을 횡행하였다. 손화중은 손천민과 함께 와서 합쳤으며 이상옥은 보은에서 봉기하였다. 최경인은 태인에서 참가하였으며 김개남은 남원에서 군대를 일으켰다. 정종혁은 고부에서, 허공집은 공주에서, 임정학은 정읍에서 병사를 일으켰다. 김봉년은 김제에서, 오하영은 고창에서 동지를 모아서 합쳤으며, 배규인은 무안에서, 진우범은 만경에서, 김덕명은 금구에서 일제히 호응하였다. 전봉준의 군대는 4월 15일 삼삼오오의 대오를 정리하여 청·황·적·백·흑의 오색 깃발과 경천안민(敬天安民)의 깃발을 세우고 손에는 염주를 들고 입으로는 주문을 외었다. 이것은 마치 십자군의 행진, 성스러운 교도들의 행진과도 같았으며, 태인, 장성 등 여러 고을을 지날 때마다 동지를 모아 전주로 전진하였다. 행군하는 길가에는 남녀 모두 축복하며 이들을 맞이하였고, 장성을 지나 전주에 가까울 무렵에는 전체 군사가 약 1만 명에 도달하였다. 술을 싣고 역머리에 마중 나온 사람도 있었고, 처자와 친척들이 서로 부둥켜안으며 참가하는 동지를 배웅하는 사람도 있었다. 그 광경은 마치 인의(仁義)로운 왕자(王者)가 군사를 일으킨 것과 같이 길가 곳곳에서 환호가 터졌다.[97]

　전주성은 '해방구'가 되었다. 호남의 수부(首府)이면서 조선 왕조의 관향(貫鄕)이기도 한 전주성을 동학농민군이 장악한 것은 의미가 남달랐다.
　동학농민군이 전주성을 쉽게 함락할 수 있었던 요인의 하나는 성안에서 동학농민군에 내응하는 자가 많았기 때문이다. 전주성뿐만 아니라 동학농민군이 황토현 전투에서 승리한 이후 가는 곳마다 농민들은 물론이고 하급의 서리들 가운데도 농민군에 내응하는 자가 있었다. 일찍이 백산의 격문에서 "양반과 부호의 앞에 고통을 받는 민중들과 방백과 수령의 밑에서 굴욕을 받는 소리(小吏)들은 우리와 같이 원한이 깊은 자"라고 한 대로, 동학농민군은 그들의 절대적인 지지를 받고 있었던 것이다.

김문현은 동학농민군이 밀려오자 줄행랑을 쳤다. 처음에는 그나마 체통이 있어서 사인교(四人轎)를 타고 피신하다가 위급한 상황이 되자 가마를 버리고 피난가는 백성들로부터 헤어진 옷과 짚신을 얻어 변복을 하고 피난민에 섞여 공주로 달아났다. 동학농민군은 본부를 감사가 집무를 보는 선화당에 정하고 주요 대접주들에게 임무를 부여하여 4대문을 굳게 지키게 하며 다음 전략을 숙의하였다. 옥문과 곡간을 모두 열어 죄수를 석방하고 곡식을 풀어 빈민을 구휼하는 한편으로, 몰려드는 백성들을 진정시키며, 차근차근 동학에 입도하도록 인도하였다. 또한 군제(軍制)도 새롭게 편제하여 다음 전투에 대비하였다.

지휘부는 이날 오후 전주 부민들을 관아에 모아놓고 동학농민군의 방침을 공포했다. "우리는 보국안민을 주장하는 자들이라. 백성과 국가를 위하여 노력함이요, 결코 타의가 없으니 동포들은 각기 안심하라." 또한 대소 관리들에게는 "비록 관리라도 죄 없는 자는 논하지 않을 것이며, 설사 죄가 있다 하더라도, 전과를 뉘우치고 의거에 합종(合從)하는 자는 특별히 용서할 것이고, 그렇지 않으면 목을 베겠다."라고 엄명을 내렸다.

이는 일찍이 백산에서 격문과 함께 공포한 12개조 군율의 조항들을 재확인한 것이었다. 즉 순종한 자는 존중하고, 곤궁한 자를 구제하고, 굶주린 자를 먹게 하고, 가난한 자를 구하며, 병자를 치료하는 효유책과 탐학한 자를

일제강점기 전주시가 모습. ⓒ표영삼

몰아내고, 간교하고 교활한 자나 불충불효한 자는 없애 버린다는 엄벌주의
를 사안에 따라 적의(適宜)하게 적용하겠다는 뜻이었다.

　동학군 지휘부에서는 다음과 같은 〈방문〉을 남문에 게시하여 무능하고
부패한 데다 파당을 지어 이전투구에 골몰하는 조정 대신들과 초토사 홍계
훈의 죄를 물었다.

　　방금의 사세(事勢)는 앉아서 죽음을 기다릴 수 없는 형편이다. 웅병맹장
　　(雄兵猛將)은 각각 그 믿는 땅에 있고 각 군(郡)의 방사(方士)는 그를 먼 곳에
　　보내어 근왕(勤王)의 일을 한다. 대저 오늘날 우리들의 주위를 둘러싸고 있
　　는 형편으로 말하면, 집권 대신들은 모두가 외척인데 밤낮으로 하는 일이

란 오로지 자기들의 배만 채우는 일이고, 자기의 당과 자기의 파만을 각 읍에 포열(布列: 널리 보내어-필자주) 백성 해치는 것만을 일삼고 있으니 백성들이 어찌 이를 견딜 수 있단 말인가? 초토사 홍계훈은 본래가 무식한 사람이라. 동학의 위세를 두려워하면서도 부득이 출병했다. 망령되게도 공이 있는 김시풍을 죽이고 이것으로써 공을 삼으려 하니 반드시 형벌을 받아 죽을 것이다. 가장 가석한 일은 3년 이내에 우리나라가 러시아에 귀속될 것이므로 우리 동학이 의병을 일으켜 백성들을 편안케 함이니라. / 갑오 4월 27일 [98]

그런데 '공이 있는 김시풍'을 운운한 것이 눈에 띈다. 김시풍은 누구인가? 김시풍이 역사 기록에 등장한 것은, 앞에서도 살펴본 것처럼 삼례교조신원운동 당시 전라감영의 영장(營將)으로서 전라감사 이경직의 명을 받고, 교조신원운동을 벌이기 위하여 모여 있는 동학도인들에게 나아가 해산을 종용할 때이다. 김시풍은 칼까지 빼어들고 서인주 등 동학도인 지휘부를 위협하다가 그들의 당당한 모습을 치하하며 물러나 이경직에게 동학도인들의 소장을 접수할 것을 건의했던 인물이다. 그런데 홍계훈은 전주에 부임하자마자, 김시풍이 동학도인들에게 유화적인 태도를 보인 것을 문제 삼아 그가 '동학도인과 내통했다'는 죄를 씌워 처단해 버린 것이다.

초토사 홍계훈은 전주성의 고위 간부 가운데 농민군과 내통하는 자가 전주감영의 정보를 농민군에게 제공하여 농민군이 일방적으로 승전하는 것이라 판단하고 전라감사 김문현에게 평소 농민군과 가깝게 지내는 감영군을 캐물었다. 곧 김개남이 전주감영을 자주 드나들며 김개남과 평소 제일 가깝게 지내는 다정한 자가 일가친척으로 그의 족숙이 되는 전 영장 김시풍이고 영내 간부 김영배는 호형호제하는 사이임을 알게 된 초토사 홍계훈은 감영수교(監營首校) 정석희와 그 외 김용하·김동근 등 김개남과 친한 자 12명을 농민군 밀정으로 가려 전주 풍남문 밖 초록바위에서 농민군과 내통한 죄로 4월 10일 일제히 효수했다.[99]

김시풍은 김개남과 같은 도강김씨로 김개남의 아저씨뻘로 알려져 있으며, 1871년 무과에 급제하여 전주의 장교를 지내면서 큰 도적들을 잘 잡은 공로로 영장(營將)에까지 오른 인물이다. 자연 인심을 얻고 있었던 인물이며 도강김씨들에게도 자랑스런 인물이었다. 김개남은 어린 시절 김시풍의 명망을 듣고 전주성으로 직접 찾아가 그를 만나고 와서 동네의 친척들에게 자랑하였다는 이야기도 전한다. 김시풍은 도강김씨이기는 했지만 서출(庶出)이었던지라 자연 도강김씨 가문에 감정이 좋지는 않았다. 그러나 어리기는 하지만 의기남아의 티가 역력한 김개남은 좋게 보았던 모양이다. 김개남 또한 훗날 재인부대(才人部隊)를 꾸린 데서 알 수 있듯이 반상의 차이, 적서와 귀천의 차이를 불문하고 두루 사람과 친하게 지내는 데 능숙한 인품을 가진 것도 김시풍과 교유를 트는 데 크게 기여했을 것이다. 홍계훈이 농민군을 토벌하는 데 현지사정에 밝은 영장 김시풍임에도 이를 즉각 처단하고 나서는 데는 이유가 없지 않았을 것이다. 어쩌면 김시풍은 실제로 동학도와 내통하거나, 최소한 동학혁명에 우호적인 입장을 보이고 있었던 것만은 분명해 보인다.

이렇게 짐짓 기강을 잡는다며 공포를 조장한 홍계훈은 황룡촌 전투의 패전 소식에도 좀처럼 움직이려 하지 않다가 4월 25일에야 영광을 출발하였다. 그리고 27일 금구에 도착하였다. 여기서 농민군에게 처형당한 선전관 이주호, 종사관 이효응·배은환 등의 시체를 수습하고, 동학농민군이 전주성 근처에 진출한 것을 알면서도 밤이 늦었다는 이유로 금구에서 하룻밤을 묵었다.

전주성에 웅거하며 치열한 완산 전투

홍계훈이 28일 전주에 도착했을 때는 이미 동학농민군이 전날에 성을 점령한 뒤였다. 홍계훈은 그 사이 보강되어 1,500명에 달하는 병졸을 지휘하여 전주성이 한눈에 내려다보이는 완산에 포진하였다. 그럼에도 불구하고 홍계훈은 본격적인 전투를 벌이기도 전인 4월 29일에 조정에 장계를 올려 전력의 추가 보강을 요청하였다. 농민군은 홍계훈의 부대가 진영을 설치하는 것을 지켜보며 전열을 갖추고 전투태세에 들어갔다. 양측은 전주천을 사이에 두고 3일 동안이나 대치하며 서로의 전력을 탐색하였다. 전주성의 탈환을 위한 공격을 앞두고 홍계훈은 민심을 돌리기 위해 여러 가지 위무책을 썼다. 다음의 〈효유문(曉諭文)〉도 그중의 하나였지만, 농민군은 이를 우습게 받아들였다.

> 아! 너희들은 모두 국가의 적자(赤子)로서 전명숙(全明淑=전봉준-필자주)의 허탄하고 음흉한 말에 속아 현혹되어 스스로 용서할 수 없는 죄에 빠지는 줄도 모르니 통탄스럽고 애석하다. 너희들의 그간 정형으로는 천벌을 받아야 하며 심지어 윤음을 가지고 가는 관원까지도 살해하여 스스로 역적이 되었으니 말이 여기에 미침에 귀신과 사람들이 함께 분하게 여긴다. 너희들이 다행히 뉘우쳐 귀화하고 사설을 물리치고 정도를 보위하면 이는 이른바 사람은 누가 허물이 없을 수 있으랴마는 (허물을) 고치는 것이 선(善)함이 되는 것이다. 위협에 따른 사람은 다스리지 말라(脅從罔治) 옛 훈

계가 있으니 너희들은 빨리 의기(義氣)를 내어 소위 전명숙이란 자를 잡아 군문에 보내서 왕법을 바르게 하고 정상대로 위에 보고하면 상등의 상으로 시행하여 특별히 공로를 가지고 속죄하는 뜻을 보일 것이다. 전에 이미 여러 번 타일렀으나 아직 아무런 보답이 없으니 갈수록 더욱 통분할 일이다. 만약 한결같이 현혹되는 데로 향하여 (우리의 말을) 따르지 않으면 다시 애석할 것이 무엇이 있겠는가? 남김없이 다 섬멸하기를 마지않을 것이다. 나는 두 번 말하지 않을 것이니 모두들 알지어다.[100]

한마디로 귀순하는 사람은 죄를 용서하겠다는 것이며, 특히 전명숙(全明叔), 즉 전봉준을 포박하여 투항하는 사람은 큰 상을 내리겠다는 내용이다. 동학농민군이 이 말을 귓등으로도 듣지 않았음은 불문가지다.

3일 동안이나 대치하고 있던 관군은 5월 1일(양6.5) 날이 밝자 성내를 향해 야포를 쏘아댔다. 공격을 개시한 것이다. 농민군도 즉각 대응하여 전주성 점령 이래 공수가 뒤바뀐 최초의 전투가 벌어졌다. 전투는 5월 2일과 3일까지 사흘에 걸쳐 치열하게 전개되었다. 전주성 내에 있던 동학농민군은 성문을 열고 나와 완산 봉우리에 포진한 관군을 여러 차례 공격하였으나 큰 피해를 입고 후퇴하기를 되풀이했다. 농민군은 관군이 쏘아대는 탄환을 피하기 위해서 등에다 황색종이에 붉은 글자로 주문을 쓴 부적을 붙인 채, 입으로는 탄환을 제거하는 동학의 열석자 주문 〈시천주조화정 영세불망 만사지(侍天主造化定 永世不忘 萬事知)〉를 소리 높이 외면서 빗발치는 탄환을 무릅쓰고 용전하였지만 관군은 신예의 화력으로 이를 맞았고, 유리한 지대에서 내려다보며 총격을 가해 농민군에게 큰 피해를 입혔다.[101] 동학농민군은 그동안 전투에서 한 번도 경험해 보지 못한 관군의 완강한 저지선을 돌파할 수 없어 애가 달았고, 시간이 갈수록 사기마저 꺾이는 듯했다.

동학농민군 주력 부대가 입성한 전주 풍남문. 동학농민군은 황룡 전투 승리 후 쾌속 북진하여 갑오년 5월 27일 전주성에 무혈입성하였다. 뒤쫓아온 홍계훈의 경군은 전주성 밖 완산 일대에 주둔하며 동학군과 공방전을 벌였다. ⓒ이병규

이 전주성 전투 중에도, 이른바 완산 전투라고 불리는 고지 점령전에서 동학농민군의 피해가 컸다. 일본인의 기록에 따라 완산 전투 상황을 재구성해 본다. 1일 오전 10시경, 동학농민군은 전주성의 남문인 풍남문을 열고 나와 공격을 시작했다. 미진교(米塵橋)를 건너 2대로 나뉜 동학농민군은 완산 주봉의 경군을 향해 나아갔다. 이리하여 완산 전역에서 치열한 공방전이 벌어지고, 백병전까지 펼쳐졌다.

동학농민군은 그동안 가는 곳마다 관아의 무기를 빼앗아 무장을 강화하였다고는 하지만, 화승총은 극히 일부였고, 창, 죽창을 든 사람이 다수인 반면, 그중에는 아예 무기 없이 소나무 가지를 꺾어 흔들면서 진격하는 이들도 있었다. 이들은 탄환을 막아준다는 주문 부적을 등에 붙이고, 또 십수 인

전주 지도(『고지도로 보는 동학농민혁명』, 2010, 전라북도동학농민혁명기념관)

씩 집단을 이루어 높게 백포장을 펴 세우고, 주문을 큰소리로 외며 비 오듯 쏟아지는 탄환 속을 뚫고 나갔다. 경군은 신식 무기로써 이들을 요격하였지만, 수많은 사상자가 발생하는 데도 조금도 굴하지 않고 고지를 향해 진격을 거듭했다.

그러나 수적인 우위를 앞세워 경군을 제압하려던 동학농민군의 진격은 체계적인 전략을 세워 요모조모로 반격을 가하는 경군의 방어선을 뚫지 못하고 희생자만 늘어갔다. 더욱이 아래에서 위로 치고 올라가야 하는 지리적인 악조건을 견디지 못하고 동학농민군은 결국 공격을 시작한 지 6시간쯤 지난 오후 4시경 성 안으로 후퇴하고 말았다.

봉기 후 처음으로 큰 저항에 부딪치고 적지 않은 사상자가 발생하자 동학농민군은 충격에 빠졌다. 이튿날 5월 2일, 동학농민군은 전주성 내에 칩거하며 새로운 전략 구상에 몰두하였고, 경군은 완산 위의 유리한 지형을 이용하여 구르프포와 선회포로써 성 안의 동학농민군에 대한 위협적인 사격을 계속하였다. 그러나 이 과정에서 경기전 일부가 부서지면서 경군의 사격도 위축되었다.

5월 3일 동학농민군은 대대적인 설욕전을 시도하였다. 오전 10시경 동학농민군은 서문과 북문을 나와 관군과 접전하였다. 그 군장과 위용은 1차 공격 때와 같았지만 첫날의 실패를 교훈으로 하여, 더욱 속도를 높이고 전력을 전진 배치하여 공격력을 강화하였다. 노도와 같은 동학농민군의 공격에 경군은 크게 동요하여 남쪽으로 후퇴하였다. 동학농민군은 일거에 다가산을 점거하고 경군의 본영으로 육박해 갔다. 그러나 전열을 재정비한 관군은 다시 포탄을 퍼부으며 반격하여 동학농민군의 희생자가 늘어갔다. 결국 오후 6시경 눈물을 머금고 성안으로 후퇴할 수밖에 없었다. 이 전투에서 동학농민군은 500여 명의 사상자가 발생하였고, 용장(勇將) 김순명과 14세의 소년장사 이복용 등이 전사하고 말았다.

2차에 걸친 공격전에서 동학농민군의 투지는 그 어느 때보다 불타올랐다. 그만큼 희생이 컸기 때문이기도 하였다. 초토사 홍계훈은 이러한 동학농민군의 투지를 두려워하여 성안으로 공격은 피하고 완산 위에서 여전히 위협적인 발포만을 하였다.[102] 그러나 3일 전투에서 전봉준이 머리와 허벅지 부상을 당한 것은 동학농민군에게 결정적인 타격이 되었다. 사흘간에 걸친 대대적인 공방전 이후 관군과 동학농민군은 서로 대치하며 새로운 전단을 모색하였다.

동학농민군으로서는 무장기포 이후 한 달여 만에 호남의 수부를 장악하게 된 것을 곱씹어 보며 다음 행보를 모색하는 시간이 필요하였고, 경군으로서도 이 전대미문의 대 병란(兵亂)을 어떻게 수습해야 할지 의견을 수렴하는 시간이 필요하였다.

제9장

동학혁명
진로를 두고 갈등하다

전주성 점령했으나 진퇴양난에 직면

동학농민군이 전주성을 점령한 것은 갑오년 4월 27일(음)이다. 동학혁명의 1차적 성공이고, 결국 그것이 최후의 승리가 됐다. 역사적인 승리였고, 이후 정부-동학농민군 사이의 전주화약 및 집강소 통치와 더불어 우리 역사상 최초의 민중혁명으로서 동학혁명의 크나큰 의의가 완성되는 순간이었다.

하지만 '성공'에는 많은 부담과 숙제가 뒤따랐다. 가장 결정적인 것은 정부가 외국군을 불러들임으로써, 청군과 일본군이 한반도에 들어오고, 이에 따라 동학농민군과 정부 사이에 '전주화약(全州和約)' 그리고 전주성을 관군에 넘겨주고 후퇴, 집강소 통치의 시작, 재기포를 둘러싸고 전개된 전봉준과 김개남의 노선 갈등, 일본군의 동학농민군 토벌전 개시, 우금치 전투의 패배와 전국 곳곳에서 동학농민군의 패배, 전봉준 · 김개남 · 손화중 등 동학농민군 핵심 지휘부의 체포와 처형 등으로 동학혁명이 좌절되고, 조선에 대한 일본의 지배력이 강화되는 결과로 이어졌다. 이제부터 그 흐름을 하나하나 짚어 가 보자.

전주성은 호남의 수부임과 동시에 조선 왕조의 관향(貫鄕), 즉 왕가(王家)의 본향이다. 전주성의 경기전(慶基殿)에는 이성계의 어진(御眞)이 모셔져 있었다. 당시 백성들은 동학농민군의 전주성 점령을 조선 왕조의 멸망을 예고하는 사변으로 인식하고, 항간에서는 이와 관련한 각종 참언과 소문이 나돌았다. 조정은 그만큼 전주성 점령 사태를 중시하지 않을 수 없었다.

한편 동학농민군 또한 전주성을 점령했지만, 완산을 점거하고 전주성을 내려다보며 공격하는 관군을 퇴치할 방법이 마땅치 않았다. 그동안 동학농민군의 주된 전략은 대개의 경우는 수적인 우세를 이용하여 일거에 관아를 점거하는 것이었고, 관군과 맞붙은 전투에서는 기습전(황토현 전투)과 지형지물을 이용한 반격전(황룡 전투)을 통해 승리를 거두었다. 평소 군사적 방비(防備)가 허술한 고을들을 대규모 군중(동학농민군)의 힘으로 제압하는 것은 손쉬운 일이었고, 두 차례 전투에서도 관군의 방심과 허술함 때문에 비교적 손쉬운 승리를 거둘 수 있었다.

그러나 경군의 본대와 비교적 전투 경험이 많은 강화병(江華兵)까지 가세하고, 신식 무기로 무장한 대규모 부대와 맞선 완산 전투에서는 경군의 전력을 쉽사리 패퇴시키지 못하였다. 이런 사정 때문에 동학농민군은 3일 이후 며칠 동안 전주성에서 꼼짝하지 않고 있다. 관군도 산발적으로 포를 쏘아 위협할 뿐 피아간에 접전은 이루어지지 않았다. 동학농민군의 사정과 다르지만 홍계훈도 유리한 지형에 의지하여 동학농민군을 격퇴시키기는 하였지만, 전주성 탈환까지를 시도하기에는 엄두가 나지 않았다. 무엇보다 전주성은 경기전을 비롯하여, 조선 왕조의 왕기(王氣)를 보존한 곳이라 여겨 함부로 다루지 말라는 조정의 훈령까지 내려와 있었다.

이 시기에 전봉준은 큰 벽을 느끼고 있었던 것으로 보인다. '광제창생'과 '제폭구민'의 기치 아래 거병하여 그동안 몇 차례의 전투에서 크게 승리하였다. 탐관오리들을 처단하고 악질 부호들에게 경종을 울렸다. 이름 없는 수많은 백성들로부터 열화와 같은 지지와 환영을 받았다. 더욱이 조정에서 5월 4일 자로 조병갑을 파직하여 원지(고금도) 유배형에 처했다. 그러나 완산 싸움에서 많은 사상자를 내면서 동학농민군들의 사기가 크게 떨어졌다. 그런 가운데 정부가 동학농민군을 초제(剿除) 하고자 5월 4일(6.7) 청국에 원병을 요청하고, 6일에는 일본군 수천 명이 제물포에 상륙하였다는 소문이 들려왔다. 발 없는 소문은 거의 실시간으로 관군 측에게도 동학농민군에게도 전달되고 있었다. 동족 간에 피 흘리는 것도 차마 못할 일인데 외군의 원병 소문은 감당하기 어려운 부담이었다.

국가의 안위나 백성의 생활보다 자신들의 권력 유지에 눈이 먼 민씨 수구파 정권은 관군의 연패와 전주성의 함락 소식을 듣고 청군을 불러오는 문제를 논의하였다. 청군 차병 문제는 이미 동학혁명 기포 한 달여 만인 4월 초순 소집된 중신회의에서 동학농민군 토벌 대책을 논의할 때 이미 나온 바 있었다. 이때 참석자들은 판부사(判府事) 심순택과 김홍집, 정범조, 좌의정(左議政) 조병세, 제학(提學)인 민영준, 민응식, 민영환, 직제학(直提學) 민영소, 김성근, 조동면, 이원일, 직각(直閣) 김세기, 민영달, 박봉빈, 서상조, 민경호, 윤헌, 민영철, 민영주, 남규연, 심상한, 지교(持敎) 김규식, 이용선 등이다.

청(淸)에 동학군 진압할 군대 파병 요청

이날 민씨 정권의 세도가들이 모인 회의에서는 청군을 차용해서라도 반란군을 토벌하자는 데 의견이 모아지고 있었다. 고종의 내심도 또한 그러하였다. 외국군이 들어왔을 때의 문제보다 자신들의 권력을 지키는 일이 더욱 시급했던 것이다. 그러나 워낙 민심이 떠나 있던 권력이라 회의가 끝난 뒤에 김병시(金炳始)에게 청국에 원병을 요청하는 문제에 대한 의견을 물었다. 김병시는 단호한 어조로 이를 반대하였다. 그는 "비도(동학군)들의 죄야 용서할 수 없지만, 모두 우리의 백성들이니 어찌 우리의 군사로 다스리지 않고 다른 나라의 병력을 빌려 이들을 토벌한다면 백성들의 심정은 어떻겠는가? 민심이 동요할 것이니 이는 삼갈 일이다. 일본도 역시 (개입할-필자주) 염려가 없지 않다. 청관(淸館=청국대사관)에 사람을 보내어 잠깐 (淸兵을 요청하는 國書의 전달을 멈추게 하고-필자주) 우리 경군(京軍)을 출동시켜 토벌 중에 있으니 그 하회(下回)를 보는 것이 좋을까 한다"며 반대하고 나선 것이다.[103]

당시 민씨 정권 핵심부에 이런 사람이 있었다는 것은 불행 중 다행이었다. 김병시는 상황을 정확히 내다보고 있었다. 청군이 출병할 경우 일본군도 출병하게 될 것이고, 그렇게 되면 조선 땅이 전장(戰場)이 되고 말 것이라는 점까지도 예상한 것이다. 조정에서 청군의 원병에 대한 문제가 본격적으로 제기된 것은 동학농민군이 전주성을 점령한 뒤에 뒤늦게 전주성에 당도한 홍계훈이 그달 29일에 '청병사유서(請兵思惟書)'를 올린 데서 비롯되었다. 홍계훈은 먼저 "지금 동학이 호남과 영남의 양남(兩南)에 모여서 함부로 떠들며, 두려워하면서 개미떼처럼 몰려다니면서도 그 수를 믿고 호랑이처럼 굴고 있다"고 폄하하고, 이어서 "그 무리들이 적은 것은 1천 명, 많으면 1만여 명"이라 하고 "처음에는 수령들의 탐학으로 도탄에 빠진 데서 비롯된 작은 소란이었으나, 이를 좌시하면서 크게 되었으니 후회막급"이라 하였다. 그리고는 "이는 비단 우리 조정의 염려일 뿐 아니라 또한 이웃나라(청나라를 지칭-필자 주)에 수치가 된"다고 뜬금없는 말을 내놓는다. 이것은 '청군을 청병(請兵)하기 위한 밑밥'이라 할 수 있다. 계속해서 홍계훈은 왕명으로 적(敵=동학군)을 초토(剿討)할 임무를 받고 왔으나 병사들은 병사들대로 피곤하고 백성들도 병사들을 뒷받침하느라 힘든 데다가 적들은 "동에서 쫓으면 서로 달아나기"를 계속하므로 초멸(剿滅)할 길이 막막하다고 하소연한다. 그러면서 결국 "오늘의 사세(事勢)를 보면 우리는 적은데 그들은 많아 병사를 나누어 추격하기가 어려우니 엎드려 빌고 청컨대 외병(外兵)을 빌려 도와주시면 그

전주성의 중요성을 상징적으로 보여주는 경기전. 경기전은 태조의 어진을 봉안한 곳이다. 전주는 전라도의 수부(首府)일 뿐 아니라, 조선조 왕가의 관향(貫鄕)이라는 점에서 여느 고을과는 그 의미가 달랐다.

무리로 하여금 그 대열의 앞뒤를 끊고 그 소통을 막아 버려서, 그들이 힘이 다하여 스스로 흩어지"도록 할 것이라고 보고하였다.[104]

조정 대신에서부터 일선의 사령관(홍계훈)에 이르기까지 외병(外兵), 즉 청군을 불러들일 생각부터 하는 데는 이유가 있었다. 1882년(고종19) 구식 군대가 임오병란(壬午兵亂)을 일으켰을 때, 민씨 정권은 몰살의 위기에 처했다가 청군을 끌어들여 이를 진압한 바 있고, 1884년(고종21) 개화당이 이른바 갑신정변(甲申政變)을 일으켰을 때에도 원세개가 이끄는 청군을 출동시켜 이를 진압하였다. 두 차례의 출병으로 청국의 내정간섭이 더욱 심해졌음은 물론이다.

김병시의 반대로 청병이 잠시 늦춰졌으나 이미 국내 문제에 청군을 끌어들인 '효과'를 경험칙으로 갖고 있던 조선의 관료 대신들은 이미 청군 청병을 기정사실화하고 있었다. 무엇보다 고종이 내심 그 일에 적극적이었다. 결국 민영준은 고종의 재가를 받고 비밀리에 당시 서울에 체류 중이던 원세개를 찾아가 원병을 요청하였다. 청국에 보낸 국서는 그 내용이 또한 비굴하고 치졸하기 그지없었다. 국토의 특정 지역을 비하하고 백성을 폄훼하는 내용까지 담고 있었다. 국서는 "우리나라[원문에서는 '弊邦'이라고 하였다. 主權을 가진 나라로서는 쓸 표현이 아니다-필자주] 전라도 태인과 고부는 그 풍습이 흉하고 사나우며 그곳 백성들의 성정이 험악하고 속이기를 잘하여 본래 다스리기 곤란하다"고 전제하고 "최근에 동학교비(東學敎匪)가 만여 인의 군중을 모아 현읍 10여 곳을 함락하고 전주성마저 함락되었"다고 하면서, 조선의 군대를 파견하였으나 패하여 많은 군사들이 죽고 무기마저 빼앗긴 사정을 호소하였다. 이어서 "이 소요가 있는 곳으로부터 한양의 거리는 겨우 4백 수십 리밖에 되지 않아서, 저들이 북상하게 되면 서울까지 큰 소동에 휘말리게 되고 피해가 극심할 것"이라고 우려하였다. 그런데 "조선의 훈련된 군인의 숫자는 겨우 서울을 호위할 정도이고 또 전진(戰陣)의 경험도 없어 흉악한 도적(凶寇=東學軍)을 소탕하기 곤란하고 이런 일이 오래가면 중국 정부에 걱정을 끼침이 클 것"이라고 하면서, "임오와 갑신의 두 변란 때처럼 신속히 군대를 파견하여 이들을 진압해 주시면, 오래 조선에 머물지 않고 돌아갈 수 있도록 조치하겠다"고 간청하였다.[105]

정부와 협상 시도, 동학군 이간책도

전봉준 등 동학농민군 지휘부는 사태의 진전을 예의주시하며, 정부에 폐정개혁을 요구하기에 이르렀다. 이는 폐정개혁에 대한 약속을 고리로 하여 동학농민군 해산의 명분을 획득하고, 이를 통해서 조선 땅에 밀려들어오는 청군과 일본군을 퇴거시키고자 하는 충정에서 나온 전략이었다. 물론 그 이면에는 내부적인 고충도 개재되어 있었다.

전주성 내의 동학농민군은 시간이 갈수록 어려움이 가중되고 있었다, 기대하던 북접의 호응이 없었고 완산에 주둔한 경군과의 싸움에서 패배한 뒤로 동학농민군의 동요가 적지 않았다. 외부와의 연락이 두절되면서 성내의 양곡이 바닥나고, 각 지역의 동학농민군과의 연락도 두절되었다. 당시 동학교도들의 핵심 분포는 2대 교주 최시형이 근거지로 삼고 있는 보은-청산이 있는 충청지역 북접이라고 할 수 있었다. 이 지역에서 동학은 전라도 지역보다 10년 정도 앞서서 뿌리를 내리고 퍼져 나가서 그 숫자도 많을 뿐 아니라 동학의 교리와 사상에 더욱 깊이 침윤되어 있었다. 그런데 이 지역의 동학도들은 전주성 입성 때까지 본격적인 지원을 하지 않고 있었다. 북상하는 태풍이 해양과 내륙의 뜨거운 열기가 있어야 위력을 유지하며 계속 북진하듯이 동학농민군이 한양까지 치고 올라가기 위해서는 충청도 지역에서 북접동학군의 대대적인 호응과 합력이 있어야만 가능한 일이었지만, 거기까지 손이 닿지 못한 것이다.

전봉준과 김개남, 손화중 등의 전라도 지역 접주들로 구성된 혁명 지휘부는 전주성을 점령하는 데는 성공했지만, 외부와 차단됨으로써 오히려 고립무원의 상태가 된 셈이었다. 더욱이 홍계훈 군과의 전투에서 큰 희생을 치러 의기소침한데다가, 농번기가 되면서 농민들의 마음은 더욱 들뜨고, 한편으로 두려움에 움츠러들기까지 했다.

김학진 또한 나날이 가중되는 조정의 압박에 시달리고 있었다. 이미 고종으로부터 동학농민군과의 협상에 관한 전권을 받고 내려온 그였지만, 조선 역사상 한번도 겪어 보지 못한, '민란 세력'과 협상과 타협을 진행한다는 것은 그 길을 개척하기가 여간 어려운 일이 아닐 수 없었다. 전주성에 대한 대대적인 공격에 나설 수 없었던 김학진은 동학농민군 지휘부에 밀사를 보내 자신의 뜻을 전하고 타협안을 제시하였다. 동학농민군 지휘부는 제중생등의소(濟衆生等義所) 명의로 '소지문(訴志文)'을 보내어 자신들의 뜻을 전하였다.

우리들도 또한 선왕의 유민(遺民)이니 어찌 바르지 못한 마음으로 위를 범하려는 마음을 가지면서 천지간에 호흡을 하려고 하겠습니까? 우리들의 이 거사는 놀라운 일이지만 군사를 동원하여 백성들을 도륙한 것은 누가 먼저 하였습니까? 옛날 관찰사가 허다한 양민을 살육한 것은 생각하지 않고 도리어 우리들의 죄악만을 말합니다. 교화를 펴는 관찰사와 백성을 기르는 수령이 오히려 양민을 많이 죽였으니 죄가 아니고 무엇입니까? 가짜 관인으로 방문을 부치는데, 그 관인을 도장이라 할 수 있습니까? 태공(太公)을 받들어 나라를 감독하게 함이 이치가 마땅한데 어찌하여 불궤(不軌)의 살해라고 합니까? 선유(宣諭)하는 종사관을 살해하였으나 윤음은 보지 못하고 다만 적을 토벌하기 위하여 군사를 모집한다는 문자만 보았습니다. 만약 그것이 사실이라면 어찌 이런 일이 있을 수 있습니까? 완영에다 대고 대표를 발사한 것을 도리어 우리들의 죄라고 말하는데, 사또[홍계훈]께서 대포를 발사하게 하여 경기전을 훼손한 것이 예사로운 일이며 가한 일입니까? 군사를 동원하여 죄를 묻는다고 하면서 무죄한 백성들을 살해함이 가합니까? 성에 들어가 병기를 수집한 것은 몸을 방어하고 생명을 보존하기 위한 것에 불과한 것입니다. 원한이 있는 자에게는 반드시 보복하고, 그들의 묘를 파고 재물을 토색질하는 짓은 우리들이 가장 미워하고 금하는 것입니다. 탐관이 비록 학정(虐政)을 하지만 나라에서는 듣지 못하고 백성들이 보존하기 어려운 상황에서 탐관들을 하나하나 베어 없애는 것이 무엇이 죄가 됩니까? 완산은 나라의 중한 곳이거늘 봉산(封山)에 진을 쳤고 산을 훼손하는 일은 법에서 금하였거늘 합하(閤下, 초토사)께서 고의로 범하는 것은 무슨 뜻입니까? 느끼고 깨우쳐 속죄해야 할 방법은 합하께서 선처하여 임금께 보고하는 것이니, 우리 백성들을 한번 돌아보기를 바랄 뿐입니다. 우리의 말은 여기에 그칩니다. 1894년(甲午) 5월 초 4일.[106]

이는 김학진이 동학농민군의 해산을 종용하며 그 죄상을 열거한 데 대한 반박과 반론을 제기하는 것이었지만, 문맥의 행간에 타협의 여지가 역력하였다. 이러한 밀서 교환을 통해 관군과 동학농민군 사이에 협상의 기운이 무르익어 갔다. 은밀하게 양측의 밀사가 오갔다. 물론 그 사이에도 관군은 거듭 「효유문」을 공포하여 농민군 진영을 교란시키는 전략을 병행하였다. 특히 김학진과 달리 홍계훈은 여전히 강경한 입장을 고수하는 태도를 취하고 있었다.

전후로 효유함은 이미 여러 번이었는데 너희들은 끝내 의혹을 돌리지 못하고 의심할 것이 없는데도 의심을 두면서 망설이고 우리의 말을 따르지 않으니 어찌 그렇게 미련하며 어리석은가? 너희들이 차라리 살기를 도모하여 빨리 성문을 열고 흩어지면 결코 쫓아가 잡지 않을 것이요, 또한 각 읍에 명하여 저지하지 못하게 할 것이다. 지금 이미 왕명을 받들었으니, 내가 어찌 너희들을 속이겠는가? 이와 같이 타이르는데도 오히려 의혹을 돌리지 못하고 끝내 마음을 고치지 못하니, 나는 마땅히 다시는 돌아보고 애석하게 여기지 않을 것이며, 나오는 즉시 하나하나 죽게 될 것이다. 만약 그렇지 않으면 성을 부수고 들어가 남겨두지 않고 섬멸할 것이니 모두 알아서 하라. 1894년(甲午) 5월 초 5일.[107]

완산의 주봉인 장군봉에서 내려다 본 전주시가와 칠봉(외칠봉) ©동학농민혁명종합정보시스템

또한 관군 측에서는 전봉준이 이미 죽었으므로 더 이상 저항하지 말고 투항하라는 「화유문」을 보내어 농민군들을 교란시키고자 하였다.

(전략) 또 그 사이 타일러 깨우침이 여러 번이었지만 끝내 귀화하지 않았고, 하물며 윤음을 가지고 타이르려는 관원도 멋대로 죽여 버렸으니, 이 무슨 죄인가? 그렇지만 괴수 전명숙(全明淑, 전봉준)은 이미 죽었다고 하니(이때 전봉준은 전투 중 부상을 입었으나, 관군을 현혹시키기 위해 죽었다는 소문을 고의로 퍼뜨렸다고 함-필자주) 특별히 그 위협에 따른 자는 죄로 다스리지 않는 (脅從罔治) 의리를 써서 너희들의 목숨만은 살려 줄 것이다. 여러 고을의 폐막은 그대로 둘 것은 두고 고칠 것은 고칠 것이거늘 지금 적어낸 여러 조항

은 번잡하지 않음이 없고 거의 사리에도 맞지 않는다. 어찌 개과천선의 뜻이 있겠는가? 이는 어리석은 백성을 현혹시키고 화를 일으키려는 잔꾀에 지나지 않는다. 너희들이 탈취한 군기를 지금 반납하고 성문을 열어서 우리 군사를 맞아 조정의 호생지덕(好生之德)에 복종하라.[108]

김개남과 전봉준, 진로를 놓고 갈등하다

동학혁명사 연구 과정에서 중대한 미스테리의 하나는 전봉준·김개남·손화중 등 혁명 지휘부와 흥선대원군과의 밀약설·묵계설·암묵설·내통설 등 이른바 '연계설'이다. 여러 정황으로 보아 '접촉'은 있었을 것으로 보는 견해가 우세한 반면, 결론적으로 대원군의 교사에 의해 거사하지는 않았다는 주장에 힘이 쏠린다.

1636년(인조14) 남한산성에서 주화파와 주전파가 밤을 새워 가면서 죽기로 싸울 것이냐, 치욕을 겪더라도 살아남아 후일을 도모할 것이냐를 두고 논쟁을 벌였다. 그로부터 258년이 지난 1894년 봄 전주성에서는 전봉준·김개남·손화중 등 동학혁명 지도자들이 비슷한 논쟁을 벌이고 있었다. 이는 정부에서 동학지도부에 이간책을 쓰고 농민군 측에서도 농사철을 맞아 동요가 일고 있었던 사정과 관련된다. 조정에서는 특명전권안무사에 엄세영을 임명하여 전주로 출발시키며 동학군이 제기한 폐정개혁안을 받아들여 화의(和議)를 추진하는 방책을 썼다.

전봉준은 김개남에게 정부와 화약을 맺자고 제안하였다; "우리의 목적은 탐관오리를 일소하고 외침(外侵)을 방지하는 보국안민에 뜻이 있으며 다른 뜻은 없지 않습니까? 또한 관리들도 위아래 전체가 탁관(濁官)으로서 부정부패했다고 볼 수도 없는데다 조정에서 4월 말경 청나라에 지원병을 요청하여 충청도 아산에 상륙한다는 설과 일본군들의 한양 입경설도 있다고 합니다. 조정에서는 우리 농민군의 뜻대로 폐정개혁을 들어준다 하니, 우리 농민군이 개혁안을 제출하여 약속을 받고 상호 화약하는 것이 어떻겠습니까?" 손화중도 전봉준과 같은 입장이었다.

이에 대해 개남장(開南將), 김개남의 입장은 완강했다; "탐관오리는 왕도(王道)를 제대로 지키지 못하고 무분별한 인재 등용에서부터 발생한 것이오. 임금이 부실하면 나라에 액운이 오고 도처에 민란도 거듭 발생하는 것이며, 군왕(君王)이 현명한 성상(聖上)이 되는 것은 임금에게 달린 것이지 하늘에 있는 것은 아닌 것이오. 또 미운 자에게도 유공(有功)하면 필상(必賞)하고 착한 자라도 유죄를 하였을 때 필벌(必罰)하였다면 탐관오리는 있을 수 없는 것이오."

그러나 정세는 여러 가지로 김개남에게 불리했다. 결국 동학농민군은 '전주화약'을 맺고 전주성을 물러나기로 하였다. 그 대신 폐정개혁안은 정부가 수용한다는 조건이었다.

김개남의 생각은 일관되었다. 계절이 농사철이고 아무리 외군이 개입한다 하더라도 이런 기회를 한 번 놓치면 호국 혁명의 열정과 희망에 불타는 동학농민군을 다시 불러 모으기 어렵다는 것이다. 이번 기회에 부패 무능한 왕조를 뒤엎고 그 힘으로 외적을 격퇴하자는 주장이었다. 또한 사발통문의 4개 결의 중 "전주영(全州營)을 함락하고 경사(京師)로 직행(直行)할 사(事)"라는 항목에서 보이듯 서울(한양)로 북진하여 중앙의 탐관오리들을 척살하고 국정의 기틀을 쇄신하는 것이 일관된 목표였다.

제10장

전주화약과
집강소 시대

동학군, 외국군 철군 위해 철병을 결심

　동학농민군 내부에서 고심을 거듭하는 사이 5월 5일에는 청군 선발대가 충청도 아산만에 상륙하였고, 일본군은 조선 조정의 파병요청이 없었는데도 제물포 앞바다에 미리 정박 중이던 군함 3척에서 4,500명 병력이 제물포에 전격 상륙하였고, 그날로 420명의 선발대가 한양에 입성하였다. 조선과 청군 모두 허를 찔린 셈이었다.

　긴박한 정세와 향후 대응책을 둘러싼 논란 끝에 농민군은 마침내 철군을 결정하였다. 앞에서 철군을 하게 된 배경을 설명하였지만, 무엇보다 염려스러운 것은 외군의 출병 소식이었다. 아무리 제폭구민과 광제창생을 위하여 일어선 혁명이라 해도 외군의 출병으로 국가 안위가 위협받는 상황을 맞게 되어 전퇴에 고민을 하지 않을 수 없었다. 그래서 고심 끝에 전주성에서 철병하기로 한 것이다. 전봉준과 김개남·손화중 등 지휘부는 이때에 생애에서 가장 치열한 내적 갈등을 겪었을 것이다. 그래도 기포할 때에는 대의와 명분이 분명하였는데, 전주성을 점령하고 나서 스스로 퇴각해야 한다는 것은 여간 어려운 결단이 아니었다.

　지휘부는 전라관찰사 김학진과 전주성 철수와 관련하여 협상을 벌였다. 그리고 몇 가지 합의가 이루어졌다. 첫째, 동학농민군은 전주성을 관군에게

전주감영의 전라감사 집무실인 선화당에서 집강소 통치를 시작한 전봉준(기록화). 전라감사 김학진은 외군이 조선 땅에 침범하자 동학농민군과의 협력관계를 강화하며, 집강소 통치에 힘을 실어주었다.

비워준다. 둘째, 동학농민군은 해산하여 본업으로 돌아간다. 셋째, 관군은 해산하는 동학농민군을 추격하여 체포하지 않는다. 넷째, 동학농민군과 관은 서로 협력하여 폐정을 개혁해 나간다는 등의 내용이었다. 이로써 '전주화약(全州和約)'이 체결되었다. 정부군과 이른바 '반군' 사이에 화약이 맺어진 경우는 한국 역사상 초유의 일이었다. 동학농민군의 세력이 그만큼 강력했음을 보여준다. 이 화약을 계기로 하여 동학농민군이 직접 집강소를 설치하여 행정에 참여하게 된 것 역시 한국 역사상 최초의 일이다. 농민군의 집강소 설치와 유지는 비록 짧은 기간이었지만, 동학혁명의 성공적인 혁명과정이었고 한국 지방자치와 민주주의의 효시가 되었다.

전주성을 점령한 지 10일 만인 5월 5일과 6일 이틀 동안 관군이 포위를 풀었고, 동학농민군은 5월 8일(양) 자신들의 폐정 개혁 요구를 담은 개혁안을 임금께 전달해 줄 것을 조건으로 무기를 관군에게 반납하고 전주성을 빠져나가기 시작했다. 이들은 "북문을 열고 북을 치고 춤추면서 진(陳)을 정돈하여 전주성에서 철병하였다."[109]

역사적으로 동학농민군과 관군(정부) 사이에 폐정개혁안에 대한 '합의'가 있었는가를 두고 여러 가지 상반된 의견이 있다. 그러나 이후 김학진이 전봉준을 선화당으로 초청하여 관민상화(官民相和)로서 개혁 정치를 실시하고, 외군의 철병을 위해 노력한 것만은 분명한 사실이다. 또한 동학농민군의 '폐정 개혁 요구'는 기포 초기부터 다양한 조항을 여러 차례 요구했던 것 또한 분명한 사실이다. 우리가 알고 있는 〈폐정개혁 12개조〉는 그러한 여러 폐정 개혁 요구 조항들에서 공통적인 것들을 정리하여 성립된 것이라고 할 수 있다. 아래는 〈폐정개혁 12개조〉이다.

① 도인(道人)과 정부와의 사이에는 숙혐(宿嫌)을 탕척(蕩滌)하고 서정(庶政)을 협력할 것.

② 탐관오리는 그 죄목을 사득(査得)해 일일이 엄징할 것.

③ 횡포한 부호배(富豪輩)를 엄징할 것.

④ 불량한 유림(儒林)과 양반배(兩班輩)는 못된 버릇을 징계할 것.

⑤ 노비 문서는 불태워버릴 것.

⑥ 칠반천인(七班賤人)의 대우는 개선하고 백정(白丁) 머리에 쓰는 평양립(平壤笠)은 벗어 버릴 것.

⑦ 청춘과부(靑春寡婦)의 개가를 허락할 것.

⑧ 무명잡세(無名雜稅)는 일체 거두어들이지 말 것.

⑨ 관리 채용은 지벌(地閥)을 타파하고 인재를 등용할 것.

⑩ 왜(倭)와 간통(奸通)하는 자는 엄징할 것.

⑪ 공사채(公私債)를 막론하고 기왕의 것은 모두 무효로 할 것.

⑫ 토지는 평균으로 분작(分作)하게 할 것.

정부 측은 5월 8일 홍계훈이 대사령을 내려 농민군에게 명분을 제공하였고, 물침첩(勿侵帖)을 주어 관군들이 침범하지 않겠다는 증표로 삼도록 했다. 김문현·조병갑·이용태·조필영 등 탐관들을 귀양 보내어 동학농민군의 요구에 부응해 나가는 모양새를 취했다.

전주성의 철병을 결정한 지휘부는 사후의 여러 가지 계획과 전략을 세우고 철병을 결정하였다. 우선 철병에 앞서 통문을 발령하여 농민군의 사기를 진작시키는 일을 잊지 않았다; "소문에 따르면 청군의 수는 3천 명뿐인데 수만 명이라고 와전되었고, 또 각국의 군대가 도로에 계속 줄을 잇고 있다고 한다. 그러므로 잠시 병력을 퇴진할 것이다. 지금 그렇게 하지 않으면 이다음에 후회해도 소용이 없을 것이다. 일이 이미 이 지경에 이르렀으므로 청군이 물러간 뒤에 다시 의기를 들까 하니 각 군의 장졸들은 각별히 유념하여 명령을 기다리기 바란다."[110]

동학농민군의 전주성 철병을 두고 농민군의 패배라고 보기는 어렵다. 당초 거병을 하면서 서울로 진격하여 부패한 권력자들을 척결하겠다던 선언에 배치되는 것은 사실이다. 그러나 김학진의 초청으로 전주감영에서 협상을 통해 〈폐정개혁 12개조〉로 상징되는 개혁안을 제시하고 이를 조정에 상주케 함으로써 결코 일방적인 '패배의 철병'이 아니었음을 보여주었다.

김개남의 완강한 반대에도 불구하고 전봉준의 주도로 전주성에서 철수하게 된 것과 관련하여 전봉준의 '혁명성'에 의문을 제기하는 논자들이 있다. 전주성에 오래 지체하지 않고 김개남의 주장대로 한양으로 곧추 쳐들어가서 권귀(權貴)를 물리쳤으면 어땠을까. 전봉준이 당초의 약속을 지키지 않은 점으로 미루어, 갑오년의 거사가 혁명이 아닌 민란의 수준이 아니겠는가 하는 주장도 제기된다. 또 민씨 정권의 타도를 제기하지 않는 점이나, 사회개혁을 위한 정권 획득의 비전이 결여된 점 등으로 볼 때 혁명적 역량에 이르지 못했다는 평도 따른다.

전주성 철병과 전주화약에 관한 여러 논점

동학농민군의 전주성 철병은 동학혁명사의 일대 변곡점이었다. 뿐만 아니라 조선 왕조와 동아시아 정세에도 큰 영향을 주었다.

이와 관련하여 일본인 한 연구가는 다음과 같이 분석한다.

전봉준이 꽤 오래전부터 농민의 대군에 의한 상경(上京)을 기도한 것은 주목할 만하다. 일반적으로 반정부군이 수도를 공격한다는 것은 상투적인 전략이지만, 사회개혁의 의사를 가진 전봉준의 상경 작전에는 군사 면 이외의 목적이 있었던 것으로, 결론부터 말하자면, 필자는 그 목적은 민씨 정권 타도, 정권 쟁취가 목적이 아니라 일련의 폐정개혁 요구안을 조선 봉건 지배층에 제시하기 위한 서울에서의 대시위 운동에 있었다고 생각한다. 박종근(朴宗根) 씨는 명치 28년(1895-필자주) 3월 6일 자『동경조일신문』에 게재된 전봉준 법정진술의 "모든 국사(國事)를 모두 한 사람의 세력가에게 맡기는 것은 매우 폐해가 크다는 것을 안다. 몇 사람의 명사가 협동하여 합의법에 의하여 정치를 하게 하려는 생각이었다"라는 부분을 근거로 하여 그가 의회정치 혹은 공화제를 모색하고 있는 것으로 간주했다. 만일 이 것이 진실이었다면, 전봉준의 사회개혁 구상은 독자적인 정권을 수립하고 조국을 적극적으로 개조해 간다는 매우 실천적이고도 구체적인 정치 일정으로 그것은 반 권력 투쟁의 테두리를 훨씬 넘어선 일대 혁명 사업의 과정이었음을 가리킨다. 그러나 그와 같은 자기 완결적인 혁명 역량과 비전을 갖추고 있었다면, 전봉준은 왜 농민군의 슬로건이나 고시문(告示文) 가운데서, 가령 '민비 하야 요구'와 같은 중앙정부에 대한 정치적 주장을 하지 않고, 또 전주에서 관군과의 대치 상태의 타개를 위한 문서 교환에 의한 교섭에서 그 주도권을 잡지 못한 채로, 결국 민씨 정권의 간악한 정전 협정 페이스에 넘어가고 말았던가? 이런 결과는 역으로 그의 사회개혁 구상에는 막연한 민씨 정권 타도는 있었다 하더라도 그 뒤에 와야 할 신정권 수립이라는 각본이 확립되어 있지 않았음을 보여준다고 할 수 있다. 그런 맥락에서 생각해 보면, 그의 사회개혁의 최종적인 실현을 위해서 필요한 정권 문제는 그의 주변에 충분한 혁명적 역량이 축적되어 있지 않는 한, 그 자신의 사상적 차원을 별개로 하고, 현실적으로는 반 민비파 권력으로부터의 일시적 정권 이양이라는 방향으로 향하지 않을 수 없었던 것이 아니겠는가. 즉 전봉준의 현실적 정치 판단의 테두리 안에서 농민군의 폐정개혁 요구의 여러 가지 안을 보장하는 최저 조건으로서, 가령 이하응 추대가 있을 수 있었다고 생각되지 않는가.[111]

전주성 철병을 두고 다른 견해도 있다. 동학농민군은 전주성에서 철저하게 패배하여 철병하게 되었다는 주장이다.

첫째, 전주성 공방은 관군의 일방적인 승리였다. 따라서 전주성 전투에서 마치 농민군이 관군을 제압한 것처럼 기술한 오지영의 기록은 사실과 많이 다르다. 관군이 압승을 하고서도 전주성을 즉시 탈환하지 않은 것은 기존의 설명처럼 관군의 포화로 경기전이 훼손될 것을 걱정해서가 아니라 고종이 성내 양민의 무고한 희생을 걱정했기 때문이다. 설령 대포로 공격을 한다 해도 경기전은 사정거리 밖에 있었다. 둘째, 이토록 완벽하게 승리한 관군이 농민군에게 화약을 요청했을 리 없다. 이와 같이 농민군이 궤멸된 상황에서 농민군이 읍폐민막을 휴전의 조건으로 제시할 계제도 아니었다. 또한 홍계훈도 농민군에게 폐정개혁이나 탐관오리의 처벌을 약속한 바도 없다. 그의 목표는 '비도(匪徒)'들의 귀화였을 뿐이다. 농민군과 관군 사이에 화약은 존재하지 않았다. 셋째, 농민군의 전주성 입성은 관군의 예봉을 한 곳으로 집중시키는 결과를 초래함으로써 스스로 포위공격을 당하게 되었을 뿐만 아니라 외부로부터의 지원 차단을 초래했다는 점에서 농민군의 전략적 실수였다. 넷째, 세칭 전주화약의 실체는 관군의 무력에 압도당한 농민군의 해산이었을 뿐이다.[112]

동학농민군이 전주성에서 철병하는 의도와 그 과정을 일본인 연구자(菊池謙讓, 기꾸치 겐조)는 다음과 같이 기록하였다.

이보다 먼저 초토사 홍계훈은 전주를 점령한 농민군 토벌을 위해 강화 병사 1개 대대(大隊)와 대포 2문을 거느리고 4월 3일에 인천을 출발하여 군산에 상륙한 뒤 김제를 거쳐 영광에 도착하였다. 그리고 부대를 좌우로 나누어, 한 부대는 남문(南門)에서 다른 부대는 서문(西門)에서 공격하였다. 양쪽 군대의 승패가 아직 결정되지 않았을 때, 관군은 포환을 쏘아 조경전과 왕가에서 존중하는 궁전을 파괴하였으며 왕가의 신령스러운 장소(完山 -필자주)에서 총을 쏘았다. 농민군은 주력을 남문 쪽으로 배치하여 힘껏 싸워 지켰기 때문에 관군은 뒷날을 기약해야 했다. 그리고 공격에 앞서 화해를 표명하면서 농민군의 해산을 요구하였고, 마침내 초토사와 농민군 사이에는 일종의 타협이 이루어졌다. 이 화의가 쉽게 이루어진 이유는, 첫째, 전주성에서 교전한다면 성내가 파괴되고 손실됨은 물론이고 왕조에서 존중하는 궁전 등을 소실시키는 것을 두려워하였다는 것이고, 둘째, 아산 방면에서 청나라의 대병이 이미 와서 주둔하였으며 곧 일본과 교전하기에 이르렀는데, 만약 강력하게 관군에 대항한다면 청군으로 막아 싸워야 하기 때문에 농민군은 성 밖으로 물러나 해산하고 천하의 형세를 기다린다는 것 등이었다. 농민군은 이 화의를 받아들여 해산하기로 결정하였다. 그 뒤 전봉준은 태인 동곡(東谷)의 고향으로 돌아가 지내기로 하고, 4월 17일(5월 8일의 誤記-필자주) 수하의 수십 명을 데리고 곧바로 전주성을 나왔다.[113]

일본군의 불법 출병과 고조되는 전운

조선 정부의 원병 요청 국서는 원세개를 통해 청국 정부에 전달되었다. 당시 청나라의 실권자인 북양대신 이홍장(李鴻章)은 5월 1일(양6.4) 수사제독(水師提督) 정여창(丁汝昌)에게 군함을 이끌고 인천으로 출동하라고 명령하였다. 이와 함께 산해관에 주둔한 섭지초(葉志超)와 태원진총병 섭사성(聶士成)이 지휘하는 청군 910명에게도 출동 명령을 내려 충남 아산으로 상륙케 하였다.

동학혁명의 진척 상황을 주시하고 있던 일본은 청군의 파병 정보를 입수하고, 5월 6일(6.9) 주한 일본공사 오도리(大鳥圭介)가 군함 3척을 이끌고 인천에 상륙하였다. 오도리는 420명의 육전대가 대포 4문을 이끌고 한양에 입성하도록 하고 별도로 오호시마(大島義昌) 소장은 6천 명의 혼성여단을 지휘하여 인천에 상륙하였다. 섭지초의 청군 1천5백 명과 일군 6천 명이 인천에 거의 동시에 상륙한 것이다. 청군은 정부의 요청이었지만 일본군은 불청객으로 한국에 들어왔다. 정부나 국민에게 걱정이 이만저만 아니었다. 그리고 동학혁명은 국제전의 성격으로 바뀌어 가고 있었다.

동학혁명 시기에 고종 정부가 외국군을 불러온 것은 민족 만대의 죄업이었다. 마치 형제끼리 싸우는데 이웃 깡패를 불러들인 격이다. 조선 왕조의 창업 시기부터 시작된 '뼛속까지 사대망령'의 유전자가 발동하여 다시금 망동을 부리게 된 것이다.

틈만 보이면 조선을 침략할 야욕을 품어온 일본은 기회를 잡았다고 판단했다. 1880년대 이후 청국은 국내 정세가 급박하게 돌아가면서 조선에 대한 지배력이 점차 약화되고 있었다. 임오병란(1882) 이후 청군 3천 명, 갑신정변 이후 일본군 2개 대대가 각각 서울에 주둔하고 있었지만 '조선 진출'을 간절하게 노리는 일본과 달리 청국은 타성에 젖어 있었다. 1885년(고종22) 4월 조선에서의 세력 균형을 위한다는 명분으로 톈진에서 청국의 직례총독 이홍장과 일본의 전권대사 이토 히로부미 사이에 이른바 '톈진조약'을 맺었다.

주요내용은 첫째, 청일 양국은 4개월 이내 조선에서 철병할 것. 둘째, 조선 국왕에게 권고해 조선의 자위군을 양성토록 하되, 훈련 교관은 청일 양당사국 외의 다른 나라에서 초빙토록 할 것. 셋째, 앞으로 조선에서 어떤 변란이나 중요 사건이 발생하여 청일 두 나라 또는 어느 한 나라가 파병할 필요가 있을 때는 먼저 문서로서 연락하고 사태가 가라앉으면 다시 철병할 것 등이다. 이 조약은 청-일 사이에 조선에 대한 간섭의 권리를 균등하게 약정한 것 같지만, 사실상 일본에 절대적으로 유리한 협정이었다. 즉 이 조약으로 일본은 청국이 조선에 대하여 전통적으로 누려온 우월권을 없이하고, '동등'하게 대응할 수 있게 된 것이다.

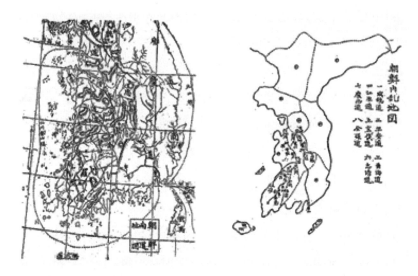

동학혁명 당시 일본 신문에 소개된 조선지도. 주요 해로와 전라도 지역의 주요 지형들이 표시되어 있다(왼쪽). 동학혁명(朝鮮內亂) 현황 지도. 전라도, 충청도, 경기도 일대의 동학농민군 진출 및 봉기 상황을 표시하고 있다. (당시 일본 신문에서 발췌)

동학농민군의 전주성 점령을 전후로 고종 정부가 청국에 동학 진압군의 파병을 요청하면서, 이 같은 '텐진조약'의 내용을 모르지 않았을 것이다. 김병시가 파병 요청하는 것을 반대하고 나선 것도 그런 이유 때문이었다. 그런데도 결국 청병을 한 것은 일본에게는 하늘이 준 기회와도 같았다. 일본은 오래전부터 조선에 첩자를 보내 첩보 수집 활동을 하고 있었다. 일본 근대 군사체제를 수립한 것으로 알려진 가와카미 소로쿠(川上操六)는 일본군의 참모차장으로서 1893년 직접 조선과 중국 일대를 답사하며 조선과 중국의 상황을 확인하였다.[114] 동학혁명이 발발한 이후 그 활동은 더욱 치밀해졌다. 1893년 전 주일조선공사관의 고용인인 기타가와 기치사부로(北川吉三郞)를 경복궁에 들여보내 대원군을 감시하게 하고 일거수일투족을 보고하여 훗날에 대비하였고, 이어 전라도로 파견하여 동학당의 사정을 염탐하게 하였다. 그해 10월에 그는 주한 일본공사의 의뢰를 받고 '약장수'로 변장하여 전라도 김제 부근으로 향하였다.[115] 1893년 12월 조선의 정보와 첩보 수집을 위해 연습함 쓰쿠바와 경비함 오시마를 조선 인천항으로 파견했다. 이때 들어온 일본의 첩자들이 1894년 3월 말까지 첩보 활동을 기록하고 남긴 것이 일본 해군성 자료 「쓰쿠바함의 조선국첩보보고서」이다.

이 보고서는 경성과 인천 사이를 오가는 선박, 뱃길, 육로, 경성 부근의 쌀 창고 위치, 조선의 병력 상황 등 전략적 기밀 사항부터, 조선인의 생활 습관 등 시시콜콜한 것까지 일본 해군성에 보고된 것을 수록한 것이다. 특히 이때 작성된 첩보 내용 중 「인천·경성 간 도로시찰 보고」는 인천에서 경성(한양)에 이르는 육로와 수로의 상황, 빠른 길, 숭례문을 넘어 한양도성으로 들어가는 방법까지 구체적으로 기술되어 있었다. 7시간이면 경성 공략이 가능한 지도가 작성되어, 그해 6월 일본의 조선 무력 침략에 적극 활용되었다.[116]

이처럼 조선의 사정을 샅샅이 수집한 일본 참모본부는 동학농민군이 전주성을 점령하기 하루 전날인 4월 26일(양5.30)에 이미 조선 파병을 결정하고 극비리에 준비를 서둘렀다. 일본 참모총장은 4월 28일(6.1) 육해군에 군대 파병 명령을 내리고, 뒷날 조선총독이 된 데라우찌 마사다케에게 해상수송·운수·군수선발의 업무를 맡겼다.

다음날인 4월 29일(6.2) 일본 각의에서 출병을 의결하고 1개 사단 파병에서 혼성여단 파병으로 결정했다. 5월 2일(6.6) 선발대로 5사단 보병11연대 제1대대 (대대장 一戶兵衛: 이치노헤 효에)가 인천항으로 출발했다. 이어서 7일(6.10)에는 육전대 정예요원 488명이 인천에 상륙하고, 9일(6.12) 혼성여단 선발대(보병 1개 대대 1천여 명, 공병 50명), 11일(6.14)에는 제2차 보병21연대

제3중대 255명, 12일(6.15)에는 지연대 제2대대 780명이 조선에 들어왔다. 5월 18일(6.17)에는 혼성여단 4천여 명이 조선 한양과 인천 간의 요충지를 점거했다. 이때 일본군은 보병 탄약 320발들이 탄약상자 2,024개를 싣고 들어왔다. 5월 31일(6.27) 21연대 병력 4,010명과 말 203마리가 인천항에 도착하여 용산 만리창에 포진했다. 6월 4일(7.6)에는 군악대까지 들어왔다.[117]

일본군은 동학농민군을 진압하는 것이 최종 목적이 아니었다. 병력의 숫자가 그것을 말해 주고도 남는다. 일본군이 노린 것은 조선에서 청군을 축출하고, 조선에 대한 실질적인 통제권을 확보하는 것이었다. 그것을 위한 핵심 목적지가 바로 조선왕궁이었다. 조선 정부는 5월 4일(양6.7) 일본군 출병 및 인천항 상륙에 대해 엄중히 항의했지만, 허공에 메아리로 그쳤다. 본국에 있던 당시 주한 일본 공사 오도리가 일본군과 함께 다시 한양으로 왔다. 조선 정부에서는 다시 즉시 군대를 철수하기를 요구하였다. 오도리 일본 공사는 뻔뻔하게 대꾸했다.

(인천에 상륙한) 이튿날 7일(양6.10) 오도리 공사가 길을 떠나 마포에 이르렀다. 우리 정부는 참판 이용직(李容稙)을 보내 도중에 오도리 공사를 만나 군대를 철수하라고 말하게 했다. 오도리 공사가 대답하기를 "우리는 일본 천황의 명령을 받들고 왔다. 천황의 명령이 아니면 군대를 뺄 수 없다."고 했다. 오도리는 헌병대를 거느리고 경성에 들어와 일본 공관에 주둔했다. 이날 오후 일본 병사 150명이 각각 격림포(格林砲), 총신을 여러 개 갖춘 개틀링 기관총(Gatling gun)을 가지고 들어왔다. 병사 100명이 인천과 경성 사이에 있는 높은 산의 주요 지점, 강을 따라 상류와 하류 곳곳에 막사를 짓고 주둔한 뒤 망원경으로 사방을 경계했다.[118]

일본은 대규모의 병력을 조선에 파병하면서 표면적으로 '거류민 보호'를 내세웠다. 그리고 1894년 10월에서 1895년 사이에 동학농민군 25만여 명을 학살하고, 농민군이 완전히 '진압'된 뒤에도 철군하지 않고 눌러앉아 1895년 8월 명성황후를 살해하는 을미사변을 일으키는 등 조선침략을 담당하는 침략군으로 삼았다.

김개남, 집강소 운영하며 재기포 준비하다

김개남은 전주성을 빠져 나와 김덕명포, 김인배 대접주 등과 금구까지 동행한 다음 태인에 이르렀다. 이곳에서 김개남은 영호도회소를 설치한 김인배를 순천으로 향하게 하고, 자신은 남원을 최종 목적지로 하여 움직여 나갔다. 이미 호서 일대와 호남의 북부는 송희옥과 서장옥이 장악하고 있었고, 호남 서부 권역은 김덕명과 손화중이 장악한 데 이어, 김개남은 김인배 등과 함께 전라 좌도를 근거로 삼게 된 것이다. 전봉준은 어느 한 지역에 머무르지 않고 최경선을 비롯한 최측근과 수백 명의 농민군들과 함께 이들 전 지역을 순행하며 연결고리 역할을 하고 총괄하였다.

태인을 떠난 김개남은 순창, 옥과, 담양, 창평, 동복, 낙안, 순천, 보성, 곡성을 두루 순행하면서 지역의 민심을 수습하고 또한 혹여라도 준동할 양반 세력을 눌러 앉히는 작업을 하였다. 그 과정에서 김개남 휘하의 동학농민군은 과단성 있는 활동을 전개하였고, 결과적으로 양반들의 원성을 사게 된다. 6월 25일(양7.27) 김개남은 백마를 타고 동학농민군 정예 병력 3,000여 명을 인솔하여 담양접주 남응삼, 홍양접주 유희도(=유복만) 등과 함께 남원성에 입성하였다. 남원부사 윤병관은 이미 도망치고 없었으므로 그 밖의 탐관오리들을 잡아들여 징치하고, 일거에 남원부를 장악하였다. 김개남은 남

남원 외곽 교룡산성 입구에 설치되었던 "김개남 동학농민군주둔지" 표지목. 교룡산성 주변에 동학혁명 관련 기념물이 없었을 때, 안타까운 마음으로 임시로 설치했던 것이다. ⓒ동학농민혁명종합정보시스템

원읍성에 동학대도회소(東學大都會所)를 설치하였을 뿐 아니라 외곽에 있는 교룡산성(蛟龍山城)의 전략적 가치에 주목하여 허물어진 곳을 보수하고 대규모 농민군을 주둔시키면서 만일의 사태에 대비하였다.

김개남은 이때부터 100여 일 동안 남원을 중심으로 집강소를 설치, 폐정개혁을 실시하였다(청주성 향해 북진하던 시기 포함). 김개남이 직접 관할하거나 그 세력이 미친 전라좌도 대도소 관할은 금산, 진산, 용담, 진안, 무주, 태인, 장수, 임실, 순창, 담양, 곡성, 구례, 창평, 옥과, 순천, 광양, 낙안, 보성, 홍양 등 19개 지역에 이를 만큼 광범위했다.[119]

남원성에 포진한 김개남은 이곳을 근거로 하여 혁명의 꿈을 더 크게 펼쳐 나갈 구상을 하였다. 남원은 물산이 풍부하고, 또한 교룡산성 내의 은적암은 일찍이 동학을 창도한 수운 선생이 머물며 동학 경전을 저술하고 또 인근 지역에 동학을 펴던 근거지이므로 이곳을 중심으로 조선사회를 바꾸는, 천지개벽의 재봉기를 준비하는 것이 마땅하다고 여겼다. 이러한 김개남에 대하여 일찍이 "김기범(金琦範, 琦는 箕의 오자)이란 자가 개남왕(開南王)이라며 참칭(僭稱)하고 남원부(南原府)를 분할하여 점거하였다고 한다. 이는 모두 진승(陳勝)·오광(吳廣)의 부류이니, 어찌 깊이 근심할 것이겠는가."[120]라는 기록이 전한다.

김개남은 남원에 안착한 직후부터 적극적으로 세력을 확장하는 데 골몰하였다. 남원 인근의 7~8개 읍을 휩쓸었고, 동쪽으로 행동반경을 넓혀 경상도 함양과 안의까지 진출을 시도하였다. 비록 안의 현감 조원식이 중심이 된 민보군의 반격을 받고 후퇴했지만,[121] 경상도까지 세력 확대를 시도한 것은 그의 의중이 더 큰 곳을 향하고 있음을 보여준다.

김개남이 남원에서 조선혁명의 꿈을 키운 것은 남원과 동학(최제우)이 각별한 인연이 있다는 점과 함께 김개남의 고향인 태인 지역 동학도들의 지원에 힘입은 바 적지 않았다. 일찍부터 동학에 입도한 도강김씨 문중의 일가 붙이들을 비롯하여 사돈에 이르기까지 그의 주변에 포진하여 있었다. "임실 군 신안면의 한흥교(韓興敎)는 김개남의 사돈으로 '무리 수만 명을 인솔하여 가는 곳마다 성을 함락시켰다. 또한 이 사람의 사촌인 동교(韓東敎)도 접주 가 되어" 활약했다.[122] 임실현감 민충식(閔忠植)은 김개남과 의형제를 맺고 긴밀하게 협조하였다.[123] 긴 세월 수탈에 시달려온 호남인들의 비원은 자연 스레 가장 강력한 목소리를 내는 김개남에게로 쏠렸다. 또한 초토사 홍계 훈이 김개남과 가까웠던 전 영장(營將) 김시풍(金始豊)을 비롯하여 동학도인 김영배, 농민군 연락병 김용하, 무남영 병정 김동근 등 12명을 죽인 데 대한 원한도 크게 작용하였다.

　조선혁명이라는 거대한 꿈을 품은 김개남은 이처럼 세력을 확장하는 한 편으로 내적인 역량을 키우는 데 노력하였다. 남원의 유생 김재홍은 『영상 일기』에서 남원을 중심으로 활동하는 김개남 휘하 동학농민군들의 활동을 이렇게 기술한다.

　　적의 괴수 김개남(金開南)이 남원에 들어갔는데, 잔악한 행동이 특히 심 하였으며 민간의 총과 말을 찾아내었다. 먼저 들어간 자가 이미 탈취하여 떠났는데 뒤에 온 자가 또 수색하자 이미 빼앗겼다고 말을 했지만, 도리어 숨기고 내놓지 않는다고 여겨 온갖 형벌과 욕을 하였다. 총과 말을 돈으로 대신 추심하여 빼앗아 가는 경우에까지 이르렀다. 적당이 각 곳에 도회(都 會)하였는데, 그 무리가 각각 수천 명이었다. 여러 고을에는 모두 접주(接 主)가 있었는데, 대접(大接)은 수만 명이 있고 소접(小接)은 수천 명이 있었 다. (중략) 적당(敵黨)이 촌락을 제멋대로 횡행하며 자칭 도인(道人)이라 말 하고 그 무리로 들어오지 않는 자는 속인(俗人)이라고 지목하였다.[124]

김개남은 이 시기부터 이미 무장 강화를 위해 애썼다. 농장기나 죽창 등을 든 이에게 칼이나 창을 쥐어 주고, 또 하루가 다르게 늘어나는 새로운 농민군들에게도 제대로 된 무기를 보급하기 위해서 무기류를 샅샅이 수거해 간 것이다.

본부(本府, 남원부-필자주) 부동(釜洞)의 동학 적도(敵徒) 강감역(姜監役), 유학규(劉學圭)가 다른 고장의 동학도 수천 명을 거느리고 본부에 와서 병장기와 활, 총, 화약을 도둑질하여 빼앗아서 말에 싣고 부동으로 갔다. 망가진 활과 남겨진 철 조각은 모두 길거리 아이들의 장난감이 되었다. 성안이 텅 비었다. 적당이 날마다 모여들어, 교룡산성(蛟龍山城)에 근거한 자가 수만 명이고 남원부 성안에 근거한 자 역시 수만 명이었다. 잔학한 행동이 매우 심하였다.[125]

전국의 유생들은 지역을 가리지 않고 동학혁명을 부정적으로 인식하면서 반도·비도·적당 등 도적의 무리로 인식하고 있었다. 이 같은 상황에서 동학지도자들은 관군과 외군(일본군) 그리고 유생들과의 힘겨운 싸움을 해야 했다. 그 와중에 개혁적인 실학자(實學者)인 해학 이기(海鶴 李沂, 1848-1909)가 전봉준의 소개로 동학농민군과 연대하기 위하여 남원에 있던 김개남을 찾아왔으나 김개남은 유학자일 뿐이라는 생각으로 그를 만나주지 않았다. 이기는 훗날 입헌군주제나 공화제에 대한 구상을 갖고 조선의 개혁을 위해 애를 썼던 인물로 이때 김개남을 비롯한 동학농민군과의 연대가 이루어지지 못한 것은 두고두고 안타까운 일이었다. 김개남이 이기를 일거에 물리친 것은 아마도 유학자들의 반 농민군 정서에 대한 반작용으로서의 반유학적(反儒學的) 정서가 크게 작용하였을 것이다. 이러한 반농민군 정서에 맞서서, 동학농민군에 대한 우호적 여론을 조성하고, 때로는 힘으로 반 농민군 정서를 누르는 작업도 김개남의 주요한 활동 중 하나였다. 이 과정에서 김개남은 양반 세력에게는 '최악의 과격파'로 더욱 깊숙이 각인되고 있었다.

제11장

남원,
전라좌도의 중심이
되다

최제우의 개벽사상과 김개남의 혁명성

어떤 의미에서 수운 최제우의 후천개벽사상을 가장 깊이 있게 받아들인 사람이 김개남이다. 사전적으로 후천개벽은 선천 이래 형성되어 온 천지의 질서가 완전히 새롭게 되어 새로운 천지가 열리는 것으로 이해된다. 일반적으로는 후천개벽이 내세적 이상향을 의미하지만, 김개남 대접주 등은 이를 혁명사상으로 수용하고, 그 실현을 위하여 동학혁명을 일으킨 것이다. 3.1운동 당시 민족대표 33인 중 한 분으로 독립선언서 인쇄를 맡았던 동학의 언론인 이종일은 개벽의 의미를 다음과 같이 설명했다.

(다시)개벽이라는 것은 천지가 혼합되어 있다가 다시 열리는 것이 아니고 새로운 별(別)천지가 생기는 것도 아니며, 곧 옛것을 바꾸어 새롭게 꾸민다는 뜻이다. 천도가 순환함에 따라 크고 작은 사물에 개벽이 없는 것이 드물고 오직 크고 작음만 다를 뿐이다. 예컨대 황무지를 개간하여 옥토로 만드는 것은 토지의 개벽이고, 한미하고 천한 집안에서 자제들을 교육시켜 집안을 빛낸 것은 가문의 개벽이며, 우매한 풍습을 개량하여 인민의 지혜가 더해진 것은 인문의 개벽이고, 밤이 새고 날이 밝는 것은 하루의 개벽이고, 찬 기운이 다되어 따뜻함이 자리 잡은 것은 한 해의 개벽이며, 황하

가 한번 맑아짐에 성인이 다시 일어남은 천 년의 개벽이고, 무극대도를 내놓아 창생을 널리 구하는 것은 5만 년의 대개벽이로다.[126]

동학의 후천개벽은 왕조 교체나 천지의 새로워짐만이 아니라, '다시개벽'으로서 낡은 것이 새로워지는 것을 의미한다는 것이다. 지극히 일상적인 인간의 하루하루의 삶과 황무지를 개간하여 옥토로 만드는 일과 같은 노동과 토지의 개벽, 그리고 교육을 통한 한 가문의 개벽, 풍습의 개량과 같은 인문의 개벽, 계절의 변화와 같은 한 해의 개벽, 성인(聖人)의 탄생을 불러오는 천 년의 개벽, 그리고 무극대도의 출현과 같은 오만년의 개벽에 이르기까지 모두를 포함하는 전면적이고 일관되는 것이다.

김개남은 이러한 개벽의 일환으로 혁명을 준비하였다. 우선 독자적인 역량을 비축하여 재봉기를 시도하면서 전봉준·손화중 등 동지들의 협력을 이끌어낸다는 구상이었다. 이를 위하여 남원을 근거로 무기와 군량을 회복하고 병사들을 모아 훈련시켰다.

『주한일본공사관기록』에는 각지의 관헌(官憲)들이 예하 소리(小吏)나 군교(軍校)들이 관찰사에게 보고한 첩보들이 수록되어 있다. 남원부 겸임 오수찰방 양주혁은 "남원부의 동학도 회소(會所)의 동학도들이 군포를 거두러 다니는 색리(色吏)들을 난타하여 거의 죽을 지경에 이르게 하고, 관고(官庫)에 사들여 놓은 쌀과 상납할 각 군목 20동 27필을 모두 탈취해 갔다."고 보고하였다. 능주목사 조존두(趙存斗)는 "동학도 10여 명이 포를 쏘며 본주(=능주)로 들어와 남원 대도소 김개남의 지휘라고 하며 공형들을 불러내어 동전 2만 냥과 백목 30동을 남원 회소로 수송하라고 공갈을 하며 재촉을 하였는데 그들이 부린 행패는 다 말할 수가 없다."라고 보고하였다. 또 광주목사 이희성은 "본주(=광주)의 공형들이 남원 회소의 동학도 전통문을 보니 '군수

남원시와 그 뒤편으로 보이는 교룡산성. 교룡산성에는 김개남 휘하 동학농민군이 한때 주둔하였으며, 이 산성 내의 무기고를 열어 무장을 강화하였다. ⓒ이병규

물자가 매우 시급하므로 동전 10만 냥과 백목 100동을 수송하되, 만일 이를 어긴 공형(公兄)들은 군율을 시행한다'고 되어 있다."라고 보고하였다.[127]

또한 김개남은 남원 주위의 여러 고을을 순방하면서 동지를 규합하고, 집 강소에 들러 민정을 두루 살폈다. 이는 한편으로 훗날 있을 재기포를 위한 군수품 확보, 민보군 등 반 혁명세력의 척결 등을 위한 것이었고, 다른 한편 혁명의 목적 달성, 즉 신분제 철폐와 귀천 타파, 읍폐민막의 시정을 즉시 이 행하기 위한 활동이기도 했다.

"6월에 전남 곡성에 들어와서 여러 날을 머물며 고을을 어지럽혔다(去年 六月 先有 金開男之白晝入寇 累日不去里傾蕩,『동학란기록』)"는 기록이 곡성군 수의 장계에 보인다. 김개남이 관할하고 있던 전라좌도와 경상서부 지역에

서 전개된 군량 및 군수물자 확보를 위한 투쟁은 9월 11일 김개남 휘하의 영
호대접주 김인배 부대가 하동을 점령하자 본격적으로 전개되었다. 그날 남
해현에 동학도인들이 들이닥쳐 수감된 도인들을 석방하고 군수물자를 모
아 곤양으로 이동했다. 사천에는 13일 이후 몇 차례 동학농민군이 들이닥쳐
무기와 전표(錢票) 등을 수집했다. 15일에는 곤양에 광양·순천을 근거로
한 농민군이 들어왔고, 17일에는 김인배 등 동학 대군이 진주성을 공략하였
다.[128] 이렇게 취합한 군량미 등은 집강소 등에 모아 두거나 구례 화엄사 등
에 분산시켜 두었다가,[129] 재기포 때 일부를 팔아 돈으로 휴대하고, 또 수레
등에 싣고 북상길에 올랐다. 아래 황현의 기록은 '양반'의 입장에서 폄훼한
것을 제외하면, 동학농민군들의 적폐 청산 활동이 어떠했는지를 짐작케 해
준다.

적(=동학농민군-필자주)의 기세는 날로 심해졌다. 사람들이 적들이 무더
위 속에 몰려다녀 틀림없이 급체나 학질, 이질과 같은 병에 걸려 죽는 자들
이 많을 것으로 생각하였다. 그러나 여러 곳의 적은 오히려 병들거나 더위
먹은 사람이 하나도 없었다. 사람들은 하늘마저 적을 돕는 것이 아닌가 의
심하였다. (중략) 대개 적은 천한 노비들로 구성되어 있으므로 양반들을 가
장 미워하였다. 길에서 갓을 쓴 사람을 만나면 갑자기 달려들어 '너도 양반
이냐'며 갓을 빼앗아 찢어 버렸는데 (중략) 무릇 남의 집 종으로 적을 추종
한 사람들뿐만 아니라 비록 적을 추종하지 않은 사람들도 한결같이 적을
끌어다대며 주인을 협박하여 노비문서를 불태우고 면천해 줄 것은 강요하
였다. (중략) 간혹 양반 중에는 주인과 노비가 함께 적을 추종한 경우도 있
었는데, 이들은 서로 접장(接長: 동학도인이 서로 존대하는 호칭-필자주)이라고
부르면서 적(=동학-필자주)의 법도를 따랐다. 백정이나 재인들 또한 평민이

나 양반과 더불어 평등한 예를 행하여 사람들은 더욱 이를 갈았다.[130]

여기서 '천민' '재인' 들은 김개남 휘하 동학농민군에게 많았으므로, 위 기록은 김개남의 활동 상황을 짐작할 수 있게 해 준다.

한반도, 청국과 일본군의 전장이 되다

김개남이 재봉기의 의지를 다지며 관내를 단속하고 있을 즈음 나라 안팎의 사정은 갈수록 어려워져 갔다. 역시 일본이 문제였다. 일본군은 잔뜩 벼르고 대규모 부대를 조선 땅에 상륙시켰으나 전주성에서 대치하던 조선의 경군과 동학농민군이 화해를 하고 5월 8일(양6.11)에 농민군이 해산을 하자, 더 이상 한국에 주둔할 명분이 없어지고 말았다. 조선 정부는 이러한 사실을 들어 청군과 일본군 모두 철병할 것을 요구하였다. 그러나 일본은 이 '절호의 기회'를 놓칠 수 없다고 판단하여 조선의 내정에 개입할 빌미를 만들기 시작했다. 5월 13일(양6.16)에 일본과 청국이 조선을 공동으로 개혁하자는 제안을 하였다. 이는 일본군을 영구 주둔시킬 명분을 만들려는 속셈이었다. 당연 청국은 이를 거절하였다. 그러자 일본은 뻔뻔하게도, 일본 단독으로라도 조선을 개혁하겠다고 나섰다. 오도리 주한 일본공사가 앞서서 일을 만들어나갔으나, 그 배후에는 일본 본국의 내각에서부터 군부까지가 깊숙이 관여하고 있었다.

5월 19일(양6.22), 한양과 경기 일대에 주둔하고 있던 일본군(4,200명) 중 3천 명이 전격적으로 한양에 진입하여 한양의 요소들을 점거하였다. 실질적으로 한양은 일본군의 손아귀에 들어가고 만 셈이었다. 일본군은 남산 봉수대에 포대를 설치하고 빈터를 넓혀 군대를 주둔시켰다. 한양 성안은 당장 전쟁이 벌어진 것처럼 혼란에 휩싸이고 피난 가는 사람이 줄을 이었다. 이러한 강압적 분위기를 조성한 후, 5월 23일(양6.26) 일본은 간리 직무 조정, 외교상 절차 준수, 공정한 재판, 회계 제도 개혁, 군사 및 경찰 제도 개선, 화폐 제도 확립, 교통 개선 등의 개혁을 실시하라고 조선 정부를 압박하였다. 또 25일에는 조선 정부에 "독립국임을 청국에 천명하라"고 강요하였다. 27일(양6.30), 조정에서는 "조선은 청국의 속국이 아니라 독립국임"을 선언하였다. 이로써, 조선에서의 청국의 기득권은 소멸되고, 무력으로 수도(한양)를 장악하고 있는 일본이 실질적으로 조선의 운명을 좌우하는 위치에 서게 되었다.

6월(양7월)에 들어서면서 조선의 내정 개혁 작업이 급물살을 띠며 진행되었다. 조선 정부는 전주화약에서 논의된 폐정개혁을 전담할 기구로 6월 11일(양7.9) 교정청(校正廳)을 설치하였다. 그러나 일본은 조선 정부가 개혁을 주도하도록 내버려 두지 않았다. 6월 25일(양7.27)에 일본의 의중을 반영한 군국기무처가 설치되면서 교정청은 폐지되고 말았다. 그것은 곧 자주적인 개혁의 희망이 사라지는 것을 의미했다. 이에 앞서 일본은 6월 17일(양7.19) 한양과 부산 사이에 전신선을 개설하겠다고 일방적으로 통지하였다. 또한 한양성 내에 주둔하고 있는 청군의 철병을 통지하라고 압박을 가하였다. 이런 일련의 조치들은 일본이 조선 정부를 장악하는 한편으로, 어떻게든 청국과 개전(開戰)할 구실을 찾아내는 과정이었다. 조선 정부가 그러한 일본의 일방적 요구들이 의미하는 바가 무엇인지를 채 알아차리기도 전에 일본군의 속전속결은 정신없이 계속되었다.

6월 20일(양7.22) 일본군은 여러 문의 야포를 종로 한복판까지 끌고 와 설치하고, 이튿날 새벽 보병 1개 연대와 포병, 공병을 동원하여 경복궁을 포위하고 일본군을 궁내로 진입시켰다. 5백여 명의 조선군 궁궐 수비대가 이를

교룡산성 입구에 설치된 기념표지석. ⓒ동학농민혁명종합정보시스템

막아 나섰지만, 애초에 적수가 되지 못했다. 게다가 이미 다른 문으로 진입한 일본군이 고종을 포로 상태로 감금하고 조선군에게 투항(전투중지)하라고 어명을 내렸다. 조선군은 제대로 싸워보지도 못하고 일본군에 의해 무장해제를 당하고 말았다.

일본군은 대원군을 궁내로 납치하다시피 데려와 형식적으로 국정을 담당케 하면서, 6월 23일(양7.25)에는 조선 정부를 강압하여 일본군이 청군을 격퇴시켜 달라고 요청하게 하였다. 그야말로 엎드려 절 받겠다는 심산이었다. 이를 근거로 일본군은 6월 23일, 청도 앞바다에 정박 중이던 청국 해군 함대를 기습 공격하여 격침하고 수천 명의 청국 군인을 수장시켜 버렸다. 성환전투는 일본 해군의 일방적인 승리로 싱겁게 끝나고 말았다. 해전 승리와 동시에 육지에서도 일본군은 용산 주둔 일본군 주력 부대를 청군이 머물고 있던 충청도 성환으로 출동시켜 전투에 돌입하였다. 6월 25일, 26일 이틀 동안 진행된 전투에서 치밀한 작전계획에 따라 일사불란하게 전투에 임한 일본군은 우왕좌왕하는 청군에게 괴멸적인 타격을 입혔다. 청군은 일본군 사상자의 10배에 달하는 5백여 명의 사상자를 내고 공주로 철수하였다가 다시 평양으로 철수하여 전열을 재정비하였다.

일본군은 평양으로 후퇴한 청군을 집요하게 추격하여 8월 13일(양9.12)부터 15일까지 벌어진 평양전투에서 청군 본진을 격파하였다. 이 전투를 끝으로 청군은 한반도에서 완전히 철수해서 청국 땅에서 다시 대대적인 전투를 벌였으나, 이미 전세는 결판난 상태였다. 청군은 후퇴를 거듭하여 압록강변에 이르렀을 때는 애당초 13,000여 명이던 군대가 3,000명 정도로 줄어들어 있었다. 압록강을 넘어서면 청나라 영토였기에 일본군은 잠시 주춤하는 듯했다. 그러나 곧 압록강 입구 대동구(大東溝)에서의 해전을 시작으로 국경 일대에서 접전을 벌이다가 월경(越境)하여 청국령에서의 구련성(九連城)전투, 봉황성(鳳凰城)전투 등을 거쳐 뤼순(旅順)에서 결정적인 전승(戰勝)을 거두기에 이르렀다. 청일전쟁은 결국 이홍장이 일본으로 건너가 청일전쟁의 정전협정인 시모노세키 조약을 맺음으로써 마무리되었다.

전봉준·김개남 등 남원대회 열고 결속

일본과 청국 사이의 전황이 이렇게 전개되는 사이, 동학농민군들은 초조하게 그 흐름을 지켜보며, 대처 방안을 놓고 고심하고 있었다. 그러나 이 중차대한 시기에, 대외적으로 어떤 전략을 택할지를 두고 동학농민군 지휘부의 의견이 일치하지 않고 있었다. 이는 시국을 바라보는 관점의 차이에서

남원 교룡산성 내에 있는 은적암 터. 수운 최제우는 1861년 12월경부터 이듬해 봄까지 이곳에 머물면서 많은 경전을 짓고, 전라도 지역에 동학 포덕을 시작하였다.

비롯된 것이다.

민족사적으로 지극히 중요한 시기에 동학농민군 지휘부의 시국관 또는 현실 인식의 차이가 불거진 것은 불행하고 비극적이다. 김개남과 전봉준은 농민군의 재봉기 문제를 둘러싸고 상당한 수준의 견해 차이를 보였다. 학계에서는 이를 두고 두 사람의 갈등관계로 보지만, 사감에 의한 갈등이라기보다 정세에 대한 인식의 차이라 할 수 있다.

김개남은 '해방군 지도자'답게 남원성에서 개혁적인 조치들을 시행해 나갔다. 신분제를 철폐하고 여러 가지 선정을 베풀었다. 백성들로부터 착취를 일삼아 배를 불려온 아전, 유림, 토호들의 재물을 반납케 하였고 노비들을 해방시켰으며, 지주들의 토지를 몰수하여 농민들의 대표를 뽑아 공평하게 분배하는가 하면, 과부의 재가를 허용하면서 포교에 힘썼다. 또한 식량과 무기, 옷감 등을 비축하여 장기전에 대비해 나갔다. 특히 신분제 타파에 힘을 기울였는데 이는 '사람이 곧 한울님이니 도인된 사람은 귀천을 타파하라'는 수운과 해월의 가르침을 실행한 것이다."[131]

7월 2일(양8.2), 남도 일대를 순행하던 전봉준이 남원에 들렀다. 이 자리에서 김개남과 향후 전략에 대해 숙의하였으나, 심각한 견해 차이만 드러냈을 뿐 행동 방침의 일원화를 기하지 못하였다. 두 지도자는 일본군에 대한 농민군의 대책, 김학진 감사가 줄곧 요구해 온 농민군의 무장 해제, 농민군에 스며든 일부 불량배들의 약탈 행위와 재봉기 문제 등을 논의하였다. 이를 두고 『오하기문』은 '혹쟁혹의(或爭或議)'라 하여 두 지도자 사이에 심각한 논쟁이 벌어진 것으로 기술하였다.

김개남과 타협을 이루지 못하고 전주로 돌아갔던 전봉준은 7월 9일경 다시 남원으로 왔다. 이 자리에서 김개남을 비롯한 주위의 여러 접주들과 협의하여 7월 15일(8.15) 남원대회를 열었다. 남원대회는 5만여 명(또는 7만여 명)이 참여한 대규모 집회였다. 6월이 아닌 7월에 열린 남원대회는 집강소 체제의 강화와 함께 또 다른 의미를 지니게 된다. 우선 전라도 50여 고을에 집강소를 설치한 뒤 그 단합을 과시한 대회라는 것이다. 이는 당시까지 집강소를 통한 농민군의 통치가 일사분란하게 이루어지지 않았고 농민군 내부에서도 불만 세력이 있어 이를 해소키 위한 전략적 대회로 보는 견해다.

한걸음 더 나아가 7월 보름경에 열리는 남원대회는 일본군에 의한 범궐, 즉 6월 21일 일본군의 경복궁 침입에 의해 자극된 농민군이 2차 기포를 준비하기 위한 전초전 성격의 집회였을 가능성이 대단히 크다.[132]

대회 후 지휘부에서는 좌우도집강 명의로 〈통문〉을 발송하였다.

방금 외구(外寇, 일본군)들이 궁궐을 침범하여 군부君父를 욕보이고 있다. 우리 모두는 의롭게 죽음을 다해 싸워야 할 것이다. 그러나 저 도둑(일본군)들은 지금 청병과 싸우고 있다. 그들의 병기는 매우 예리하다. 만일 당장 급하게 대항한다면 그 화가 종묘사직에 미치지 않을까 염려된다. 물러나 은밀히 시세를 살핀 다음, 기세를 돋워 계책을 세우는 것이 만전지책(萬全之策)이 될 것이다. 바라건대 통문을 띄워 관내의 각 접주와 일일이 상의해서 각기 생업에 안주하게 하고 경내 잡류들의 선동을 막고 동리를 휘젓고 다니며 소동을 피우는 일이 없도록 하라···.[133]

청일전쟁의 승자가 동학농민군 토벌에 나설 명분을 없애자는 취지였으나 한편으로는 '기세를 돋워 계책을 세우'기 위한, 즉 재기포를 위한 준비를 지시한 것이기도 했다.

남원대회와 관련하여 황현은 『오하기문』에서 "이달 보름간에 봉준과 개남 등은 남원에서 대회를 열었는데 모인 사람이 수만 인이었다. 봉준은 각읍 포에 영을 내려 읍마다에 도소를 설치하고 그 친당(親黨)을 세워 수령의 일을 맡도록 하였다. 이에 도내의 군마와 전곡이 모두 도적들(농민군)의 소유가 되었으며 사람들이 비로소 그 역모가 이루어졌고 난민에 그치지 않음을 알게 되었다."고 기술하였다.

'남원대회'는 엄청난 수의 동학농민군이 참여하여 대대적인 위세를 과시하였음에도 불구하고, 특별한 결정을 집약하기 어려운 대회였다. 6월 21일 일본군이 경복궁을 침입하여 점령하는 등 국난 수준의 사건으로 김개남의 재봉기 주장이 당장 수용되기 어려운 국면이었다.

이런 국난에 대해 김학진은 동학농민군과 타협을 하여 공동 대처하기로 결심한 것으로 보인다. 7월 16일 전라감사 김학진이 송인회를 남원으로 보내 김개남과 전봉준이 함께 전주감영으로 오도록 요청했다. 전봉준은 전라감영 나아가 김학진으로부터 군권(軍權)을 넘겨받고, 한편으로는 집강소 통치의 강화를 위한 정치적, 군사적 명분과 권력을 확보하고, 다른 한편으로는 미구에 닥쳐올 대일 항전을 위한 전권을 위임 받았다.

　　7월 16일 전라감사 김학진은 군관 송마사를 급파하여 남원대회 때문에 남원에 와 있던 전봉준을 김개남과 함께 전주로 올라오도록 요청한다. 감사 김학진은 걷잡을 수 없는 국내의 사태에 대한 협조와 일본에 기울어져 버린 조정에 반대하여 농민군과 함께 국난에 대처하면서 전주를 지킬 것을 협의하려던 것이었다. 그런데 동행하던 김개남은 도중에 임실에서 상이암으로 들어가 버린다. 불만과 이견이 있었던 것으로 보인다. 결국 혼자 올라간 전봉준은 일사보국(一死報國)하겠다는 일념으로 김학진 감사와 함께할 것을 약속하였고 감사 김학진은 전라도의 군사 지휘권을 전봉준에게 위임하였다.[134]

이때 함께 초청을 받은 김개남은 임실까지 전봉준과 동행하였다가 헤어져 지리산 상이암(上耳庵)으로 들어갔다. 남원대회에서 동학농민군의 결의를 다진 직후, 그들에게 은인자중하며 후일을 준비하게 하고, 그 또한 생각을 가다듬기 위한 것이었다. 상이암은 깊은 산중에 있었지만, 남원, 장수, 임실, 태인, 담양, 곡성, 구례 등과 언제든지 통할 수 있는 요충지에 있어서, 예하 각 대접주들과 소통이 끊어진 것은 아니었다.

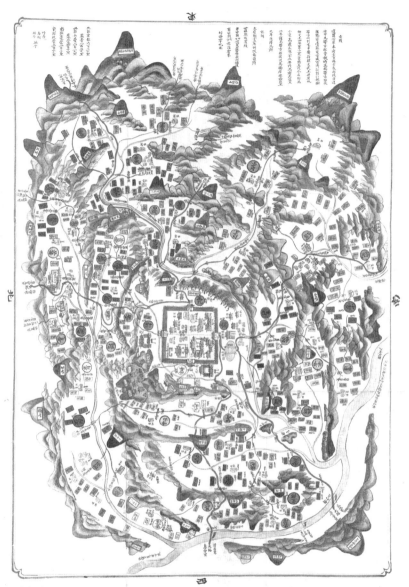

남원 지도(『고지도로 보는 동학농민혁명』, 2010, 전라북도동학농민혁명기념관)

김개남, 남원에서 제일 먼저 재기포 선언

김개남이 상이암을 근거로 정세를 예의주시하던 7월에서 8월 사이, 청일 전쟁에서 청군이 급속하게 패퇴하면서 일본군이 한반도 전역에 걸쳐 군사적 우위를 확보하는 상황이 분명해지자, 김개남은 더 이상 기다릴 수가 없었다. 일본이 '황해해전'에서 청나라 북양함대를 격파하고, 청군을 국경 밖으로 완전히 몰아냈다는 소식을 접하자 8월 하순에 기포를 결심하고 임실을 비롯한 관하 동학군을 남원으로 모이게 하였다.

홍양의 유복만 접주가 가장 먼저 당도하여 교룡산성 군기고의 무기를 꺼내 남원읍성 내로 옮겨 무장할 준비를 하였고, 인근 태인, 장수, 진산, 금산, 용담, 무주, 진안 등지의 동학농민군은 24일까지 속속 남원 읍성과 그 주변에 진을 쳤다. 여기서 김개남은 군제를 오영(五營)으로 편제하니, 담양 접주 남응삼이 전(前)영장, 오수 접주 김홍기가 후영장, 김대원이 우영장, 김용관이 좌영장이 되고, 김개남은 중영도통장(中營都統將)이 되었다. 여기에 편성된 인물들은 그 밖에도 홍양 대접주 유복만, 태인의 정창규, 김연구, 진안의 이사명, 금구의 김봉덕, 임실의 최찬국 대접주와 도접주 최준필 등과 남원 관내에서는 유태홍 대접주 외에 김홍기, 황내문, 이규순, 이기동, 박세춘, 변홍두, 최진악, 김소호, 심노환, 이문경, 조동섭, 김형진 등의 이름이 보인다. 각 영의 병사는 5, 6천 명이고, 각 영에는 일원장(一元將)을 중심으로 군수군과 영군이 소속되도록 하였다. 성찰, 통찰, 서기, 집사, 동몽 등 동학교단의 각 직책이 군제로 그대로 적용되기도 하였다.[135]

김개남의 기포 소식을 듣고 전주성에 머물던 전봉준과 무장의 손화중이 남원으로 찾아와 재봉기를 만류한 것으로 기록하였다.

봉준은 개남이 남원을 점거하였다는 소식을 듣고 곧바로 전주에서 남원으로 달려가 개남에게 "지금의 정세를 살펴보면 일본과 청나라가 계속하여 전쟁 중에 있지만 어느 쪽이 승리하든 틀림없이 군대를 옮겨 먼저 우리를 칠 것이다. 이렇게 되면 우리가 비록 인원수는 많다고는 하나 모두 오합지졸에 불과하므로 쉽게 무너져 우리들이 소망하였던 것을 끝내 실현할수 없게 될 것이다. 사정이 이러하니 귀환한다는 명분으로 각자 사방으로 흩어져 상황의 변화를 지켜보는 편이 더 낫겠다"고 하였지만, 개남은 "대중은 한 번 흩어지면 다시 모이기 어렵다"는 이유를 들어 말을 듣지 않았다. 이어서 손화중이 도착하여 "우리가 봉기한 지 이미 반년이 지나갔다. 비록호남지방에서 큰 반향을 불러일으켰다고는 하나, 지식인 중에 조금이라도덕망이 있는 사람은 추종하지 않았고 재물을 가진 사람과 선비들 또한 추종하지 않았으며, 우리를 추종하여 접장이라고 부르는 사람들은 대개 어리석고 천하여 남에게 해를 입히거나 빼앗고 훔치는 일을 즐겨하는 무리들일 뿐이다. 세상인심의 향배를 가늠해 보면 일은 성사되기 어렵게 되었으므로 사방으로 흩어져 온전히 살아남는 길을 도모하는 것이 나을 것 같다"고 하였다. 개남은 이 말 또한 듣지 않았다.[136]

이 기록만으로 보면 전봉준·손화중과 김개남 사이에 심각한 차이가 드러난 것으로만 보인다. 훗날 전봉준의 4차 공초(1895.3.7(양))에는 다음과 같은 기록이 전한다.

문(問) : 지난 날 공술(供述)한 바, 너와 김남(金男)이 처음부터 상관(相關)이 없다고 말했으나 지금 이 서간(書簡)을 보니 그간 많은 상관이 있음은 어찌된 것이냐?

공(供) : 김(金)은 이 몸이 왕사(王事)에 힘을 합하자고 권고하였지만 끝내 들어 베풀지 않았기 때문에 처음에는 상의(相議)한 바 있으나 끝내 절대로 상관(相關)하지 않았습니다.

이 또한 대립설을 뒷받침한다. 그러나 후술하겠지만, 전봉준, 김개남, 손화중은 2차 기포 당시 각각 전(前)-중(中)-후(後) 군의 역할을 분담하여 전봉준이 앞장서고, 김개남이 시차를 두고, 경로를 달리하여 북상하면서 일부 병력으로 전봉준을 지원하고, 손화중은 아예 전라도 지역에 머물러 후방을 방비하였다는 이야기도 있다.[137]

이 시기의 김개남과 전봉준이 대립적인 관계에 있었던 것이 아님은, 김개남의 남원 재기포 이후, 전봉준이 남원의 동학농민군과 호각지세를 이루고 있던 운봉의 박문달(朴文達, 봉양)에게 혼자 말을 타고 찾아가서 "'지금부터 개남과 서로 사이좋게 지내면서 도인들의 왕래를 막지 않으면 개남 또한 장차 귀화하게 될 것이며, 이렇게 되면 운봉의 백성들은 전쟁의 해독을 입지 않게 될 것'이라고 설득하였다."[138]는 기록에서도 짐작할 수 있다. 박봉양은 이 지역의 권세가이자 최고의 부자로 한때 동학에 입도하여 활동하는 듯 행동하였으나 돌연 민보군으로 변신하여 인근 지역 양반들과 관리들의 지원 속에서 강력한 세력을 형성하여 남원지역 최대 전투인 방아치 전투, 관음치 전투 등을 통해 남원 지역 (김개남 북상 후) 동학농민군에게 괴멸적인 타격을 가하고, 수많은 농민군을 학살하였다.

어느 쪽이든, 각자의 관계는 절대적인 대립이라기보다는 일부 노선 차이와 각자 맡은 역할에 충실한 데 따른 것이라고 보는 편이 더 사실에 부합한다고 보인다.

제12장

제2차
동학혁명 막이
열리다

김개남, 재봉기의 기치를 들고 나서다

1894년(갑오년)을 전후한 시기는 동학혁명이 아니더라도 우리나라 근대사에서 유례를 찾기 어려운 격동기였다. 보수 계열 학자들은 '동학란'으로 인해 외세가 한반도에 들어오고 결국 국망(國亡)으로 이어지는 단초가 되었다고 엉뚱하게 책임 전가를 하지만, 내외의 정세를 살피면 청일 간의 전쟁은 예견된 일이었다. 그리고 일본의 조선 침략 야욕은 이미 시나리오가 마련된 상태였다. 동학혁명이 아니었어도 일본은 조선 침략에 나섰을 것이고, 청일전쟁은 일어났을 터이다.

6월 21일(양7.23) 일본군이 한양 도성을 무력시위로 제압하고, 조선왕궁을 침범하여 국왕을 볼모로 잡은 다음 친청파 중심의 민씨 정권을 몰아내고 흥선대원군을 형식적이나마 최고 통치자로 옹립한 사건은, 한국인들에게는 큰 충격이고 국가적 민족적 자긍심에 크나큰 상처를 입혔다. 동학도인들도 다르지 않았다. 비록 민씨 척족을 중심으로 하는 조선 왕조의 부패 타락에 맞서 봉기했지만 왜군의 범궐과 국정 개입은 용납할 수가 없었다. 일본은 표면적으로는 내정 개혁을 내세웠지만, 조선 정부가 자주적으로 개혁을 시행하는 것을 사사건건 반대하다가 결국 개혁 주도 기구인 교정청 대신에 자기들 입맛에 맞는 군국기무처를 설립하여, 조선의 내정을 일본 침략에 유

남원읍성 유허지. 김개남이 주둔했던 남원읍성은 김개남이 한양성 공략을 위해 북쪽으로 떠난 후 이곳을 지키던 동학농민군이 민보군의 공격을 받아 큰 희생을 치렀다. ⓒ동학농민혁명종합정보시스템

리한 방향으로 개편해 갔다.

게다가 청군을 북쪽 국경 밖으로 몰아내면서 전 국토를 장악하게 된 일본군의 총부리가 남으로, 동학농민군을 향하게 되리라는 점도 불문가지의 사실이었다. 이러한 상황에서 '남원대회'에서는 이렇다 할 통일된 대응 방안을 마련하지는 못했으나, 국권 수호를 위한 반일 봉기의 의지를 확인하는데서는 이의가 없이 일치하였다. 다만 구체적인 행동의 시기와 방법론에서차이가 있었을 뿐이다. 동학농민군의 제1차 봉기가 탐관오리의 숙청과 폐정개혁이었다면, 제2차 봉기의 목표는 '척왜'에 있었다는 점은 분명하다. 이제 내부적인 혁명전쟁은 대일(對日) 전쟁으로 그 성격이 바뀌었다.

남원대회에서 김개남은 내외적으로 여러 가지 불리한 여건이지만 서둘러 서울로 진격해서 왜군을 쫓아내자는 주장을 굽히지 않았다. 김개남은 전반적으로 불리한 상황이지만, 그래도 싸울 시기를 앞당기는 것이 그나마 유리하다고 생각했고, 전봉준과 손화중은 객관적인 정세뿐만 아니라, 동학농민군 내부 상황으로 보아도 늦출 수밖에 없다고 생각하였다. 김개남은 기포 후 한양으로 진격하는 행보를 가볍게 하기 위하여 현재 집강소 통치를 벌이고 있는 지역에서 양반 유생이나 권력자들을 철저하게 징치하여 후환을 없애자는 쪽이었다. 김개남의 입장이 옳았다는 것은 2차 봉기 후 곳곳에서 양반 사대부들이 민보군을 직접 조직하여 동학농민군에 맞서거나, 반농민군-민보군 세력에 지원을 아끼지 않았던 정황으로 보아 알 수 있다. 반면 전봉준은 훗날 공주 대회전에서 관군과 유림들에게 통문을 보내 '의병(동학농민군)과 합력하여 외적(外敵)을 몰아내자'고 권유한 데서도 알 수 있듯이, 대일 항전을 위해 신분의 고하를 막론한 국내 제 세력의 연대에 무게중심을 둔 입장이었다. 그러므로 전봉준으로서는 김개남의 철저한 반봉건 투쟁, 신분제 철폐 활동을 탐탁하게 여길 수만은 없는 입장이었을 것이다. 공주에서 사대부 이유상이 동학농민군에 합류하였던 점이나, 동학농민군이 관군-일본군의 연합 전선에 가로막혔던 사실로 보아, 전봉준의 입장 또한 전적으로 잘못된 것이라고만 볼 수 없다는 점도 사실이다. 김개남이 남원 인근 운봉의 박봉양이 이끄는 민보군과 대결적 구도를 취한 반면 전봉준은 김개남과 박봉양의 타협과 합력을 주선하려고 애썼던 정황도 두 사람 사이의 노선 차이를 보여주는 사례이다.

김개남은 서둘러 기포를 한다고 해도 본격적인 기포는 8월 하순(양력 9월 하순)에야 가능하다고 보았다. 그때 봉기를 한다면, 접전을 할 무렵에는 곧 가을이 오고, 이어 추워지는 겨울에 대한 대처가 요구되는 시기였다. 그런 만큼 기포를 8월 하순보다 더 늦춘다면, 엄동설한에 본격적인 전투를 해야 하는 셈이어서, 동학농민군의 무장 상태나 여건으로 보아서는 도저히 감당할 수 없는 상황임은 불을 보듯 뻔했다. 동학농민군의 여건을 볼 때 전투를 시작할 시점의 선택은 매우 중요했다. 전봉준과 손화중은 청일전쟁의 결판을 분명히 알 수 있고, 세력 확대와 군사훈련에 요구되는 기간을 포함해서 10월이나 그 이후의 개전을 주장한 것이지만, 이는 사실상 가능하지 않은 시기 선택이었다. 4계절을 모두 지나며 전투를 치러본 경험이 없는 데서 오는 실착이었다.[139]

전봉준, 2차 기포와 삼례 집결 공포

역사의 분기점에서, 동학혁명의 변곡점에서 김개남은 줄곧 강경론을 폈다. 전봉준과는 대조적이었다. 출신 성분으로 보면 두 사람의 생각과 처신이 뒤바뀐 것이 아닌가 싶다. 전봉준은 빈농이나 다름없는 잔반 출신의 서당 훈장으로 아버지가 고부관아에 끌려가 장살당할 만큼 피해와 원한이 쌓인 반면, 김개남은 부농에 가까운 여유 있는 사족 출신이었다. 사적으로도 달리 원한 같은 것이 있지 않았다. 프롤레타리아와 부르주아라는 극단적 차이는 아니지만 유사한 성분임에도 노선이 바뀐 것이다.

김개남의 혁명적 성격은 다양한 자료에서 간취(看取)된다.

동학 지도자들 가운데 조선 왕조를 전복하려는 집단의 대표적인 지도자로는 김개남을 들 수 있다. 김개남은 자신이 남원에 개국할 것이라고 선언하였다. 실제 그는 스스로 '개남국왕(開南國王)'이라고 칭하기도 하였다. 김개남은 새 왕조를 건설하려는 태도를 취하였기 때문에, 일본군의 경복궁 침범 후 전라감사 김학진이 함께 조선 왕조의 위기에 대처하자는 제안을

동학혁명 제2차 기포의 최초 집결지인 논산에 조성된 기념공원과 기념비(왼쪽), 기념조형물(오른쪽)

거부하였다. 또한 이기(李沂)의 제안, 즉 간악한 권귀(權貴)를 축출하고 주
상을 받들어 국헌(國憲)을 일신하자는 제안에 대해서도, 전봉준은 흔쾌히
수락하였지만 김개남은 단호히 거부하였다.[140]

　김개남의 고민은 깊어 갔다. 일본군이 왕궁을 점령하고 국왕이 인질로 잡
혀 있는 상황에서 항일 봉기가 종묘사직은 물론 국가의 운명에 어떠한 영향
을 미칠는지 모르고 무엇보다 전봉준 등과의 의견 차이를 좁히기 어려운 것
도 문제였다. 전봉준은 전봉준대로 고심이 깊어 갔다. 김개남은 8월 25일을
전후하여 재기포를 결심한 이후 연일 전봉준을 압박하고 있었다.
　김개남과 전봉준 등이 고심을 거듭하는 사이 청일전쟁에 한창인 일본군

본대와 별도로 삼남 일대의 일본군들도 민활하게 움직이는 정황이 속속 포착되었다. 8월 27일 일본인 3명이 천안 일대에 나타나 동학에 대해 정탐하고 다닌다는 보고가 접수되었고, 같은 날 일본 총영사는 동래부사가 동학을 비호하는 정황을 본국에 보고하였다. 또 그날 문경 지역의 동학도들은 태봉병참부 소속 다케노우치(竹內盛雅) 대위를 붙잡아 처형했다.(일본 〈시사신문〉) 28일에는 경상도 예천에서도 동학농민군이 읍내를 공격하는 사건까지 벌어지자 29일 안동에 주둔하고 있던 일본군이 예천에 도착하여 경상감영의 관군을 앞세워 일대 농민군과 전투를 벌였다.

김개남은 이 무렵, 부산에 상륙한 일본군 일대가 남해안을 따라 서진하여 전라도 동학의 배후를 치려는 움직임을 간파하고, 김인배 대접주를 움직여 길목인 하동 일대를 장악할 것을 당부했다. 9월 1일(양9.29), 김인배는 기포를 선언하고 하동 쪽으로 진출했다. 9월에 들어서자 강원도(4일, 강릉부 점령), 경상도(5일, 성주읍 점거), 경기도(9일, 죽산·안성 관아 점령), 전라도(9일, 금구 동학군 기포) 등 전국 각지에서 산발적인 기포가 이어졌다. 이것은 동학농민군 지휘 본부의 의중과 관련 없이, 청일전쟁이 벌어지고 있는 국내외 정세로 보아, 반외세 투쟁을 위한 기포를 더 이상 미룰 수 없다는 각지의 판단에 따른 것으로 보인다. 이러한 지역별 분산 기포 열기를 어떤 식으로든 받아 안아야 하는 과제가 전봉준, 김개남 등을 결단의 순간으로 몰아가고 있었다.

애당초 전주화약을 맺고 전주성에서 물러난 것은 청국과 일본군이 한반도에 주둔할 명분을 없애기 위한 것이었다. 그러나 동학농민군이 무기를 반납하고 해산하였음에도 불구하고 일본군과 청국 사이의 전쟁은 막을 수 없었고, 청군은 예상했던 것보다 훨씬 더 무기력하게 일본군에게 패퇴를 거듭하고 있었다. 게다가 일본군은 왕궁을 침범한 이래 내정 간섭을 하며 노골적인 침략 야욕을 드러내고 있었다. 일본군의 그 침략 의지는 동학농민군이 자중한다고 해서 꺾어지거나 무마할 수 있는 것이 아니라는 점은 분명해 보였다. 그렇다고 다시 기포하기에는 동학농민군들의 상황이 녹록치 않았다. 이제 곧 추수기가 다가올 테고, 그렇게 되면 북상 과정에서 호응해 오는 숫자도 1차 봉기 때만큼 기대하기는 어려울 것이 뻔하였다. 무엇보다 전봉준을 머뭇거리게 만드는 것은 호서 지방에 있는 북접법헌을 비롯한 동학도인들의 움직임이었다. 이미 호서 지방의 동학도인 중에도 호남으로 넘어와 1차 봉기 때부터 참여하는 인원이 적지 않았고, 부분적으로는 호서(충청) 지역에서도 관아를 점거하는 봉기가 일어나고 있었지만, 법헌의 공개적인 지지 선언이나 기포 선언이 나온 것은 아니었기 때문이다.

결국 9월 4일(양10.2) 전봉준은 휘하의 직속 동학농민군 4천여 명을 소집하여, 삼례에 집결토록 했다. 9월 8일, 전봉준은 삼례에 집결한 동학농민군 앞에서 2차 기포를 공식적으로 선언하였다.

동학 북접, 동학혁명 총기포를 결정하다

전봉준이 재기포를 선언하고 삼례에 집결한다는 소식이 해월 최시형에게 전해지자, 해월은 충청, 경기 일대의 대접주들을 소집하였다. 처음에는 신중하라는 교주의 간곡한 당부를 어기고 설불리 봉기한 전라도 지역 동학농민군 지휘부를 징치해야 한다는 입장에서 회의가 진행되었다. 북접법헌 최시형은「고절문」을 지어 각 포에 돌리고, 교단에서는 '벌남기(伐南旗)' 즉 남쪽 동학농민군을 토벌하자는 깃발까지 만들어 농민군을 공격하려 하였다. 그러나 그동안 묵묵하게 해월의 지휘에 따르던 많은 대접주들이 동학도인들끼리의 상전은 안 된다는 것과, 이제 싸움이 정부를 상대로 한 것이 아니라,

북접법헌 해월 최시형이 머물고 있던 청산 대도소가 있던 청산리 전경. 해월은 이곳에서 전국의 동학도 총기포령을 내려 9월 18일까지 이곳에 집결토록 하였고, 북접 동학군은 손병희의 총지휘 아래 보은을 거쳐 논산으로 진출하여 전봉준 부대와 합류하였다.

동학도를 토벌하려는 일본군을 상대로 한 것임을 내세워 호남 동학군과 손을 잡자는 쪽으로 모아졌다. 오지영의 거중 조정이 큰 역할을 하였다. 결국 며칠간의 심각한 논란 끝에 해월 최시형은 동학도인 전체가 총기포하기로 결론을 내렸다. 최시형은 각 포 두령(대접주)들에게 9월 18일 보은의 청산(靑山)으로 모이라는 기포령을 내렸다. 그리고 「초유문(招諭文)」을 발령했다.

주역에 이르기를 대재(大哉)라 건원(乾元)이여, 만물이 자시(資始)하고 지재(至哉)라 곤원(坤元)이여, 만물이 자생(資生)이라 하니 사람이 그 사이에 만물의 영(靈)이 된지라. 부모는 낳고 스승은 가르치고 임금은 기르나니 그 은혜를 갚는 데 있어 생삼사일(生三事一)의 도(道)가 있는 것을 알지 못하면 어찌 사람이라고 이를 수 있겠는가. 선사(先師=水雲 崔濟愚-필자주)께서 지나간 경신년(庚申年, 1860)에 천명(天命)을 받아 도를 창명하여 이미 퇴폐한 강상(綱常)을 밝히고 장차 도탄에 빠진 생령(生靈)을 구하고자 하더니 도리어 위학(僞學)이라는 지목을 받아 조난순도(遭難殉道)하였으니 아직도 원통함을 씻지 못한 것이 지금까지 31년이라. 다행히도 한울이 이 도를 망(亡)케 하지 아니하여 서로 심법(心法)을 전하여 전국을 통한 교도가 몇 10만인지 알 수 없으되 사은(四恩)을 갚을 생각은 없고 오로지 육적(六賊)의 욕을 일삼으며 척화(斥和)를 빙자하여 도리어 창궐(猖獗)을 일으키니 어찌 한심하지 않으리오. 돌아보건대 이 노물(老物)이 나이가 70에 가까운지라 기식(氣息)이 엄엄하되 전발(傳鉢)의 은혜를 생각하면 눈물이 옷깃에 차는 것을 견디지 못하여 어찌할 바를 모르겠도다. 이에 또 통문을 발하노니 바라건대 여러분은 이 노부의 마음을 양찰(諒察)하고 기필코 회집하여 비성을 다하여 천위주광(天威紸纊)의 아래 크게 부르짖어 선사의 숙원을 쾌히 펴고 종국(宗國)의 급난에 동부(同赴)할 것을 천만 바라노라.[141]

최시형은 이 자리에서 하늘의 뜻에 이르렀음을 지적하면서 북접이 남접과 합세하여 무력 항쟁에 나설 것을 명령하였다. 이로써 동학혁명은 남북접이 함께 봉기하는 계기가 되었다. 혁명의 참여를 결정한 최시형은 신속하게 진영을 갖추도록 지시했다. 정경수 포를 선봉, 정규석 포를 후군, 이종훈 포를 우익, 이용구 포를 좌익으로 삼고, 손병희가 중군을 거느리고 전군을 총지휘도록 하였다. 손병희가 북접통령이 된 것이다.

북접 동학농민군의 지역과 주요 인물은 다음과 같다.[142]

손천민 · 이용구(청주), 김연국 · 황하일 · 권병덕(보은), 김복용 · 이희인

(목천), 정원준·강채서(옥천), 박인호(서산), 김경삼(신창), 김○배(덕산), 박용태·김현구(당진), 김동두(태안), 김두열·한규하(홍주), 박희인(면천), 주병도(안면도), 추용성(남포), 김지택·배성천(공주), 정경수·임명준(안성), 고재당(양지), 임학선·홍병기(여주), 김규석·김창진(이천), 신재준(양근), 김태열(지평), 이화경·임순화(원주), 윤면호(횡성), 심상현·차기석(홍천), 신재연(충주), 김내현(수원), 김방서·오지영(함열), 오경도·고제정(익산), 장경화·허진(옥구), 진관삼(임파), 김석윤·김낙철(부안), 김공선(만경), 최난선·고덕삼(여산), 박치경(고산), 이응백(무주), 이병춘(임실), 서영도·허내원(전주)

기회를 기다리던 북접 소속의 동학도들은 9월 18일 각 포 두령들의 지휘 아래 청산으로 속속 모이거나 각지에서 대대적으로 기포하였다. 천도교 역사서에는 최시형의 총기포 당시 상황을 이렇게 전한다.

> 9월 18일에 신사(神師) - 교도참살의 보(報)를 듣고 각 포 두령을 소집하여 청산에 모이게 하니, 이때에 장석(丈席)에 모인 자 수만 인이었다. 이때까지 북접 각 포에서는 아직 신사의 명교(命敎)를 기다리고 동(動)치 아니하였더니 이때에 손병희·손천민 등이 장석에 거의(擧義)하기를 청한대 신사 가로되 "인심이 곧 천심이라 차는 곧 천운 소치(所致)니 군 등이 도중을 동원하여 전봉준과 협력하고 사원(師冤)을 신(伸)하며 오도의 대원을 실현하라" 하시고 손병희에게 통령기(統領旗)를 주어 일제히 전선에 서게 하였다.[143]

손병희가 북접 통령이 되어 10만 명의 호소 동학농민군을 지휘하였다.

해월은 손병희를 중군 통령으로 삼고 동학농민군을 총지휘하게 하였다. 이로부터 진군을 시작하여 돈론촌(敦論村)에서 보은 수비병과 일전하여 크게 이기고 다음 날에는 전군을 2대로 나누어 1대는 영동·옥천에서 논산에 이르러 전봉준과 합세하고, 2대는 회덕 지명시(芝明市)에 이르러 청주 관군과 싸워 이들을 물리치고 논산에 이르러 남접 산하 동학농민군과 합세하였다.[144]

대원군의 밀지를 둘러싸고 벌어진 혼란

김개남이 남원에서 재기포를 준비하고 있던 9월 8일 대원군의 밀사가 찾아왔다. 전봉준에게도 두 사람의 밀사가 왔었다고 한다. 대원군은 6월 21일(양7.23), 일본군에 의해 경복궁에 복귀하여 조정을 관할하고 있었다. 대원군은 8월 말에서 9월 초 사이에 「효유문」을 발표하여 동학혁명을 질타하였다. 「효유문」은 "도처에서 소란함을 일으키고 기강과 본분을 해치며 관(官)으로 하여금 시정(施政)을 이룰 수 없게 하고 조정으로 하여금 법을 집행하지 못하게 하여 백성이 편안히 생업을 유지할 수 없게 한다"고 동학농민의 봉기를 꾸짖고, "이제까지 잘못된 폐단은 일일이 뜯어 고치어 화평과 복을 돈독히 하고 있으니 위태로움을 자초하지 말 것"을 경고하고 있다.

정치적으로 대단히 노회한 대원군은 동학농민군의 개혁의지와 반외세의 성향에 공감하면서도 일본군을 의식하여 동학농민군의 해산을 종용하는 「효유문」을 발표하고, 다른 한편으로는 박동진(朴東鎭), 정인덕(鄭寅德)이라는 심복(이면서 동학교도)을 전봉준이 아닌 김개남에게 파견하여 군사를 몰고 입경(入京)하여 외적을 몰아내는 데 힘을 보태라고 하였다.[145] 그런데 김개남은 이들을 전봉준에게 보내 버렸다. 대원군과의 관계 맺고 싶지 않은 속내를 내비친 것이다. 이때 대원군의 효유문(해산 종용)을 가지고 김개남을 찾아왔던 정석모는 당시 정황을 『갑오약력』에 자세히 수록하였다. 그 내용에 따르면 군사를 일으켜 입경(入京)하라는 밀지는 대원군의 손자인 이준용이 보낸 '이건영(李建英)'이라는 인물로 이건영은 정석모보다 하루 앞서서 남원에 있는 김개남에게 당도하였다. 그다음 날 정석모가 해산을 하라는 대원군의 밀지를 가지고 김태정(金泰貞), 고영근(高永根) 등 두 사람과 함께 당도하자, 이 상반된 여러 서한을 어떻게 해석할지를 두고 처음에는 전봉준과 김개남 사이에 이견이 일어났다. 정석모를 처단하려던 김개남은 종형 김삼묵 등의 만류로 그를 살려 보냈다.[146]

김개남이 대원군의 밀지를 받고 재기포를 결심한 것은 아니다. 그는 줄곧 "한양으로 쳐들어가서 권세가들을 소탕할 것" 등 1차 봉기의 4대강령에 충실하고자 했다. '밀사'와 관련 한 연구가는 대원군의 '이중플레이'와 전봉준의 '특정한 의도' 등을 다음과 같이 분석한다.

> 대원군은 자신에게 닥친 위기를 능란한 솜씨로 무마하는 한편 농민군의 봉기를 진정시키겠다는 일본과의 약속을 지키는 것처럼 보이도록 남원에 있는 김개남에게 정석모를 통하여 해산하라는 효유문을 전달하고는, 다시 뒤로 이건영을 통하여 북상하라는 밀지를 보냈다. 이리하여 김개남은 정석모를 죽이고자 하였는데, 이때(9월 8일) 김개남에게 금구 원평에 있던 전봉준으로부터 "우리의 재봉기는 '진격만 있고 후퇴는 없다.' 만약 대원군의 효유문(해산하라-필자주)을 따르게 되면 만사는 끝장이다. 정석모 일행을 죽임으로써 대원군의 바람을 거절해야 한다"는 내용의 편지가 도착하였다. 전봉준은 청일전쟁과 중앙 정치의 동향을 주시하다가 더 이상 관망만 할 수 없는 상황이라 판단하고 김개남의 결단을 촉구하였던 것이다. 김개남

은 전봉준이 모든 화근을 자신에게 떠넘기려는 것으로 여겨 정석모를 죽이려는 처음의 계획을 취소하였다.[147]

신복룡은 김개남과 전봉준이 결국 대원군의 농간에 놀아나지 않고 뜻을 같이한 것으로 보았다.

전봉준은 대원군과의 문제와 정석모가 '뜨거운 감자'인 것을 알고 이를 김개남에게 보냈으며, 김개남도 전봉준의 이와 같은 속마음을 잘 알고 있었다. 이런 점에서 볼 때 당시 전봉준은 대원군과 제휴할 의사가 없었던 것으로 보인다. 정석모뿐만 아니라 이기(李沂)가 김개남을 설득하여 대원군을 돕게 하려고 그(김개남-필자주)를 찾아갔을 때 김개남으로부터 죽음의 위험까지 겪은 사실로 볼 때, 김개남도 대원군과의 관계를 호의적으로 생각하지 않았음을 알 수 있다.[148]

남원대회 후 김개남은 남원의 동학농민군을 각 군·현으로 배치하고 정예 100명과 함께 임실의 상이암(上耳庵)으로 들어갔다. 농민들에게 민폐를 끼치지 않고 관과의 약속을 지키며 농번기가 끝나는 9월 이후를 기다리면서 정세를 관망하기 위해서였다.

그러나 9월 8일(양10.6)경 김개남은 이미 출정할 결심을 굳히고 출정식을 연 것으로 보인다. 대원군의 밀지를 전하기 위해 남원의 김개남 진영에 갔던 정석모의 『갑오약력』에는 "새로 오방기(五方旗)를 7, 8천여 개 만들어 오늘 장대(將臺)에서 기제(旗祭)를 지내려고 하"[149]는 중이라고 하였다. 이 깃발들은 단지 제사를 지내기 위한 것이라기보다는 동학군이 출정할 때 각 부대를 표시하고 위세를 떨치기 위한 것이며, 제사란 곧 출정식에 다름 아니었을 것이다.

한편, 김개남이 남원을 떠난 후 두 가지 사건이 벌어졌다. 하나는 안의사건(安義事件)으로 "안의사건이라는 것은 남원의 농민군이 운봉을 거쳐 함양군 지곡면의 부자 정씨로부터 많은 식량을 얻어내고 7월 10일 안의현까지 가서 현감 조원식에게 군량미 지원을 요구한다. 조원식 현감은 흔쾌히 수락하면서 많은 술과 음식으로 농민군을 대접하였다. 그러나 날이 저물자 숨겨두었던 장정들이 불시에 습격하여 농민군은 대적해 보지도 못한 채 수십 명(혹은 300여 명)이 죽고 몇십 명(혹은 10여 명)만 살아 돌아오게 되는 사건이다."[150]

다른 하나는 운봉 출신 박봉양의 배신이다. 박봉양은 장수의 황내문 접주를 통해 동학에 입도하고도 작당하여 반기를 들었다. 그는 한때 동학에 입도하였던 인물인데, 이 이전에도 김개남에 맞서서 내부 갈등을 일으킨 것을 전봉준이 주선하여 무마한 적이 있었다. 그러나 결국 김개남이 남원을 비우고 떠난 후 인근 고을의 관헌들의 지원을 받아 민보군을 조직하고, 남원에 있던 동학농민군을 토벌하는데 앞장섰다. 안의사건으로 영남지방에 집강소 설치 등이 좌절되면서 동학농민군 조직이 확대되지 못하고, 박봉양의 배신으로 동학 조직에 균열이 생겼다.

제13장

제2차
동학혁명과 김개남

김개남은 중군으로 뒤늦게 북상 시작

무능한 위정자는 범죄자다. 고종은 무능하고 나약하고 부패한 군주였다. 일부 학자들이 근대화를 추진한 개명군주라고 떠받들지만, 전체를 보지 않고 특정한 부분만 과장한 단견이다. 일본의 압력으로 친부 흥선대원군에게 섭정을 맡겼으나 왕권은 이미 권위를 잃고 국정이 일본군 손에서 농단되기에 이르렀다. 사실상 이때부터 일본의 한국 지배 마수가 작용했다고 할 것이다.

전봉준이 9월 4일(양10.2) 재기포하기로 결정하고, 9월 8일(10.6) 삼례에 집결하고, 북접에서도 9월 18일(10.16) 총기포를 선언할 직전까지 김개남은 출정을 하지 않고 남원에 머물러 있었다. 그러나 그는 일본 오랑캐를 몰아내어 국정을 바로 잡고, 곧장 서울로 진격하여 세도가와 귀족을 없앤다는 봉기 초기의 강령을 한시도 잊은 적이 없었다.

김개남에게는 용맹한 천민 출신의 부대가 있었다. 동학농민군 접주들이 거느린 여느 부대에 못지않은 특수한 부대였다. "남원에 집강소를 설치하여 전라좌도를 통치했던 대접주 김개남은 역시 천민 출신 동학농민군 부대를 편성하였다. 김개남은 도내의 창우(倡優)와 재인(才人) 1천여 명을 뽑아 한 개의 특수한 농민군부대를 편성했는데, 그들은 사력을 다하여 충성을 바쳤

삼례로 집결하는 전봉준 휘하 동학농민군(기록화). 9월 8일(음)부터 삼례에 집결하기 시작한 동학농민군은 10월 들어 논산에서 손병희가 이끄는 북접 동학군과 합류하여 공주성 공략을 시작하였다. ⓒ이병규

다고 한다."[151]

　김개남 부대에 천민신분 출신들이 대거 참여하게 된 데는 이유가 있었다. 그가 전라좌도의 책임을 맡아 집강소를 경영하면서 제시된 정책을 충실하게 이행하여 따르는 사람이 그만큼 많았다. 집강소의 원칙은 ① 탐관오리의 숙정 ② 신분제도 폐지와 천민해방 ③ 횡포한 부호의 응징과 재산몰수 ④ 삼정(三政)의 개혁과 무명잡세의 철폐 ⑤ 고리채의 무효화와 고리대부의 엄금 ⑥ 미곡의 일본유출 금지 ⑦ 지주제도의 개혁과 폐지 시도 ⑧ 백성들이 제출한 원소(冤訴)의 공정한 처리 ⑨ 관리들이 작성한 기록을 검열하여 잘못된 점을 시정 ⑩ 동학의 전도와 농민군 강화 등이었다. 김개남은 이를 충실하게 실행하였다. 물론 이것은 호남 53개 군현 중 대부분 지역에 설치

된 집강소의 대원칙이지만, 김개남은 관할구역에서 철저히 시행하여 그만큼 백성들의 신뢰가 따랐다.

김개남은 왜 지속적으로 재기포를 주장하고, 8월 하순에 이미 남원에서 재기포를 선언하였음에도, 정작 전봉준이 재기포하여 출정하는 9월 초에는 삼례에 합류하지 않았을까? 이후의 동학혁명의 전개 과정에서 볼 때 이 같은 처사는 김개남의 실책이 아닌가 싶다. 전봉준의 재기포 선언은 "조선에 불법 침입해서 일본이 조선을 보호국(반(半) 식민지)으로 예속시키려고 청일전쟁까지 벌이고 있는 일본 침략군을 조선 땅에서 몰아내어 조국의 자주독립을 굳게 지키려는 동학농민군의 항일무장투쟁이 정식으로 선언된 것이었다."[152]

『오하기문』 등 일부 기록에는 김개남이 남원에서 49일간 머물러 있어야한다는 참서 때문이라고 하지만, 근거는 희박하다. 오히려 김개남의 늑장 출발을 이해할 만한 정황이 없지 않다.

후방의 민보군 진압하느라 북상 늦어

동학농민군의 2차 기포 집결지로 전봉준의 활동 근거지인 전주나 김개남의 정예군이 있는 남원이 아닌 삼례를 택한 데는 까닭이 있었다.

동학농민군이 삼례를 제2차 봉기의 기포지로 삼은 것은 교통의 요지라는 점이 크게 작용했다. 전주부 바로 외곽에 위치한 데다 전라도에서 서울로 가기 위해서는 반드시 거쳐야 했던 교통의 요충지가 바로 삼례였다. 삼례는 또한 당시 1백여 호밖에 없었지만 주막이 많고 평야지대를 끼고 있어 많은 수가 숙식을 해결하는 데 용이했다. 이 밖에 삼례는 1892년 대신사 신원운동을 위한 취회가 열렸던 동학의 교세 기반이 탄탄했던 곳으로 동학 농민군 중요 거점의 하나였다는 점도 작용했을 것이다.[153]

다시 말해 동학의 기반이 탄탄하고 서울로 향할 때 남원이나 전주보다 북쪽에 위치하고 교통의 요지여서 공주에 접근하기 쉬운 지역으로서 삼례를 선택했다는 것이다.

삼례에서 재기포를 선언하고 격문을 띄운 후 삼례로 향하는 며칠 동안에 약 30개 대소 접별(지역별)로 수만 명의 동학농민군이 속속 집결하였다. 신복용이 정밀하게 분석한 바에 따르면 전주(최대봉, 강수한), 고창(임천서, 임형로), 태인(최경선), 남원(김개남), 금구(김봉득), 함열(유한필), 무장(송경찬, 송문수, 강경중), 영광(오시영, 오하여), 정읍(손여옥, 차치구), 김제(김봉년), 고부(정일서, 김도삼), 삼례(송희옥), 순창(오동호), 원평(송태섭), 장흥(이방언), 해남(김병태), 나주(오권선), 함평, 흥덕(고영숙), 순천(박낙양), 흥양(유희도), 보청(문장형), 광주(박성동), 임실(이용거, 이병용), 담양(김중화) 등이었다.[154] "이즈음 농민군은 호남지방 뿐만 아니라 충청도·경상도·경기도·강원도·황해도 등 북쪽 지방에까지 이르는 조선의 구석구석에서 일어났다. 일본군이 왕궁을 침범하고 청일전쟁을 도발한 사태는 조선의 전 민중에게 심각한 위기의식을 심어주기에 충분했으며 이에 따라 조선 전역에서 항쟁의 횃불이 타올랐던 것이다."[155]

동학농민군이 제2차 기포에까지 이르렀으나 여러 가지 난관이 기다리고 있었다. 무엇보다 각 포와 접주들이 거느린 군사를 모은, 지휘체계가 갖춰지지 않은 일종의 연합군적인 성격인데다 보급이나 무기·수송 등에서 어느 것 하나 제대로 갖춰진 것이 없었다. 더 큰 문제는 동학혁명에 반대하는 내부 세력의 도발이었다. 유생들은 초기에는 동학농민군의 위력에 눌려 침

삼례 재기포 기념조형물. ⓒ표영삼

묵하거나 좌고우면하다가 정부가 청군을 불러들이면서부터 민보군(民保軍)을 조직하는 등 동학농민군에 대항하고 나섰다.

　　동학농민군의 삼례 재기포 과정은 1차 기포 때와 다른 몇 가지 특징을 보여준다. 각 고을 단위로 동학농민군의 과감한 개혁 활동에 두려움을 느낀 보수 세력들이 농민군에 대항하기 위한 민보군을 조직한 경우가 있었다. 이에 따라 동학농민군 지휘부가 설득에 나서 농민군과 민보군 간의 충돌을 방지하고자 했다. 그러나 광주·나주·장흥·강진·순천 등 반농민군의 활동이 거센 지역에는 유력한 농민군 지도자가 파견되어 반농민군 세력을 진압하지 않으면 안 되었다. 그리하여 손화중·최경선은 광주·나주에, 김개남은 전라좌도를 관할하는 남원에, 김방서는 장흥·강진에, 김인배는 순천·광양에 머물며 반농민군 세력을 진압했다. 그 결과 9월 기포에 합류한 동학농민군은 정읍·고창·전주·김제·부안·익산·삼례 등 전라우도 일부 지방이 중심이 되었고, 그 밖의 전라좌도를 비롯한 상당수 전라도 농민군들은 바로 합류하지 못했다.[156]

김개남이 삼례의 2차 기포에 처음부터 참여하지 않은 것은 먼저 관내 보수 세력의 민보군을 처리하지 않을 수 없는 사정 때문이었을 것 같다. 일본군 일개 부대가 부산으로부터 서진하여 전라도로 다가올 조짐이 보였고, 서남 해안 지역에서 일본군이 바다를 통해 동학농민군의 배후를 치고 들어올 것에도 대비해야 했다. 그런 이유로 손화중도 삼례에 합류하지 않은 것이다. 전봉준이 전주에서 삼례로 떠나면서 김개남에게 격문을 보내 "나는 북상하니 뒤에서 후원해 달라"[157]고 한 문맥에는 후방 방비의 의미도 들어 있다고 보아야 한다. 그런 만큼 김개남과 전봉준의 갈등 때문에 김개남의 출정이 늦어졌다는 것은 결정적인 이유가 되지 못한다. 그러나 김개남뿐만 아니라 전라우도 동학농민군의 병력이 합세하지 못함으로써 동학농민군의 재기포의 위력이 반감된 것만은 사실이다. 호남 지역의 동학농민군은 1차 봉기 과정에서 농민군으로서는 귀중하기 이를 데 없는 '전투경험'을 쌓은 경험자들이었다. 그나마 북접의 호응을 받게 된 것은 다행한 일이었지만 그들은 대규모 전면전의 경험이 전무한 농군(農軍)들이었다.

또 한편으로 김개남은 후방에서 틈을 노리는 지방 토호 세력과 이들의 사주를 받은 민보군을 진압하며, 전봉준의 후방을 지원하는 일을 무엇보다 중요하게 여긴 것으로 보인다. 사전에 전봉준과 역할분담을 하였을 수도 있다. 이러한 정황을 알려주는 기록도 있다.

삼가 듣기에 호남의 거괴 전봉준이 선봉진이 되어 공주를 침범하였으며, 김개남은 중군(中軍)이 되어 청주를 침범하였고, 또 한 놈은 후군(後軍)이 되어 호응한다고 합니다. 이날 (11.13 청주성 공격-필자주) 깃발의 구호는 모두 중군이었습니다.[158]

북접 통령으로 논산에서 전봉준과 합류하여 우금치 전투를 치른 손병희. 동학혁명 이후 살아남아 해월 최시형을 이어서, 천도교 교주가 되었다.

이렇게 전-중-후로 나누어 전봉준의 선봉진이 먼저 나서고, 김개남의 중군(中軍)이 시차를 두고 경로를 달리하여 북상하며, 후군(後軍-아마도 손화중)은 남아서 전라도 일대를 방비하는 역할을 하게 된 것이다. 그러나 모든 것이 뜻과 같지 않아, 예상했던 것보다 김개남의 출발은 늦어졌고 게다가 추수철에 접어들어 북진 대열의 합류가 늦어진 것이다. 그에게는 천시(天時)와 지리(地理)가 따르지 않았던 것 같다.

청주성 공격, 일본군에 패배하여 후퇴

전봉준이 한 달여간의 부대 편성을 마치고, 북접 동학군과 일정을 맞춰 북상을 시작한 것은 10월 상순이다. 언제든지 출정할 준비를 마치고 사태를 주시하던 김개남은 10월 14일(양11.11) 드디어 남원을 출발하였다. "14일 날 부대를 이끌고 전주로 향하였는데 총을 등에 진 자가 8천 명이었으며, 짐보따리를 실은 행렬이 백 리까지 이어졌다."[159]라고 한 것으로 보아 그 위세가 대단하였다. 이때 거두어들였던 쌀을 팔아 군자금으로 바꾸었는데 1섬 값이 2-3민(緡)이었다.[160] 김개남이 떠난 후에도 남원에는 김개남 휘하의 동학농민군들이 곳곳에 포진하고 있었다. 영상일기 이날 기록에 김개남이 시장 상가를 불태웠다고 하였으나 이는 사실과 다르다. 김개남은 남원을 떠나기 전에 정석모 등의 건의를 받아들여 오영을 설치하고 각 군의 거포들 중 일부를 남겨서 남원 일대의 질서를 유지하게 하였으나 훗날 운봉 민보군의 공격을 받고 그제서야 성을 완전히 비워주게 되었다.[161]

> 본군(本郡=남원-필자주)에 남아 있는 도인은 홍양의 유복만, 담양의 남응삼, 태인의 정창규, 김연구, 진안의 이사명, 금구의 김봉덕, 임실의 최준필 등의 대접(大接)이며, 본군 대접인 김홍기, 황내문, 이규순, 이기동, 박세춘, 유태홍, 변홍두, 최진악, 김연호, 심노환, 조동섭 등이 각기 수천 명씩 이끌고 동년 11월에 군 동쪽 방애재에서 운봉 박봉양과 접전하다가 패배하여 사상자가 수백 명이었다.[162]

전봉준이 북접군과 만나기로 한 논산에 도착하던 10월 16일, 김개남은 전주성에 당도하였다.

호서 지역 방위에 주력하던 관군은 15일(11.12) 용산을 출발하여 3로로 남하를 시작한 일본군과 보조를 맞추어 가며 각지의 동학 근거지를 수색하고 집결했던 동학농민군에 대한 공격을 강화하고 있었다. 김개남 부대는 바로 그 한 가운데로 대군을 움직여서 행군해 들어갔던 것이다. 그리하여 어느

곳에서든 일본군과 조우할 수밖에 없었다. 더구나 군량을 준비했다고 하더라도 운반 수단이 적절하지 않았다.

동학농민군의 가장 큰 애로점은 관군-일본군에 비해 빈약한 무기와 훈련 정도도 있지만, 보급이 원활하지 못하다는 점이 또 하나의 변수였다. 필요한 식량 등을 민간과 관아에서 징발한 소와 말에 싣고 다녀야 했기 때문에 이동 속도도 느리고, 대규모 인원에게 매일 끼니마다 밥을 해 줄 수가 없었다. 전쟁 준비에 노력은 했지만 무기와 군량 공급이 부족한 위에 대군을 동원해서 전면전을 벌이려고 했던 생각은 실전 경험이 없는 가운데 세워진 현실성 없는 계획일 뿐이었다.

특히 재기포 시기가 늦어지면서, 금방 날씨가 추워지고, 땅이 얼었다 녹았다를 반복하며 행군 속도를 떨어뜨리는 것은 물론 농민군의 급속한 체력 저하를 가져오게 된 것도 문제였다. 또한 들판에는 곡식을 수확해서 넓은 개활지처럼 되었고, 산에도 초목의 무성한 잎이 떨어져서 황량한 상태로 변했다. 원거리에 사격이 가능한 신식 무기로 무장한 상대와 전투를 벌이기에는 적절하지 않은 시기였다.[163]

전주성에 입성한 김개남은 새로 부임해 임지로 오던 남원부사 이용언(李 容彦)을 처형하고 고부군수 양필환과 순천부사 이수홍을 처벌하였다. 김개남으로서는 후방을 단속한다는 의미에서 감행한 일이었으나, 동학농민군에 대한 민심 이반을 가져오는 일이기도 하였다. 전주성에 머무는 동안 공주 우금치에서 1차 접전(10.23-25)을 벌이다 노성으로 후퇴해 있던 전봉준이 김개남에게 구원을 요청[164]하였으나, 김개남은 이미 전 참판 정숙조가 앞장서서 반(反)농민군 활동을 하고 있던 금산을 공격하여 점령하면서 충주로 나아가고 있었다. 금산은 동학농민군이 여러 차례 점령하였던 곳이지만 민보군의 보복이 그 어느 지역보다 극심했기에 동학농민군의 희생이 컸던 지역이다. 이때도 금산 동학농민군의 지원 요청이 있어 일부 농민군을 파견한 것이다. 민보군에 대한 보복이 이루어지자 금산의 민심은 급속도로 이탈해 갔다. 김개남은 전주-삼례를 거쳐, 은진과 연산, 금산과 용담을 지나 11월 10일(양12.6)에야 진잠 읍내에 당도했다. 진잠 공형은 김개남이 '5천 명'을 이끌고 진잠에 당도하였다고 보고했다.[165] 모든 무리가 한꺼번에 움직인 것이 아니라, 몇 개로 나뉘었다가 합쳤다를 반복하며 청주성 쪽으로 이동한 것 같다. 이때는 공주 우금치를 사이에 두고 관군·일본군과 전봉준·손병희의 동학농민군이 사생결단의 공방전을 벌이고 있던 때였다.

김개남 부대는 진잠에서 군량 등을 확보하기 위해 민가까지 위해를 가하였다. "전라도 김개남의 포 5천여 명이 금산 등지로부터 이달 초 10일 신시경 본읍에 들어와 (중략) 창고의 열쇠를 부수고 열어서 환곡을 탈취하였으며, 읍내의 민가 살림살이를 혹은 부수고 혹은 빼앗아갔으며, 유향과 공형과 읍의 아전들을 두루 가두고 때려서 거의 죽을 지경에 이르게 하였는데"[166]라는 보고에서 그 정황을 알 수 있다. 그런데 이바람에 진잠에서 청주성으로 향한다는 정보가 새어 나가 순무영에 당도했다. 전주성에서 이곳까지 오는 약 한 달의 기간 동안 거의 아무런 저항 없이 진군을 거듭하는 동안 기강이 해이해지고 경계심이 느슨해진 탓이었다. 이리하여 청주성은 나름의 준비를 갖추고 김개남의 동학농민군을 맞이할 수 있게 되었다. 이 시기에 3로로 나뉜 일본군 중 중로군과 관군 교도중대 이진호 중대장에게도 이 사실이 전해진 것이다. 이들에게 청주성으로 향하는 동학농민군을 초멸하라는 지시기 내려졌다.[167]

김개남이 청주성을 공격한 것은 11월 13일 새벽이다. 남원을 출발할 때 8천 명이던 김개남의 부대는 전주성을 거쳐 청주성까지 오는 도중에서 계속 농민군이 합류하여 2만 명에 이르렀고, 회덕과 문의 일대에 남아 지역을 방비하던 북접 동학농민군도 합세하여 최소 2만 5천 명에 달하는 거대한 세력이었다. 김개남은 강사원(姜士元), 안귀복(安貴福), 이수희(李秀希) 등을 앞장서게 하여[168] 청주성 공격에 나섰으나, 제대로 싸워보지도 못하고 패배하고 말았다. 강력한 일본군의 화력과 작전 역량 때문에 수적인 우위에도 불구하고 철저하게 패배한 것이다. 김개남은 일본군이 청주성에 들어와 있는 것을 알지 못하였다. 일본군과 조선군 교도중대는 순무영의 첩보를 접하였지만 그보다는 우금치 전투 상황이 급선무라고 보고 그쪽으로 향하기로 결정하여 움직여 갔다. 그러나 어찌 된 일인지 농민군이 청주성을 공격하기 전날인 11월 12일(양12.8)에 청주성에 일본군 1개 소대 병력이 들어왔다. 이들은 일본군 군로실측대의 호위 임무를 맡은 후비보병 제19대대 소속 1개 소대 병력으로, 구와하라 에이지로(桑原榮次郎) 소위의 지휘하에 그 전날(11.11) 문의에서 일군의 동학농민군과 전투를 치르고 대규모 농민군이 청주성으로 향한다는 사실을 포착, 한 발 앞서서 청주성으로 들어온 것이다.

일본군은 처음에 청주성 안에서 농민군을 맞아 싸우려 했으나 지형을 살피고는 무심천 건너 청주성 남쪽 언덕에 진지를 구축하였다. 청주성에서 600미터 거리이며 남문에 집결한 군사를 배후에서 공격할 수 있는 지점이었고 병력은 40명 정도였다. 청주 병영군 50~60명이 남석교까지 나와 진을 쳤으나 농민군에 밀려 성안으로 퇴각하자 농민군이 청남문을 에워싸게 된다. 그러자 일본군이 배후에서 공격하게 되고 10여 분의 교전에 20여 명의 전사자를 내게되되자 당황한 동학농민군은 후퇴하지 않을 수 없게 되었다. 황망한 패배를 당한 터라 후퇴가 질서 있게 이루어지지 못할 것은 불을 보듯 뻔한 일이었다. 후일 관군이 보고한 노획물을 보면 깃발 수십 폭, 활과 화살 수천 개, 모젤총 실탄 2,000발, 화약 150킬로그램, 구식대포 2문, 소와 말 50여 마리에 달한 것만 보아도 얼마나 황망하게 후퇴하였는지 짐작할 수 있다.

일본군의 주력 개인 화기인 스나이더 소총(위)과 무라타 소총(아래)

동학군은 은폐할 지형을 찾아 신탄진 방면으로 10리 가량을 후퇴하여 망일산 산자락에서 전열을 정비하여 다시 반격을 시도한다.[169] 그러나 곧 뒤쫓아 온 일본군 추격대의 우세한 화력과 사방에서 조여드는 압박 작전에 쫓겨 다시 공주 방면으로 후퇴하였다.

이 전투에서도 승패는 화력 차이에서 결정이 났다. 일본군은 무라타 소총 등 현대식 병기로 무장을 하고 있어서 동학농민군이 상대하기는 쉽지 않다. 동학혁명 시기 농민군과 일본군의 화력은 1 대 250 수준이었다고 분석된다. 전체 동학농민군 중에서 무장 상태가 가장 좋다는 김개남의 부대였지만, 사정거리 50미터 정도에 격발 속도도 분당 2회 정도에 불과한 화승총이 중심 화력인 농민군은 우수한 화력으로 공격하는 일본군을 상대할 수가 없었다. 압수 품목으로 보아 김개남 부대는 당시 조선 신식 군대의 주력 무기인 모젤총도 보유하고 있었으나 '화력'은 무기의 위력만으로 결정되는 것은 아니었다. 일찍이 이들은 그동안 상대해 오던 조선 관군(구식군, 신식군 포함)과는 차원이 다른 백전노장들이었다. 농민군의 반격은 8시쯤 시작되었으나 결국 40여 명에 불과한 일본군의 화력을 당해 내지 못하고 2시간 남짓 교전 후 다시 파군(坡軍)까지 속절없이 후퇴하였다. 일본군과 전투를 치러보지 못했던 김개남군은 일본군의 화력이 얼마나 뛰어난지를 알 수 없었으며 수적으로 월등하게 우세했던 점과 화승총이 (동학농민군 다른 부대와 비교해서) 월등하게 많았던 데다 다른 농민군부대는 갖지 못한 모젤총까지 보유한 것을 믿은 것 같다. 또한 그동안의 전투에서 특별히 엄밀한 작전 계획이 필요 없이, 위력으로 밀어붙이면 통하였던 사정과도 무관치 않을 것이다.[170]

결과론이지만 김개남이 동학농민군의 본류와 합류하지 않고 별도로 행동하여 청주성 전투에서 큰 패배를 당한 것은 그 자신은 물론 제2차 봉기에 임한 동학농민군 전체에 부정적인 결과로 나타났다. 동학혁명 주도자의 일익으로서 이때의 '판단착오' 또는 '전략착오'는 김개남의 전체 명성을 위협하는 결정적인 패착이 된 셈이다. 그럼에도 김개남이 이렇게 움직인 배경을 다시 한번 짚어 볼 필요가 있을 듯하다.

제2차 봉기를 즈음하여 전봉준과 의견을 일치하지 못하고 다른 노선을 걷기 시작했던 김개남은 남북접이 연합하여 사활을 건 공주 전투를 치열하게 전개하는 동안에도 전봉준이 이끄는 농민군과는 다른 진격로를 통해 북상하다가, 마침내 청주성 전투에서 대패하고 말았다. 이처럼 재봉기 및 북상 과정에서 김개남이 보여준 독자적 행동에 대한 학계의 평가는 대체로 부정적이다.

지금까지의 연구는 김개남의 이러한 독자적 노선이 전봉준의 세력을 질투하여 먼저 서울로 올라가려는 의도에서였으며, 이러한 갈등과 분열이 동학혁명의 좌절을 가져온 중요한 배경이 되었다는 인식 하에 평가되어 왔다. 실제로 2차 봉기를 앞두고 전봉준과 김개남 사이에 오고 갔던 의견과 인식의 차이나 상황은 이러한 평가를 설득력 있게 하는 바탕이 되고 있다.

청주공원 내에 남아 있는 청주관아의 객사 일부(망선루) ⓒ이병규

　　그러나 과연 공주전투를 즈음해 이루어진 김개남의 독자적 노선이 전봉준과의 심화된 대립적 관계에서 비롯되었는가 하는 문제는 좀 더 구체적인 점검을 필요로 한다. 근래 들어 이러한 평가를 새로운 차원에서 조명해 보아야 한다는 문제제기가 이루어지고 있다. 즉 "전봉준과 김개남은 생사고락을 같이 했던 동지적 관계가 훨씬 더 깊었던 데다 제1차 기포 때부터 남원대회 때까지 서로 긴밀한 연락을 취했던 점, 2차 기포 때 역시 연락은 오갔다는 점, 또한 김개남이 다른 진격로로 북상함으로써 농민군 세력을 결집시키지는 못했지만 다른 한편으로는 관군과 일본군 병력을 분산시키는 효과를 노릴 수 있었다는 가능성도 배제할 수 없"으며 특히 공주와 청주에서 각각 패전하여 패퇴를 거듭하던 중 "전봉준이 김개남과 만나 재기를 도모하려고 피노리(避老里)로 숨어들었다가 체포됐다는 점도 이들의 관계가 대립과 갈등 관계로만 규정되는 것에 많은 (異論의-필자주) 여지를 제기하는 근거"[171]라는 것이다.

스나이더와 무라타 소총의 위력에 밀려

동학농민군은 근대식 무기인 소총과 대포로 무장한 일본군과 관군에 대항하여 40~50차례에 걸쳐 혈전을 벌였다. 그러나 낡은 화승총을 비롯하여 각 고을에서 몰수한 창과 칼을 든 인원은 소수이고, 대다수는 여전히 죽창이나 농기구로 무장한 동학농민군에 비해 일본군은 스나이더 소총과 무라타 소총 등 현대식 병기로 무장하고 대포까지 끌고 왔다. 동학농민군의 화력과 일본군의 화력은 개인 화력에서만 1 대 250의 수준 차이가 났지만, 중화기의 위력이라든지 지휘관의 작전 능력, 그리고 정규적인 전투 경험 등을 포함하면 사실상 그 몇 배라고 할 수 있다.

영국에서 개발되어 수입한 스나이더(snider) 소총은 일본이 메이지 정부 출범 당시 벌어진 내전(1868년) 때에 처음으로 사용되었으며, 1874년 일본이 타이완을 침략할 때도 사용되어 위력을 발휘했던 신형무기다. 이 소총은 영국제 엔필드 소총을 개량하여 만든 것으로 후발식 단발 소총이었다. 임진왜란 때 왜군이 사용했던 조총과는 비교하기 어려운, 우수한 성능의 소총이었다. 무기의 성능도 성능이지만, 이미 30년 가까이 주력 무기로 사용되면서 일본군 개개인이 이 신 무기에 최적화되어 능숙하게 다룰 수 있었다는 점, 전술 면에서도 이 스나이더 소총의 화력을 십분 활용한 부대의 전개와 화력의 집중과 분산을 할 수 있는 경험이 쌓여 있었던 것도 일본군의 전투력을 배가시키는 요인이었다.

동학농민군을 진압한다는 명목으로 조선에 들어온 일본군 주력부대와 서울 수비대는 물론 동학농민군 진압을 실질적으로 전담하기 위해 새롭게 편성되어 파견된 일본군 후비보병(後備步兵) 제19대대(대대장 미나미 고시로)의 주력 무기가 바로 이 스나이더 소총이었다. 스나이더 소총은 일부 조선

동학혁명 당시 관군 무관(왼쪽1), 동학농민군 총졸(銃卒, 왼쪽2), 동학당원 인장(濟衆義印), 양산(洋傘)을 쓰고 말을 탄 동학농민군 지휘관(오른쪽). 이 그림들은 당시 일본 신문에 게재된 기사에 딸린 삽화이다.

경군에게도 지급되었다. 이 소총은 우금치 전투를 비롯한 각 지역의 전투에서 수많은 동학농민군을 살상하는 주 무기가 되었다. 일본은 동학농민군의 학살을 위해 스나이더 소총과 탄약 10만 발을 일본 시모노세키 소재 병기창에서 실어왔다.[172] 스나이더 소총과 더불어 일본군 개인화기의 주력을 이룬 것 중에 무라타 소총도 있었다. 이것은 스나이더 소총을 더욱 개량한 것으로, 그 위력이 더욱 대단하였다.

(스나이더 소총이 영국산이라면-필자주) 무라타 소총은 일본에서 개발된 소총이다. (중략) 일본 메이지 정부는 1871년 그간 반 독립국 상태로 존속하던 각 번(藩)을 폐지하고 (중략) 각 번이 소유하고 있던 근대 병기류를 중앙정부에 이관토록 하는 조치를 취했다. 이때 중앙정부에 이관된 서양 소총의 숫자는 무려 18만 1,012정에 달했다고 한다. (중략) 이에 메이지 정부는 메이지 11년(1878)부터 소총 개발에 착수하여 2년여의 제작 및 시험을 거쳐 메이지 13년(1880)에 처음으로 소총 개발에 성공하였는데, 무라타(村田

經芳)가 개발하였다고 하여 메이지 13년식 무라타 소총으로 명명되었다. 메이지 13년식 무라타 소총의 제원은 다음과 같다. 구경은 11mm이며 초속은 419m로 최대사거리는 2,000m였으며, 총의 전장은 129cm이고 중량은 4.156kg이었다. 13년식 무라타 소총이 일본군에 배치되기 시작한 것은 메이지 15년, 즉 1882년부터이며, 배치가 완료된 것은 메이지 19년, 즉 1886년이었다고 한다. 또 이 13년식 무라타 소총이 실전에 사용된 것은 동학농민전쟁 및 청일전쟁 때였다고 한다. 동학농민전쟁 및 청일전쟁 때 일본군은 메이지 13년식 무라타 소총을 비롯하여 이것을 약간 개량한 메이지 18년식 무라타 소총, 그리고 메이지 22년(1889)에 개발된 무라타 연발총을 주력 총으로 하였다고 한다.[173]

조선은 임진·정유왜란 때 일본군의 주무기인 조총으로 엄청난 인명 살상의 피해를 입었다. 유성룡의 『징비록』에 따르면 전후(戰後)에 대마도주(對馬島主)가 조선 조정에 조총과 앵무새를 선물로 보냈는데, 선조 정부는 앵무새는 날려 보내고 조총은 폐기했다고 한다. 임진·정유왜란의 혹독한 전란을 겪고도 조선 정부가 국방과 무기 개량에 제대로 관심을 기울이지 않는 사이, 일본은 4백여 년 만에 조총보다 훨씬 우수한 영국제 스나이더 소총을 도입하고 무라타 소총을 자체 개발하여 조선을 넘보게 된 것이다. 게다가 구르프포나 회선포 등의 중화기도 조선의 구식 화포를 압도하고도 남음이 있었다. 조선 전체의 무력 대비상황이 이러하니, 민군(民軍)에 불과한 동학농민군의 화력은 더 말할 나위가 없었다. 이 같은 일본군과 동학농민군의 화력 차이로 인하여 30만 명의 희생자를 내게 되었다. 김개남 부대가 청주성 전투에서 패배한 것도 같은 이유에서였다.

제14장

일본군의 포위망 속 후퇴의 길

일본군 화력에 밀려 속절없이 후퇴

청주성 공격에서 패배한 김개남은 적잖은 사상자를 내고, 북상하던 길을 좇아 후퇴 길에 올랐다. 청주성에서 쫓겨 신탄진을 거쳐 11월 13일 밤에는 북상 당시 점령하여 적지 않은 피해를 입혔던 진잠에 이르렀으나, 이번에는 새로 부임한 현감을 중심으로 관민이 합세한 민보군이 투석전으로 맞서며 완강하게 저항하는 바람에 총 30자루와 말 4필을 빼앗긴 채 다시 후퇴하여 14일에는 연산에 이르렀다.[174] 연산에서도 추격해 온 일본군과 오전 11시부터 전투를 벌였으나 패배하여, 오후 4시경 노성과 논산 쪽으로 후퇴하였다.

김개남은 14일 저녁에 공주에서부터 후퇴해 온 전봉준, 손병희 부대와 합류하였다. 이튿날 논산 대촌 뒤편의 '소토산' 위에 진을 치고, 추격해 온 일본군-관군의 협공을 받고 분전하였으나, 오후 3시 30분경 은진의 황화대로 후퇴하였다. 김개남 부대와 전봉준의 호남 지역 부대와 손병희의 북접 농민군 부대가 합세하였음에도 추격군의 예봉을 꺾지는 못한 것이다. 황화대(오늘날 연무대)에서의 전투도 관군-일본군의 일방적인 승리로 끝이 났다. 일본군뿐만 아니라 일본군의 체계적인 지휘를 받는 조선군 통위영병과 장위영병의 위력도 전과는 달랐다. 일본군과 통위영병이 동쪽에서, 장위영병은 북쪽과 동남쪽에서 공격해 들어오므로, 오후 4시경 전주 쪽으로 후퇴하지 않

을 수 없었다.[175]

관군을 앞세운 채 모리오(森尾邪一) 대위가 지휘하는 일본군의 화력과, 곳곳에 풀어 논 첩자들로부터 시시각각 접수한 정보력을 바탕으로 동학농민군의 이동 행로를 샅샅이 파악하며 달려드는 토벌군의 위력 앞에 동학농민군은 속수무책이었다. 이날의 전황에 대해 보고한 『순무선봉진등록』의 기록에는 "용병(用兵) 제반에 걸쳐 실로 모리오 대위가 간여하여 같이 싸움에 나아가 본 자는 모리오의 용심출력에 실로 감탄"하지 않을 수 없다고 하였다.

> 김개남은 11월 23일 전주에서 남원 방면으로 퇴각하면서 그와 기개를 같이하는 순천의 김인배와 함께 영남으로 진출하려는 계획을 가지고 있었다. 반면 운봉현감 이의정과 참모관 박봉양은 영남으로부터 300정의 무기와 화약을 지원받아 전투력을 강화시킨 후였다. 김개남은 산동방 부동의 방아재에서 운봉 박봉양과 접전하여 패전하는 것을 시작으로 11월 23일에는 완전히 패전하고….[176]

일본군이 들어오면서 남접의 전봉준이나 김개남이나, 북접의 최시형이나 손병희를 막론하고 동학농민군의 목표는 반봉건에서 일본군을 몰아내자는 '척왜'로 바뀌었다. 폐정개혁에서 반외세 투쟁으로 전환된 것이다. 남접이나 북접을 막론하고 농민군은 평범한 농민들이었다. 동학도인들이 많았다. 이렇다 할 무기가 있는 것도 아니었다. 관군에서 노획한 소량의 낡은 화승총이거나 죽창·농기구가 전부였다. 전투 훈련도 받지 못한 그야말로 '오합지졸'이었다. 초기에는 관의 탐학에, 이제는 일본군의 침략에 맞서 일어난 의군(義軍)이나 그 실은 농군(農軍)일 뿐이다. 하나같이 정신력은 강했지만, 전투력은 약했다.

거미줄 같은 정보망과 무차별 살육작전

일본군은 동학농민군의 움직임을 속속들이 알고 있었다. 전국 각처에 정보원과 밀정을 파견하여 동학농민군의 동정을 살피고 있었다. 동학농민군이 봉기하자 일본은 밀정들을 약장수로 변장하거나 관광객으로 가장시켜 현지에 투입, 각종 정보를 입수하였다. 일본의 정보수집 실태를 이이화 씨는 다음과 같이 정리하였다.

(이때 일본의 정보 수집망은 두 갈래로 이루어지고 있었다.) 하나는 일본의 참모본부에서 이지치 코오스케(伊地知幸介) 소좌를 부산에 파견하여 조선주재 일본공사관 와타나베 테츠타로오(渡邊鐵太郎) 대위 등과 제휴하여 정보수집에 종사케 한 것이다. 이 두 정보원은 종래의 밀정들인 약장수·관광객을 지휘하여 전라도 일대만이 아니라 전국을 대상으로 살폈다. 또 하나는 해군의 지휘에 의해 측량선·상선을 가장하여 해안 일대를 돌아다니며 아무데나 상륙하여 정보를 수집하기도 하고 청군의 동정을 엿보기도 했다. 이와 달리 일본 민간단체로 낭인의 집합체인 현양사(玄洋社)의 천우협(天佑俠) 패들은 부산에 상륙하여 은밀히 정보를 수집하며 농민군에 접근하고 있었다. 그들 다케다 노리시(武田範之), 우치다 료헤이(內田良平), 스즈키 다카미(鈴木天眼) 등은 계속 경상도 일대를 거쳐 전라도로 접근해 왔다. 그들은 부산의 오사키 쇼키치(大崎正吉)의 법률사무소를 거점으로 정보를 수집해 오다가 농민전쟁이 일어나자, 농민군을 이용하여 친일 정부를 세우려는 계획을 그리기도 했다. 이들은 끝내 집강소 활동을 벌이고 있는 전봉준을 만나기에까지 이른다.[177]

일본의 일부 자료들은 천우협(天佑俠)이라는 조직과 우치다(內田) 등 대륙 낭인패들의 활동을 지나치게 과장하고 있다. 천우협의 단원들이 전라도 순창에서 전봉준과 회견하고 농민군의 군사(軍師), 유격군의 대장 또는 분대의 우두머리로 활동했다고 주장했다.[178]

그러나 이러한 주장들은 사실상 신뢰성이 떨어진다. 당시 대부분의 다른 회원들은 현양사의 중견 회원이었거나 또는 조선·만주 등 해외에서 많이 활동한 인물들이었다. 그 반면, 내전(內田)은 현양사의 소장 회원이었을 뿐만 아니라, 해외 활동에도 아무런 경험이 없었다. 그러므로 나이 어리고 경험 없는 우치다(內田)가 천우협을 지휘했다는 말은 믿을 수 없는 주장이며, 더욱이 전봉준을 비롯한 동학당의 지도자들이 농민군의 요직과 통수권을 천우협에게 위임했다는 것은 있을 수 없는 일이다.

동학혁명은 처음부터 '척왜척양'을 주장하여 반외세의 기치를 내세웠을 뿐만 아니라, 일본이 동학봉기를 빌미로 하여 조선에 군대를 보낸 이후부터는 동학 내부의 반일감정이 더욱 고조되었다는 사실을 생각할 때, 현양사나 천우협 등의 개입 주장은 전혀 근거가 없는 것이다.

그러나 일본 낭인패와 밀정, 군사들이 수집한 각종 정보는 주한 일본 영사관을 통해 즉각 일본정부에 보고되고 필요한 지침을 하달 받아 이를 시행하는 데 중요한 근거가 된 것만은 사실이었다.

다음에 인용한 '보고서'와 '지침'을 살펴보면 일본군의 동학농민군 학살에 따른 병력증파 등 조선 침탈이 정확한 정보와 일본 정부의 치밀한 작전에 따라 진행되었음을 알 수 있다. 1894년 10월 21일 주한 임시대리공사 스기무라 후카시(杉村濬)가 일본의 외무대신 무쓰 무네미쓰(陸奧宗光)에게 보낸 '기밀(機密) 제205호 보고서 〈동학당 진압을 위한 원병파견 결정(東學黨 鎭壓을 위한 援兵派遣 決定)〉'의 내용이다.

동학당지도자이력서. 일본군후비보병 제19대대장 미나미 고시로 문서 속에서 발견된 동학당지도자 이력서(履歷書). 대선생(수운 최제우) - 해월 선생(최시형)에 이어 편의장(道책임자) 남계천 - 대접주 '황영주' - 차접주 김주택으로 이어지는 동학 조직 내의 소속 계통을 밝히고 있다. 동학 조직이 체계적으로 관리되고 있었음을 말해주는 한편 일본군이 동학도의 이력을 상세히 파악하고자 애썼음을 보여준다.

이 나라 경상·전라·충청 3도에서 동학당이 다시 봉기한 데 대해 지난 번부터 계속 전보 품신을 드렸습니다만, 요즘에 와서 동학당의 기세가 더욱 창궐하여 끝내는 경성에까지 쳐 올라올 것 같은 형황(形況)이 현저하게 나타난 모양이므로 이 나라 정부의 제 대신 특히 개화파 인사들이 극심한 공포에 빠져 자주 우리에게 원병 차견을 요청해 왔습니다. 그래서 계속 전보 품신을 드린 끝에 재(在) 용산 병참부 소속 수비병 중에서 파견키로 결정을 보게 되었으므로, 원병 청구의 건으로 새삼 다시 공문으로 외무대신께 말씀드렸습니다. 그런데 대원군께서는 그 전에도 보고 드린 바와 같이 처음부터 우리에게 원조를 요청하는 것은 물론 자국의 군대로 정토(征討)하는 것마저 그다지 원치 않는 것 같은 눈치여서 갑자기 결말이 나지 않을 것 같았습니다. 그래서 외무대신과 기타 인사와도 내적으로 타협을 본 다음 새삼 다시 이쪽에서 동학당 폭거의 사정을 이대로 내버려 둘 수 없어서 우리가 원조하기 위해 출병하게 되었다고 별지 갑호 사본과 같은 조회를 보냈던바, 이에 대해 외무대신이 동당(同黨)의 소행을 그대로 방치해 둘 수 없어서 드디어 진무(鎭撫) 차 출병하게 되었으니 동심협력의 원조를 해 주기 바란다고 별지 을호와 같은 회답을 해 왔습니다. 그래서 지난 17일을 기해 재 용산 수비대 중에서 2개 소대만을 출동시켰습니다. 단 부산 방면으로부터는 현재 적정(賊情)을 정찰 중이어서 그 정찰 결과에 대한 상세한 보고를 접한 다음에야 2개 소대를 파견하게 될 것이라고 시스다(室田) 총영사로부터 전보가 왔습니다. 이상 개략적인 전말을 말씀드립니다.

1894년 10월 21일 임시대리공사 스기무라 후카시(杉村濬)[179]

동학 거괴(巨魁)들의 인명록 보내다

다음은 1894년 11월 9일 이노우에 가오루(井上 馨) 전권공사가 이등(伊藤) 병참감에게 보낸 기밀문건(제210호)이다.

금일 자 귀 서한을 받아보았습니다. 동학당 진정을 위해 파견하는 (후비보병) 제19대대에 부여할 훈령과 일정표를 보내오니 일람하시고 또 별지와 같은 저의 의견을 첨부해서 보냈사오니 참고해 주시기 바랍니다. 그리고 별지 안 중 수정할 주요점은, 첫째, 우리 군대의 파견은 명분상 한국군을 응원하는 것으로 되어 있으나 실제로 조선군의 진퇴와 행동은 우리의 지휘 감독 하에 두게 해서 우리의 지휘에 복종케 할 것. 둘째, 우리 군대는 전라도 깊숙이 들어가서 그 도의 적도들의 근거지라 일컬어지는 남원 지방을 소탕할 것. 셋째, 적도들이 강원도와 함경도 및 경상도 3도 방면으로 도주하는 것을 엄히 방비할 것, 이 세 가지 점입니다. 그리고 셋째 점에서 염려하는 바는 만일 적도가 함경도로 도피해서 러시아 국경을 침범하는 일이 발생하여 장차 러시아와 조선 간에 곤란한 문제를 야기시키지나 않을까 염려하는 것이며, 경상도는 적도가 이미 진정되고 잔당이 모두 전라도로 퇴산해서 사민이 생업에 복귀, 안주하고 있다는 통지가 어제 재 부산 시스다(室田) 총영사로부터 왔으므로 다시 그곳을 교란당하지 않기를 바라는 것입니다. 그 나머지는 별지의 사연으로 양지하시기 바라며 또한 비도의 거괴(巨魁)들의 인명록은 당 공사관에서 조사한 것과 조선 정부에서 조사한 것을 이미 보내드린 바 있으며 더욱이 동당에 관해 이 나라 군무대신 대리로부터 청취한 조목들은 추서로서 보내오니 파견할 각 부대장에게 시달해 주시기 바랍니다. 그리고 또 조선 정부에서 파견한 교도중대는 말씀해 오신 바도 있으므로 이들을 양지에서 머무르게 하여 중로로부터 진군해 가는 우리 중대를 기다리게 해서 모든 일을 협의한 후에 진군하라고 이곳 수비대 사령관이 시라키(白木)·미야모토(宮本) 두 위관에게 명령해 두었다 하오니, 이 말을 우리 중대장들에게 시달해 주시기 바랍니다. 위 교도중대 외에 전후로 분산 파견된 조선군대도 편의에 따라 각도로 진군할 우리 군대사관의 지휘에 따라 행동시키도록 하는 것이 가장 긴요하다고 생각됩니다. 그래서 이를 위해 따로 4명의 조선통변을 준비시켜 우리 병사의 용무에 충당하도록 조선 정부 당국자에게 말해 두었사오니 이 일에 대해서도 역시 함께 시달해 주시기 바랍니다. 이상 회답 삼아 말씀드립니다.

　　1894년 11월 9일. 이노우에(井上) 전권공사 [180]

이 훈령에는 '추서(追書)'라 하여 몇 가지 기밀을 전하고 있다.

1. 동학당의 거괴 최시형은 충청도 보은에 있으며 최법헌(崔法軒)이라 불리며 동학교의 주괴(主魁)이다. 동학교를 신봉하는 사람 가운데서는 첫째가는 교주라 한다. 전 녹두는 전숙명(全叔明)이라고도 부르며 폭도들의 대(大) 거괴이다. 현재 전주에 있으며 그 세력이 전주감사를 압도하고 있다고 한다. 임기준은 공주에 있으며 충청감사 박재순을 강박하여 공주가 거의 그의 수중에 있는 것 같다고 한다. 그래서 말하기를 금년 10월 초순 대원군이 그의 심복인 박준양 즉 박재순의 종형제를 공주로 파견한 뒤부터 그 감사가 약간 동학에 마음을 기울인 혐의가 있다고 한다. 위와 같은 사정이므로 기타 지방에서도 동학당과 내통하는 사람이 있을지도 알 수 없으니 엄중히 조사해서 그 증거가 나타나는 사람이 있으면 지방관이라 할지라도 체포해서 송치해야 한다.

2. 경기도 여주목사 이재구는 대원군의 일족으로 동학당과 동류라는 혐의가 있다. 의심되는 서류를 갖고 있으면 포박해서 송치해야 한다.

3. 전라도 동학당의 근거지는 남원이며 전주·장성·금구 지방은 모두 동학당이 둔집(遁集)해 있는 곳이다. 또 여산 지방에도 동학당이 있다고 한다. 경상도 상주는 곧 전 경상도의 중심에 해당하는 곳이므로 동학당이 왕래하는 곳이라 한다.

4. 지방관으로서 동학당에게 살해된 사람은 태안·서산·진천 등의 부사들이다. 또 당진부사도 살해됐다는 풍설이 있다. 은진부사는 동학당에 잡혔다고 한다.[181]

동학당 근거지까지 초멸하고 소탕하라

일본군은 동학농민군의 움직임과 지도자들의 거처를 손바닥처럼 훤히 들여다보고 있었다. 따라서 동학농민군은 적에게 거의 모든 정보를 노출시킨 가운데 힘겨운 싸움을 해야 했다.

다음은 농민군 학살을 위해 파견되는 일본군 대장들에게 인천 주재 일본 병참사령관이 부여하는 〈훈령(訓令)〉이다.

1. 동학당은 현재 충청도 충주·괴산 및 청주 지방에 군집해 있고 그 여당은 전라·충청 양도소재 각지에 출몰한다는 보고가 있으니 그 근거지를 찾아서 이를 초멸(剿滅)할 것.

2. 조선 정부의 요청에 따라 후비보병 제19대대는 다음 항에서 가리키는 3로로 나누어 진군하고 조선군과 협력해서 연도에 소재하는 동학당의 무리를 격파, 그 화근을 초멸해서 재흥(再興)의 후환을 남기지 않음을 요함. 그리고 그 수령으로 인정되는 자는 포박해서 경성 공사관으로 보내고 더욱이 동학당들의 왕복 서류와 거괴들의 왕복 서류 또는 정부 내의 관리나 지방관 혹은 유력한 계통에서 동학당과 왕복시킨 서류는 힘을 다해 이를 수집하여 함께 공사관에 보낼 것. 그러나 협박에 못 이겨 따른 자에 대하여서는 그 완급의 정도를 헤아리고 귀순해 오는 자는 이를 관대히 용서하여 군이 가혹하게 처분하는 것을 피할 것. 단 이번에 동학당 진압을 위해 전후로 파견된 조선군 각 부대의 진퇴와 군수품 조달은 모두 우리 사관(士官)의 지휘 명령에 복종케 하고 우리 군법을 준수케 할 것이며, 만일 위배하는 자가 있으면 군율에 따라 처분될 것이라고 조선 정부로부터 조선군 각 부대장에게 시달되어 있다 하니 조선군의 진퇴는 모두 우리 사관들이 지휘 명령할 것.

3. 보병 1개 중대는 서로, 즉 수원·천안 및 공주를 경유해서 전주부 가도로 전진하고 그 도로 좌우에 있는 영읍을 정찰할 것이며, 특히 은진·여산·함열·부안·금구·만경·고부·흥덕 지방을 엄밀히 수색하고, 더

전진해서 영광 · 장성을 경유해서 남원으로 진출, 그 진로에 있는 좌우의 역읍을 정찰할 것이며 남원 정찰은 각별히 엄밀히 할 것.

보병 1개 중대는 동로(우리 군의 병참노선) 즉 가흥 · 충주 · 문경 및 낙동을 경유해서 대구부 가도로 전진하고 그 진로 좌우에 있는 각 역읍을 정찰할 것이며 특히 음성 · 괴산 · 원주 · 청풍은 수색을 엄밀히 할 것.

각 중대는 될 수 있는 대로 서로 기맥을 통하고 각처에서 가능한 한 합동으로 초멸하는 방략을 취해서 함께 그 초멸의 실효를 거두도록 할 것. 각 중대는 적의 무리를 초토해서 그 여진을 볼 수 없을 정도가 되면 경상도 상주에 집합해서 후명을 기다릴 것. 대대 본부는 중로 분견대와 함께 행진할 것.

4. 각로로 나누어 진군하는 중대는 대략 별지 일정표에 준거할 것이며 동로 중진 중대는 약간 먼저 보내서 비도를 동북쪽에서 서남으로, 즉 전라도 방면으로 구축하도록 노력할 것. 만일 비도들이 강원 · 함경도 방면, 즉 러시아 국경에 가까운 지방으로 도주하게 되면 후환을 남기는 일이 적지 않을 것이니 엄히 이를 예방할 것. 단 될 수 있는 한 서로 연락을 취하고 각기 그 소재를 알리도록 꾀할 것.

5. 각 분진 중대에는 조선 조정에서 진무사와 내무관리 등을 따르게 하였음. 진무사는 각지에서 감사와 부사를 독려하고 동학당에 대하여는 순역을 설명해서 이해득실을 일깨워 주어서 그들로 하여금 반성 귀순케 하는 일을 전임으로 함. 내무 관리는 각 중대를 수행해서 대장의 명을 받들고 연도 각처에서 양식과 기타 군수품을 조달, 인마의 고용과 숙사 제공 등을 알선해서 각 중대의 요구를 충족하는 것으로 임무를 삼음.

6. 각 중대는 3일분의 양식과 2일분의 휴대 구량(口糧) 및 취사도구 등을 휴대하고 갈 것이며 이를 위해 견마 약간을 따르게 함. 단, 나날의 양식과 여러 물자는 가능한 한 현지에서 조달하고 만일 휴대하고 간 양식과 물자가

소진되었을 때는 힘써서 신속하게 현지의 물자를 사서 보충함이 긴요함.

　7. 동학당 진무에 관한 제 보고는 대대장과 각 분진 중대장으로부터 수시로 본관에게 보낼 것(본관은 인천병참사령부에 있겠음).[182]

　이상의 자료들은 동학혁명 당시 일본군의 섬뜩하도록 치밀한 작전이 한반도 전체를 손바닥 위에 올려놓고 한눈에 내려다보는 한편으로 고을마다 그 정황을 샅샅이 파악한 가운데 전개되어 있었음을 보여준다. 신식 무기대 죽창·화승총이라는 화력의 차이와 더불어 이러한 치밀한 정보력은 수십, 수백 배의 수적인 우위로도 만회할 수 없었던 이유를 가장 여실히 보여준다고 할 것이다.

　몇 해 전 일본은 문부성의 종용으로 개정된 각종 교과서에서, 중국 난징학살 사건을 가볍게 기술하거나 심지어 부인하고 있다. 이에 대해 난징기념관은 '만인갱유지(萬人坑遺址)'에서 발견된 탄피·포신·일기·생존자 증언 등 2000여 종에 이르는 새 발굴 사료를 증거로 일제의 난징 대학살의 역사적 진실을 증명하였다. 중국군사과학원 뤄환장(羅煥章) 교수는 「일본우익과 정계 요인은 왜 난징학살을 부인하려 하는가」란 논문에서 "난징 대학살은 그 규모 면에서 전례가 없는 것으로 독일의 유태인에 대한 학살을 능가한 것이다. 일본군은 중국의 수도에서 6주 동안에 30여만 명을 도살하고 대량의 가옥을 파괴하였으며, 10여만 명의 부녀자를 유린하고 창고와 재물을 약탈하였다. 이것은 세계적으로 유례가 없는 잔혹행위였다."라고 지적하였다.

　그러나 역사적으로 이에 못지않은 일본군의 잔학 행위가 조선에서 자행되었다. 일본은 농민군의 학살에 대해 대부분 이를 부인하거나 축소 왜곡하고 있다. 일본 정부가 조직적으로 지휘 명령하여 학살한 동학농민군은 대체로 30만 명에 이르는 것으로 추정한다.

제15장

최대의 일전,
우금치 전투

동학군, 우금치 전투에서 무참히 패배

　김개남이 청주성 전투에서 패배하고 후퇴하다 11월 14일(12.10) 논산에서 전봉준과 합류하게 되는 시점 전까지, 전봉준은 동학 북접군과 협력하여 한 때 충청도 일부와 경기도 일원을 장악하였다. 일본군이 조선의 국정을 농단하고 관군을 앞세워 동학농민군의 초멸 작전에 나서면서 남접과 북접은 힘을 모아 관군 · 일본군과 싸웠다. 남접의 농민군은 북접의 참여로 백만 원군을 얻은 셈이 되었다. 그러나 일본군 주력이 참여한 본격적인 첫 번째 싸움인 우금치 전투에서 양자 사이의 전력 차이는 극명하게 드러났다. 이 싸움은 또한 동학혁명 최대의 전투이면서 실질적으로 혁명전쟁의 승패가 결정되었다는 점에서 의미가 크다.

　9월 14일(10.12) 전봉준이 지휘하는 동학농민군이 삼례에 집결을 완료하고 한 달 동안 훈련과 조련을 마친 후 10월 14일경에야 북상을 시작했다. 또 9월 18일(10.16) 동학교주 최시형의 총기포령에 따라 보은으로 속속 집결한 북접 농민군도 출정 의식 등을 거쳐 10월 15일(11.12)-16일 사이 논산 소토산에서 합류하여 공주로 진격해 나갔다. 일본군은 대대장 미나미 고시로 소좌의 지휘 아래 10월 15일(11.12) 용산을 출발하여 3로로 나누어 남하를 개시했다. 마스키(松木) 대위가 이끈 제1중대는 동로(東路)로 장호원을 경유하

이인 쪽에서 바라본 공주 우금치. 우금치 고개 너머에 공주성이 있다. ⓒ표영삼

고, 모리오 마사카즈(森尾雅一) 대위의 제2중대는 서로(西路)로 진위를 경유하고, 이스쿠로(石黑) 대위의 제3중대는 중로(中路)로 양지를 경유하여 남하하였다. 또한 10월 25일(11.22)에는 대구 병참부 소속 일본군이 성주에서 동학농민군 11명을 붙잡아 처형하는 등 활동을 강화하여, 농민군이 전라도에서 경상도 산악지대로 진출하여 북상하는 것을 차단해 나갔다. 농민군 토벌 주력부대는 일본군 후비보병 제19대대 소속 3개 중대가 주력을 이루고, 기타 조선 정부군과 일본군이 양성한 조선군 교도중대, 그 밖의 일본군 수개 중대와 대륙 낭인들이 참가하였다. 그중에 공주로 진출하여 우금치 전투를 전담한 것은 모리오 대위가 이끄는 2중대, 일본군의 서로 분진대였다. 동학농민군 주력이 일본군과 처음으로 대규모 접전을 벌인 것은 우금치 전투였

다. 그에 앞서 충청도 해안 지역인 승전곡에서 일본군 서로 분진대 중 일부인 80명 안팎 규모의 부대를 물리치기는 하였으나, 그것이 다른 지역 전투에 영향을 미치지는 못하였다. 승전곡 전투는 동학농민군이 일본군을 상대로 맞붙어 싸워서 이긴 유일한 전투가 되고 말았다.

10월 23일(11.20)에서 25일 사이에 1차 접전이 우금치로 향하는 길목인 이인, 효포, 판치, 웅치 등지에서 벌어졌다. 23일 싸움에서는 농민군이 주로 관군으로 이루어지고, 50명 정도의 일본군이 혼성된 부대를 궁지에 몰아넣었다. 그러나 24일 일본군 서로분진대(2중대) 본대가 도착하면서 전세는 곧 역전되었다. 25일 전투에서 농민군은 경천까지 후퇴하였다.

경리청대관 조병완(趙秉完)으로 하여금 북으로부터 적의 우익을 공격케 했다. 참령관(參領官) 구상조(具相祖)와 일본병 30명은 남쪽으로부터 적의 좌익을 공격하고, 성하영은 정면으로부터 진격하여 3면 공세를 전개하여 반나절 동안 격전을 벌였으나 승부가 나지 않았다. 적세는 과연 듣던 바와 같이 산과 들을 덮어, 수를 헤아릴 수 없는 지경인데 전봉준은 홍개(紅蓋)가 휘날리는 가마에 타고 기를 펄럭이며 대평소를 불면서 전선을 지휘하였다. 해질 무렵해서 동학농민군은 70여 명이 전사하고, 2명이 포로가 되자, 약간의 무기를 빼앗긴 채 후퇴하기 시작하여 건너편 시야산(時也山)으로 이동해 갔다. 해가 저물어 관군도 피곤해서 더 이상 진격을 하지 못하고 회군하였으며, 동학농민군은 이날 밤 경천으로 후퇴하였다.[183]

전봉준은 이때, 전주에 머무르고 있던 김개남에게 지원을 요청하였다. 김개남은 '지원책'으로 금산을 공격하며 청주성 방향으로 나아갔다. 적(일본군·관군)을 분산시키려는 전략으로 보인다.[184]

약 2주간 전열을 재정비한 동학농민군은 11월 8일(12.4)부터 2차 접전이 시작되었다. 11월 8일과 9일 이틀간 관군-일본군을 맹렬히 몰아부쳤다. 그러나 일본군의 화력 지원과 전투 지원을 받은 관군까지 합세하면서 11일까지 2차 우금치 돌파전은 4, 50차례의 공방전에도 불구하고 번번이 동학농민군의 패퇴로 귀결되었다. 결국 이날 동학농민군은 마지막 결전이라는 각오로 수만 명이 희생을 치르면서 전개한 싸움에서 패배하고, 끝내는 관군의 역공까지 받으며 노성으로 철수하였다.

호남에서 서울로 가는 길목의 도시인 공주로 들어가기 위해 넘어야 하는 고개가 우금치다. 우금치란 이름은 고개가 험해서 소를 몰고는 넘을 수가 없는 고개, 즉 '우금치(牛禁峙)'의 금(禁) 자가 금(金)자로 바뀐 것이라고도 하고, 이 고개에 금광맥이 있어 소(牛) 만한 금덩어리가 들어 있다는 데서 유래한 것이라고도 전한다. 이 시기의 8일과 9일 사이 전황을 관군의 선봉장 이규태는 다음과 같이 전한다.

> 판치(板峙)에 주둔하고 있는 경리청 참령관 구상조(具相祖)는 8일 오후 2시께 적도(동학농민군) 몇 만 명이 경천(敬天)에서 판치를 향해 올라오고, 또 다른 한 부대는 노성(魯城) 뒷봉을 타고 올라오는데, 포성이 진동하고 오색기를 휘날리면서 돌진해 오고 있다고 하였다. 또 이인(利仁)에 주둔하고 있는 서산군수 성하영(成夏泳)의 보고에 의하면, 비류(匪類·동학농민군) 몇 만 명이 논산에서 제를 넘어 몰려오고 또 몇 만 명은 오실산(梧室山) 쪽으로부터 우리의 후방을 포위하려 한다고 하였다. 그리하여 판치의 구상조군은 효포·능치(孝浦·崚峙)로 후퇴시키고, 이인의 성하영은 동학농민군에 저항하여 불소한 희생을 보고 우금치로 후퇴하여 일본군 모리오(森尾雅一) 대위 부대와 합류했다. 그리고 이날 동학농민군은 우금치로 육박하여 대치

하였다. 9일 평명(平明)에 적진 (동학농민군 지역)을 바라 본 즉 잡기(雜旗)를 꽂고 동쪽의 판치 뒷봉에서 서쪽의 봉황산 후록에 이르는 3, 40리에 걸쳐 산위에 진을 치고 있는데 사람으로 병풍을 두른 것같이 그 세가 떨치고 있었다.[185]

최후의 우금치 전투(2차 접전)는 기간으로는 3주에 걸쳐 모두 7일 동안 계속되었으며, 종내에는 2만여 명의 전봉준 휘하 동학농민군 주력이 5백여 명밖에 남지 않을 만큼 큰 희생을 치렀다. 우금치 골짜기와 봉황산 마루는 쓰러진 동학농민군 시체로 하얗게 덮였고 산밑 시엿골 개천은 여러 날 동안 줄곧 핏물이 흘렀다고 전한다.[186]

동학군 2만 명 중 5백 명만 살아남아

잘 훈련된 일본군의 신식 무기에 동학농민군이 훈련도 받은 적 없이 구식 화승총이나 칼, 창으로 대결한 이 싸움은 처음부터 상대가 되지 않았다. 그러나 동학농민군은 오직 '제폭구민(除暴救民)'의 명분과 '척왜양창의(斥倭洋倡義)'의 의기로 싸움에 나섰다가 신식 무기의 위력 앞에 일패도지, 폭풍우에 흩날리는 낙엽과 같이 많은 희생을 치러야 했다.

우금치 전투에서 동학농민군은 충청감사 박제순(朴濟純: 나중에 외부대신으로 을사오적의 일원) 휘하의 관병에게 "총부리를 왜놈들에게 겨누어라. 왜 동족을 살상하느냐"고 외쳤지만 돌아오는 응답은 빗발치는 총알뿐이었다. 우금치 전투 이후 동학농민군의 주요 지도자들이 체포되기까지 3주 동안 수차례 접전이 있기는 하였지만, 대부분의 경우 일본군의 추격전에 동학농민군이 쫓기면서 단발마의 저항을 하며 학살에 가까운 희생을 치르고 마는

전투 아닌 전투일 뿐이었다.[187]

전봉준은 싸움에 앞서 관군에게 동족끼리 서로 싸우지 말고, 일본군을 몰아내는 데에 합력(合力)하자는 간절한 메시지를 전달하였다. 제2차 봉기 때부터 '척왜'의 기치를 들었던 그로서는 관군이 일본군의 전위가 되어 동학농민군과 싸우게 된 처지를 가슴 아프게 여겼던 것이다.

고시(告示) 경군여영병(京軍與營兵) 이교시민(而教示民)

무타(無他)라. 일본과 조선이 개국 이후로 비록 인방(隣邦)이나 누대 적국이더니, 성상의 인후(仁厚) 하심으로 삼항(三港)을 허개(許開)하여 통상 이후, 갑신 시월의 사흉(四凶)이 협적(俠敵)하여 군부(君父)의 위태함이 조석(朝夕)에 있더니 종사의 홍복으로 간당(奸黨)을 소멸하고, 금년 시월의 개화 간당이 왜국(倭國)을 체결하여 승야입경(乘夜入京)하여 군부를 핍박하고 국권(國權)을 천자(擅恣)하며 우항 방백 수령이 다 개화당 소속으로 인민을 무휼(撫恤)하지 아니하고 살육을 좋아하며 생령을 도탄하매, 이제 우리 동도가 의병을 들어 왜적을 소멸하고 개화를 제어하며 조정을 청평(淸平)하고 사직을 안보할 새 매양 의병 이르는 곳의 병정과 군교(軍校)가 의리를 생각지 아니하고 나와 접전(接戰)하매 비록 승패는 없으나 인명이 피차에 상하니 어찌 불상치 아니 하리오. 기실은 조선끼리 상전(相戰)하자 하는 바 아니어늘 여시(如是) 골육상전(骨肉相戰)하니 어찌 애닯지 아니하리오. 또한 공주(公州), 한밭(大田) 일로 논지하여도 비록 춘간의 보원(報怨)한 것이라 하나 일이 참혹하며 후회막급이며, 방금 대군이 압경(壓京)에 팔방이 흉흉한데 편벽되이 상전(相戰)만 하면 가위 골육상전이라. 일변 생각건대 조선 사람끼리야 도는 다르나 척왜(斥倭)와 척화(斥華)는 기의(其義)가 일반이라. 두어 자 글로 의혹을 풀어 알게 하노니 각기 돌려 보고 충군우국지심(忠君

우금치 전투 장면(기록화). 전후 4, 50차례의 공방전 끝에 전봉준과 손병희의 연합 동학농민군 부대는 패퇴하고 말았다. ⓒ이병규

憂國之心)이 있거든 곧 의리로 돌아오면 상의하여 같이 척왜척화(斥倭斥華) 하여 조선으로 왜국(倭國)이 되지 아니케 하고 동심합력하여 대사를 이루게 하올새라.

　　갑오 십일월 십이일 동도창의소(東徒倡義所)[188]

　그러나 피끓는 전봉준의 호소는 승기를 잡은데다, 일본군의 손아귀에 쥐어져 있던 관군 및 조선 관리, 그리고 보수 양반 세력으로부터 아무런 반향도 얻지 못하고, 냉혹한 겨울바람 속에 묻히고 말았다.

엄동에 핫바지 차림으로 정규군과 전투

추위와 굶주림 그리고 열악한 무기로 무장한 동학농민군은 현대식 병기로 무장한 일본군과 관군의 합동 공격을 당해내기 어려웠다. 결과는 시산혈해를 이룬 참담한 패배였다.

엄동설한에 일본군과 관군은 완전무장한 반면 동학농민군은 의복이 남루하여 말이 아니었다. 상대는 방한모에 양털 방한복차림으로 방한 양말과 방한 가죽신을 신고 서양 신무기인 기관총과 서양총으로 대항하는 정규군이었다. 이와 달리 화승총과 죽창으로 무장하고 머리에 흰수건으로 띠를 두른 동학농민군은 무명베 핫바지 차림으로 버선발에 짚신을 신어, 눈이 오면 물이 들어와 젖은 한복과 질퍽이는 짚신으로 감기와 동상에 걸리기 일쑤였으며 연일 추위에 지쳐서 사실상 전투 자체가 무리였다. 추위가 없는 봄이나 여름이었다면 아무리 신무기를 가진 일본군과 관군이라도 수많은 농민군의 인해전술 앞에 굴복했을 것이다.[189]

우금치 전투에 참여했던 농민군들의 복식 사정은 그들이 후퇴를 거듭하다가 마지막으로 치른 전투인 원평, 태인 전투 때까지 달라지지 않아서 "홑옷을 입은 데다 군량과 마초도 없"이 한겨울 설한풍과 관군-일본군의 총알을 동시에 맞서 싸워야 했다.[190]

일본군은 우금치 전투의 전황을 다음과 같이 본국에 보고하였다. 다만 동학농민군의 피해를 줄여서 보고하는 등 허위성이 짙은 보고서이다.

여기서 제3소대를 우금치 산에 증파하여 일제사격으로써, 전방 산 위 약

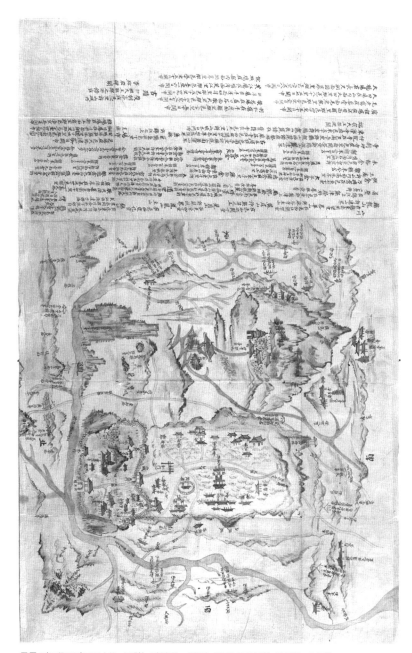

공주 지도(『고지도로 보는 동학농민혁명』, 2010, 전라북도동학농민혁명기념관)

800미터가 되는 곳에 군집한 적(동학농민군)을 대적케 했으며, 경리영병(經理營兵)은 가장 가까운 적을 향해 사격하도록 하였다. 그러나 적은 교묘하게 지형지물을 이용, 약 200명이 우금치산 꼭대기에서 약 150미터 되는 산허리로 진격해 왔다. 그 선두의 5, 6명은 몇 미터의 앞 사각 지점에 육박했고, 앞산 위에 있던 적은 더욱더 전진해 왔다. 수 시간 동안 격전했는데 우리 군대(일본군)가 가장 힘써 싸웠다. 오후 1시 40분 경리병영의 일부(50명)를 우금치산 전방 산허리로 전진시켜 우금치산 산꼭대기에서 약 140내지 150미터의 산허리에 걸쳐 있는 적의 왼쪽을 사격케 하였다. 그래서 적은 전방 약 500미터의 산꼭대기로 퇴각하였다. 오후 1시 20분 우금치산의 우리 군대(일본군)를 그 전방 산허리로 전진시키고 경리영병에 급사격을 시켰으며, 적이 동요되는 것을 보고 1개 소대와 1개 분대로써 적진에 돌입케 하였다. 이에 이르러 적이 퇴각했으므로 경리영병에게 추격을 맡기고, 중대는 이인가도(利仁街道)로 나가 적의 퇴로로 다가가려고 하였다. 중대는 이인가도로 나가 급히 추격, 드디어 이인(利仁) 부근에 이르러 그 일대의 산허리에 불을 지르고 몰래 퇴각하였다. 그러나 동남쪽의 적도가 여전히 퇴각하지 않으므로, 한국군에게 우금치산·오실 뒷산 향봉·월성산 등의 경계를 맡기고 기타 대원은 공주로 철수하였다. 이때가 오후 8시였다.[191]

일본군, 각지에서 동학농민군 학살, 학살

일본군의 본격적인 동학농민군 학살은 청일전쟁을 통해 청군을 격파하고 친일정부를 세워 조선의 정권을 장악하면서 더욱 강화되었다.

우금치 전투를 전후하여 충청도 각 지역에서 일본군에 의한 농민군 학살이 끊이지 않았다. 10월 15일(11.12) 충청북도 청풍 부근에서 충주지방 경비병이 농민군 수령급 이하 30여 명을 살육하고 소총 2,000정과 화약 등을 약탈하였다. 10월 25일(11.22)에는 대구 병참부의 일본군이 성주에서 농민군 11명을 붙잡아 처형하였다. 11월 11일에는 경상도 서남지방의 농민군이 집결하여 이문호가 선봉이 되어 단성현(현 경북 산청군 단성면)을 점거한 후 하동군 옥종면 대곡리에 포진하고 있었다. 이때 일본군이 불시에 공격해 치열한 전투가 벌어지고 다음날 일본군의 기습으로 농민군 186명의 전사자를 냈다. 동학농민군은 결사적인 항전을 했지만 신무기로 무장한 일본군의 막강한 화력 앞에 많은 희생자를 내게 되었다. 11월 18일에는 충남 청원군 목천 세성산에 포진한 농민군은 일본군 대대장 미나미 고시로가 지휘하는 정예 1,000명과 마스키의 병력 1,000명 그리고 이두황이 이끈 관군 1만여 명의 기습공격으로 수많은 사상자를 냈다. 이 싸움에서 농민군은 지도자 김복용, 중군 김영우, 화포대장 원금복 등이 붙잡히거나 처형되는 등 많은 인적·물적 피해를 당했다. 특히 세성산은 지리적 요건으로 보아 농민군이 서울로 향하는 북진통로를 확보하고 공주로 향하는 관군-일본군의 배후를 노릴 수 있는 요충지로서, 여기서 막대한 희생을 치름으로써 결국 공주 우금치 전투에도 상당히 부정적인 영향을 끼치게 되었다.

11월 19일에는 강원도 홍천군 서석면 자작고개 전투에서 관군과 일본군에 의해 동학농민군은 1,000여 명의 전사자와 많은 부상자를 냈다. 일본군은 농민군 전사자와 부상자를 한 구덩이에 넣어 묻는 만행을 저질렀다. 10월 28일에 충남의 홍주성 전투에서 큰 패배를 당한 박인호(덕포) 휘하의 농민군은 11월 8일 다시 충남 해안지역의 최대 요충지인 해미읍성 공략에 나섰으나 큰 피해를 당하고 회복 불능의 상태에 빠지고 말았다. 11월 25일, 경남 곤양에서 서쪽으로 20리 떨어진 금오산에서 일본군의 공격을 받아 동학농민군 70여 명이 사망했다. 12월 13일에는 전북 진안군 정천면의 전투에서 일본군은 기관총을 난사하여 농민군 수백 명을 사살했다. 12월 14일, 우금치 전투에서 살아남은 동학농민군이 논산군 상월면 대촌리에 머물고 있을 때 일본군과 장용진(張容鎭)의 통위영군 및 이두황(李斗璜: 후일 총독부 고위관리, 도지사 역임)의 장위영군 혼성군이 기습 공격을 가했다. 이 전투에서 포살 또는 익사한 동학농민군이 300명이 넘었다. 이두황은 당시의 전황을 뒷날 "추풍에 낙엽과 같이 동학농민군이 떨어지고 밭두렁에 널려있는 시체가 눈에 걸리고 발길에 채였다"고 기록하였다. 이 밖에 전라도 순천에서 동학농민군 150여 명 학살, 능주 전투에서 20여 명 사망, 강진에서 포로 170여 명 집단 학살, 장흥 자오현(自吾峴)에서 수백 명 학살 등 전국 곳곳에서 패주하는 동학농민군이 일본군과 관군에 의해 학살되었다.

남해안 일대에서는 일본군이 어선을 동원하여 섬으로 피신하는 동학농민군을 뒤따라가 포살하고 애꿎은 섬 주민들까지 학살하고 재물을 약탈했다. 일본군은 대동강 이남의 동학농민군을 학살하기 위해 남부병참감을 설치하였다. 동학농민군 토벌을 앞장서서 실행한 후비보병 제19대대가 충청, 전라 일대를 피바다로 만드는 동안 후비보병 제18대대 제1중대, 후비보병 제6연대 및 제10연대 제4중대 등은 제천, 평창, 정선 등의 강원도 북부 지역과 평산, 강령, 연안, 황주, 송화, 장연 등 이북 지역 그리고 경기도 일대 등 한반도 전역을 샅샅이 훑어가며 동학농민군의 씨를 말려 나갔다.[192]

1894년 1월 고부봉기 이후 일본군과 정부군에 동학농민군이 진압될 때까지 1년간 충청도·전라도·경상도·경기도·황해도 일대에서 자행된 처절한 살육과 불타거나 약탈당한 재산은 지금 상세한 기록조차 제대로 남아 있지 않다. 1895년 1월 상순 각지의 동학군 세력을 전부 진압함으로써 한반도의 항일 세력의 예봉을 꺾어 버린 것이다.

박은식은 『조선독립운동지혈사』에서 "동학당은 호미와 곰방메와 가시나

무총을 들고 밭고랑에서 분기하여 우리의 관군과 일병을 상대하여 교전한 지 9개월 만에 드디어 항복하였다. 이 변란통에 사망자가 30여만 명이나 되었으니 미증유한 유혈의 참상이다"라고 썼다. 동학농민군 토벌에 직접 투입된 부대는 후비보병 제19대대의 1개 대대였고, 그 밖에 제18대대(부산, 경남 남서부)나 제6연대 등 일부 세력이 몇몇 요충지에서 전투를 담당하거나 동학농민군의 포위 작전을 지원하는 정도였다. 수적으로는 동학농민군 몇 백분의 1에 불과했지만, 이들은 잘 훈련되고 신식 무기로 무장한 데다 앞잡이 격으로 내세운 조선 정부군과 지방의 영병, 또 첩자들인 일본 대륙낭인들의 지원을 받으면서 동학농민군과 무고한 백성 등 30만 명을 학살하였다.

한반도 내에서 '항일 세력'의 씨앗을 말려 버리겠다는 기세로 작정하고 나선 일본군 못지않게, 관군들과 조선 관리들도 동학농민군의 학살과 정탐에 열을 올렸다. 이두황·박제순·장용진 등은 특히 이때의 동학농민군 학살 및 일본군에 대한 협조의 공로로 한일병탄 후에 일제로부터 높은 감투를 얻어 썼다. 또한 동학농민군 내의 일제 앞잡이들이 혁명지도자들을 밀고하여 일제로부터 후한 상금과 벼슬을 받았다. 이봉우(李鳳宇)는 손화중 장군 밑에서 충성을 하는 척하다가 배신, 그를 일본군에 밀고하고 증산군수를 얻었다. 법성포의 진사로서 동학도가 되었던 이현숙(李賢淑)은 오시영(吳時泳) 장군을 잡아다 바치고 많은 상금을 받았다. 김개남과 전봉준도 현상금과 벼슬에 탐이 난 배신자들에게 붙잡혀 정부군과 일본군에게 넘겨졌다.

제16장

혁명가 김개남
대접주의 최후

옛 친구의 밀고로 관군에 체포되다

논산에서 김개남과 합류하여 한두 차례 관군-일본군과 맞서 싸운 후 강경(논산) 일대에서 김개남과 전봉준-손병희 부대는 헤어진 것으로 보인다. 그가 이후에도 전봉준-손병희와 함께하며 전주성까지 후퇴했다가 그곳에서 헤어졌다(11.23, 양12.19)는 설과 해산 직전에 원평-태인 전투(11.25, 양12.21)까지 함께했다는 설도 있다.

전봉준과 손병희는 그 이후 싸움과 후퇴를 거듭하며 전주성으로 향했다. 당시 전주성의 감영은 전 감사 김학진이 동학농민군과 협력했다는 이유로 쫓겨났고, 후임 감사 이도재는 전주로 들어오지 못하고 주변을 맴돌고 있어서 무주공산이었다. 전주의 선화당에서 전봉준은 재기를 도모하며, 동학농민군의 재봉기를 방해하던 벼슬아치들을 처단하고 전열을 가다듬었다. 패잔하여 흩어졌던 농민군들이 전주로 모여 3,000여 명에 이르게 되자 전봉준과 손병희 등은 전주성을 출발(11.23), 원평으로 근거를 옮겨 재차 일전을 준비했다. 우금치 전투 이후 그나마 전투다운 전투라고 할 이 원평(구미란) 싸움에서 동학농민군은 하루 종일 일본-관군과 맞서 전세의 만회를 도모했으나 날이 저물 무렵 패색이 짙어져 다시 태인으로 후퇴하였다. 태인에서도 전봉준과 손병희 등은 8,000명 정도의 농민군을 모아 추격해 온 관군-일본

전주성 풍남문. 호남제일성(湖南第一城)이라는 이름이 이채롭다. 김개남은 청주성 전투 패배 후 논산에서 전봉준, 손병희와 합류하여 이곳 전주성까지 함께 왔다가 후일을 기약하며 각자 다른 길로 흩어져 갔다. ⓒ표영삼

군과 대적하였으나, 역시 역부족이었다. 결국 이곳에서 전봉준은 손병희와 헤어지고, 또 함께하던 농민군들에게도 후일을 기약하며 해산을 명하였다.

손병희는 이곳에서 임실 방면으로 나아가 그곳에 있던 해월 최시형을 만나 주 근거지인 충청도를 향해 북상길에 올랐다. 전봉준은 해산 직후 핵심 측근 십여 명과 함께 입암산성으로 숨어들어 평소 알고 지내던 산성 별장 (別將) 이종록의 도움으로 휴식을 취하고, 관군의 추적을 따돌린 후 인근의 백양사로 옮겨갔다. 전봉준은 백양사를 거쳐 순창의 장터 한 주막에 머물렀다. 그때 순창에는 전봉준의 고부접주 시설 접사(接司: 접주의 비서)이던 김경천이 살고 있었다. 전봉준이 순창에 머물게 된 사실을 안 김경천은 이 기회에 팔자를 고칠 생각으로 전봉준의 거처를 밀고 했다. 결국 전봉준은 12월

2일(양12.28) 그 지역 양반 한신현이 이끄는 민보군에 체포되어 숱하게 구타를 당한 후 일본군에게 인계되고 말았다.

한편 전봉준과 헤어진 김개남 또한 마땅히 갈 곳이 없는 신세가 되고 말았다. 본래의 근거지였던 남원성에 응거한 동학농민군들은 남원-운봉의 민보군들의 공격을 받고 접전 끝에 수십 명의 사상자를 내고 패산(敗散)하고 말았다. 민보군들은 남원성 안으로 들어가 전의를 상실한 채 포로가 된 수백 명의 동학농민군을 무자비하게 학살하였다. 이래저래 김개남에 대한 원한이 하늘을 찌를 듯한 남원은 김개남이 돌아갈 수 있는 곳이 못 되었다. 결국 김개남은 강경~태인 어간에서 따르던 농민군들을 해산시키고 홀로 태인으로 숨어들었다.

11월 하순, 김개남이 지친 몸을 이끌고 의탁한 곳은 태인 너듸(四升ㆍ정읍시 산외면 장금리)에 사는 매부 서영기(徐英基) 집에 잠거(潛居)해 있었는데 이웃 종송리(種松里ㆍ정읍시 산외면)에 사는 옛 친구 임병찬(林炳瓚)이 김종섭(金縱燮)을 시켜 "우리 동네에서 내 보호를 받으라"는 말로 유인하여 그 마을 송두용(宋斗鏞ㆍ종송리) 집에 머물게 했다.[193] 그래 놓고는 즉시로 전주 관아에 고변하여, 전주에서 관군이 출동하였다.

김개남이 이곳으로 찾아든 것은 지인(知人)들에 의탁하기 위한 점도 있지만, 전봉준과 다시 만나 후사를 도모하기 위한 것이 더 큰 이유였다. 동학혁명의 양대 지도자는 꽁무니에 따라붙은 추격군을 따돌리는 대로 은밀히 만나 재기를 도모하고자 암중모색 끝에 각각 지근거리를 선택했을 것이다. 이러한 추측을 뒷받침하는 정황이 없지 않다. 12월 5일 자 호남 소모관(召募官) 박화압(朴花押)이 조정에 올린 첩보 내용이다.

그런데 다행스럽게도 천신(天神)이 길을 인도하사, 이달 초 2일 밤에 저

놈(=전봉준-필자주)이 김개남과 서로 만나려고 순창의 피노리에 몰래 들렀는지라 그 마을의 선비 한신현(韓信賢)이 의거(義擧)를 분발하여 김영철(金永徹)·정창욱(丁昌昱) 2인과 함께 몰래 민간의 장정을 이끌고 다방면으로 주선하여 그(=김개남-필자주)를 따라온 세 놈과 함께 일시에 생포하였습니다. 이는 참으로 함정을 파놓고 맹호를 유인한 것이요 그물을 치고 맹금을 기다린 것이라 이를 수 있으니 어찌 성덕(聖德)이 미친 바가 아님이 아니며, 세 사람의 의거를 분발한 것이 어찌 사상하지 않겠습니까? 그들을 권장하는 방법으로 우선 이곳에서 1,000냥을 상금으로 주었고….[194]

이것은 전봉준을 붙잡게 된 경위를 보고한 내용으로 위의 인용문 뒤에는 그곳에서 김경천의 밀고로 민보군이 붙잡아 들인 전봉준을 체포하게 된 내력을 기록하였다. 여기서 눈길을 끄는 것은 첩보 내용 중 "김개남을 서로 만나려고"의 대목이다. 아마도 김개남과 전봉준이 만나려고 시도한 정보를 관에서 입수했던 것 같다.

김개남이 매부의 집에 은신하고 있던 며칠 후, 우연히 이 소식을 알게 된 이웃 마을의 옛 친구 임병찬(林炳瓚)이 찾아와 자기 집이 더 안전할 것이라며 데려갔다. 그러나 그것은 임병찬의 계략이었다. 임병찬은 11월 30일, 김개남을 밀고했다. 전봉준과 김개남의 머리에는 밀고자가 원하는 지역의 군수자리와 거액의 현상금이 걸려 있었다.

12월 1일(12.27) 강화수비병 병방 황헌주(黃憲周)가 이끈 80여 명의 병정들이 들이닥쳐 김개남을 체포하였다. 전봉준이 잡히기 바로 전날이었다. 전라감사 이도재(李道宰)는 다음과 같은 장계를 조정에 올렸다.

30일 적괴 김개남(金介南=金開南)이 태인에 있다는 소식을 듣고, 당일 신

김개남을 처형한 전라감사 이도재의 영세불망비(왼쪽에서 여섯번째). 이도재는 이후 승승장구하여 1907년 이완용의 모함으로 실각할 때까지 중앙정부 요직을 두루 역임하였다.

시(申時, 오후 3-5시)에 심영의 병방(兵房) 황헌주(黃憲周)로 하여금 대관 박승규(朴承圭)와 병사 80명 및 해당 감영의 포교 3명을 파견하여 즉시 앞으로 가게 하였습니다. 이날 밤 눈비가 오는 가운데 좁은 길을 쏜살같이 달려 산내면 종송리에 이르러 김개남과 그 무리 3놈을 급습하여 붙잡고, 2일 유시(酉時, 오후 5-7시)쯤에 (그들을) 압송하여 신의 감영에 도착하였습니다. 대저 이 적들은 사악한 이야기를 널리 퍼뜨려서 양호(兩湖)에서 난을 선동하고 관리들을 죽이고⋯.[195]

김개남이 붙잡혀 전주감영으로 끌려갈 때 수많은 백성들이 몰려나와 애끓는 노래를 불렀다.

개남아 개남아 김개남아

수천 군사 어디다 두고

짚둥우리가 웬말이냐.

이도재는 붙잡힌 김개남의 열 손가락에 대못을 박고, 황소 달구지 위에 태웠다. 달구지는 소나무 서까래로 삥 둘러 엮어 놓아 탈출하지 못하도록 짚둥우리를 서까래 위에 덮어 씌웠다. "짚둥우리가 웬말이냐"는 여기서 나온 말이다.

12월 8일 양호도(兩湖道) 선봉장 이규태도 조정에 김개남과 전봉준을 체포한 사실을 보고하였다.

> 방금 도달한 완영(전라감영)의 공문 내에, 초 1일에 비류의 괴수인 김개남을 잡았습니다. 그리고 연달아 도달한 순창소모관인 임두학의 첩정에 의하면, 동도(東徒) 중 수장(首長)한 거물급 괴수인 전봉준을 잡은 순창의 사인 한신현 · 김영철 · 정창욱 세 사람에게 마땅히 포상을 베풀어야 하겠습니다. 그 연유를 알려드립니다.
> 개국 503년 12월 초 8일 선봉장 이규태[196]

부패 무능한 왕조와 조선을 침략한 일본군을 몰아내고자 혁명에 나섰던 김개남과 전봉준은 비슷한 시기에 비슷한 장소에서 배신자들에 의해 어이없이 체포되었다. 순화중을 비롯하여 동학혁명의 지도자 대부분도 구속됨으로써 동학혁명은 좌절되고 말았다.

김개남 피체지인 태인 종송리 일대 ⓒ표영삼

서울 압송 도중 전격적으로 처형되다

김개남 장군을 발고한 임병찬(1851~1916)은 그 공으로 정부로부터 군수에 제수되었으나 나가지 않았다. 옛 친구를 발고한 죄책감에서였을까. 그는 1906년 면암 최익현과 함께 정읍 태인 무성서원에서 의병을 일으키고, 일제의 조선 병탄 후 고종의 밀서를 받고 대한독립의군부를 결성하여 의병전쟁을 시도하다가 일경에 피체되어 거문도로 유배되어 거기서 운명하였다.

김개남 장군을 전주로 압송해야 할 책임을 맡게 된 전라감사 이도재는 서울로 압송할 경우 중도에서 동학농민군에 의해 탈취당할 우려가 있다는 이유로 체포 다음날인 12월 3일(12.29) 전주성의 군사 훈련장이자 처형장인 서교장(장대)에서 즉결 처형하였다(김개남의 처형지는 그동안 초록바위로 알려져 왔으나 초록바위에서는 다수의 동학농민군이 처형되었을 뿐, 김개남은 서교장에서 처형되었다는 것이 다수의 사료로 밝혀졌다). 마흔두 살, 봉기한 지 1년여 만에 그는 목이 잘렸다.

이도재가 무리함을 무릅쓰고 김개남을 즉결 처분한 이유에 대해서는 몇 가지 설이 분분하다. 그 첫 번째는 김개남을 1차 심문하는 과정에서 대원군에 관련되는 발언이 나오자 그것을 진화하기 위해 황급히 처형했다는 설이다. 황현의 『오하기문』에는 김개남의 최후가 이렇게 기록되었다.

> 심영(沁營=江華 鎭撫營-필자주) 중군 황헌주(黃憲周)가 개남을 포박하여 전주에 도착하자 이도재가 김개남을 심문하였다. 김개남은 큰소리로 "우리들이 한 일은 무도 대원군의 은밀한 지시에 의한 것이다. 지금 일이 실패한 것은 또한 하늘의 뜻일 뿐인데, 어찌 국문(鞠問)한다고 야단이냐."고 하였다. 도재는 마침내 난을 불러오게 될까 두려워 감히 묶어서 서울로 보내지 못하고 즉시 목을 베어 죽이고 배를 갈라 내장을 끄집어냈는데 큰 동이에 가득하여 보통사람보다 훨씬 크고 많았다. 그에게 원한을 가지고 있는 자들이 다투어 내장을 씹었고, 그의 고기를 나누어 제상에 올려놓고 제사를 지냈으며, 그의 머리를 상자에 넣어서 대궐로 보냈다.[197]

일본군은 이해 6월 21일 경복궁을 불법 점거한 후 대원군을 내세워 국정을 농단하고 있었지만, 일본 정부는 대원군이 동학농민군과 손을 잡고 언제든지 일본에 대항할 수 있다고 보고 신경을 쓰고 있었다. 일본은 대원군과 동학농민군의 연결고리를 찾아내, 이를 빌미로 대원군을 실각시키고 나아가 처벌하겠다는 복안을 가지고 있었다.

일본군은 김개남을 즉결처분해 버린 일을 문제 삼았다.

삼가 아뢰는 것은 어제 접한, 순창에 있는 우리(日本-필자주) 동비 토벌군 대장 미나미(고시로)가 보낸 전보에, "전봉준, 김개남 모두 이미 붙잡혔습니다. 나머지 비적 또한 계속하여 사로잡히고 있습니다. 다만 비도들이 잡혀 묶이게 되면 감사가 제대로 분간하지 않고 그 자리에서 바로 참수를 하니 유시(諭示)를 준행할 길이 없습니다. 해당 감사에게 신칙하도록 (조선 정부에-필자주) 청하여 비도들을 붙잡게 되면 우리(日本) 정토군에게 넘기게 하십시오(중략)" 등의 말이 있습니다.[198]

물론 그들이 인명을 경시하였다고 하여 이를 문제 삼은 것은 아니다. 그들은 전봉준 장군과 김개남 장군 등 동학 지도자들을 '대원군과 엮어서' 대원군의 발목을 잡고자 했는데 허사가 되었기 때문이다. 일본공사 이노우에는 김개남을 '함부로 처단'한 전라감사를 불러 올려서 엄중히 조사할 것을 요구하였고, 조선 정부는 이런 일본의 요구를 무마하느라 쩔쩔매는 형편이 되었다.[199]

김개남을 즉결 처형한 이유로 거론되는 두 번째 설은 김개남이 동학농민군 중에서도 가장 강력한 전라좌도 동학농민군의 수장인 만큼 서울로 압송하는 도중에 동학농민군 잔당이 구출 작전을 펼칠지 모른다는 소문에 따른 것이라는 논리다. 당시의 법률에도 '즉결처형'은 위법사항이었다. 전봉준을 비롯한 손화중 등 지도자들이 피체되어 서울로 압송, 비록 형식적이지만 사법(재판) 절차를 거친 데 반해 김개남 장군을 서울 압송 도중에 즉결 처형한 것은, 그만큼 그의 존재가 두려웠고 따르는 사람이 많아 도중에 무슨 사태가 벌어질지 두려웠기 때문이라는 설도 충분히 일리가 있다.

셋째는, 김개남에게 피해를 입은 양반들이 직접 복수하게 해 달라는 요구가 강력하여 이에 따랐다는 설이다. 특히 남원부사로 임명되어 임지로 가던 이용헌(李龍憲)이 전주에 머무르는 동안 남원을 출발하여 북상하던 김개남이 전주성에 들렀을 때 이용헌을 처단한 일로, 김개남이 체포되어 전주성에 왔다는 소식을 들은 그의 아들들이 김개남의 처단을 요구하여 이에 따랐다는 것이다.

한편 이와 관련하여 이도재가 전라감사로 부임하면서 최익현에게 자문을 구한 내용이 관심을 끈다. 최익현은 1876년 병자수호조약 체결 당시 지부소(持斧疏)를 올려 반대한 일로 유명해진 이래로 전국 유림과 관리들의 사표 역할을 하던 이였다. 이도재가 동학농민군을 진압할 계책을 최익현에게 묻자 그는 "괴수 놈만 처단하고 협박에 못 이겨 따라간 자는 물시(勿施; 벌을 베풀지 않음)하여 은혜와 의리가 아울러 충족하면 그들이 장차 황연히 깨닫고 홀연히 안심할 것이며, 억센 무리들이 아직도 뿌리가 남아 있으니 무엇보다 대오를 통솔하고 약곡을 정하고 덕을 베풀며 예로써 대한 것이 가장 급선무가 될 것이다"라고 조언하였다.[200] 이도재가 김개남을 재빨리 처단한 데에는 '괴수 놈만' 처단하라는 최익현의 조언이 한몫을 거든 셈이다.

이처럼 복잡한 사정 속에서 교수형으로 처형된 김개남 수급(首級)은 한양으로 이송되었다. 이도재는 김개남을 처형하게 된 사정을 다음과 같이 보고하였다.

대저 이 적들은 사악한 이야기를 널리 퍼뜨려서 양호(兩湖)에서 난을 선동하고 관리들을 죽이고 백성들에게 지독한 고통을 주고 있으니, 마땅히 위로 압송하여 처분을 기다리겠습니다. (그러나-필자주) 지금 가까운 고을들을 살펴보니, 추악한 무리들이 아직도 많이 남아서 중간에 모여 진을 치고 있으니, 약탈이 이르지 않는 곳이 없을까봐 걱정이 됩니다. 3일 신시(申時, 오후3-5)쯤에 서교장(西敎場)에 군민(軍民)을 크게 모아 (비도를) 효수하여 사람들을 경계한 뒤에 머리는 궤짝에 넣어 도순무영(都巡撫營)에 올려 보냈으며, 나머지 3놈은 경중을 나누어서 처분하여 급히 아뢰고, 그 머리들은 궤짝에 넣어 올려 보냅니다.

제(題) : 머리를 받았다.[201]

이어 이도재는 김개남을 체포하는데 공을 세운 병방 황헌주 외 장교와 병사(將官)들에게 상을 내려달라고 임금에게 요청하였고, 조정에서는 "심영(沁營)의 군진에서 큰 공을 상주할 수 있어서 참으로 기쁘기 그지없다. 그중에서 으뜸가는 공을 세운 몇 명을 다시 보고하여 공로에 보답할 수 있도록 하라"고 하고, 다음의 인물들에게 상을 내렸다; 병방(兵房) 황헌주(黃憲周), 초장(哨長) 조용문(曺龍文), 포교(捕校) 윤치근(尹致根), 김경석(金京錫), 십장(什長) 박덕홍(朴德興), 영관(領官) 황시중(黃時中), 전초대관(前哨隊官) 박승규(朴承圭), 병정 80명, 기패관(旗牌官) 윤기홍(尹基弘), 포교 김시형(金時亨).[202]

김개남의 머리는 올라가는 길에도 머무는 곳마다 조리돌림을 당하였던 것 같다. 12월 3일 효수된 김개남의 머리는 12월 12일에서야 안성에 도착하였다. "(안성군수 홍운섭이) 상고합니다. 적의 괴수(魁首) 김개남(金介南: 金開南의 誤記)의 목을 전라감영에서 지정한 장교가 가져왔으므로 조리를 돌리기 전에 잠시 고마청(雇馬廳: 말을 관리하던 곳)에 두어 엄중히 지켜야 합니다."[203]

김개남의 수급은 한양에 도착하여 남벌원(南伐院: 水口門=光熙門)에 효시(梟示)되었다가 서소문(西小門=昭義門) 방면으로 옮겨져 다시 효시(梟示)되어 조리돌림당하였다. 이날 김개남뿐 아니라, 안교선(安敎善), 성재식(成在植),

최재호(崔在浩)도 남벌원 밖에서 효수되어 함께 서소문으로 옮겨져 3일 동안 효시되었다.

총리대신, 법무대신이 아뢰기를, "비괴 안교선(安敎善), 성재식(成在植), 최재호(崔在浩) 등이 모두 죄를 인정하여 대벽(大辟=사형)에 합당하기 때문에 순무영(巡撫營)에 보내어 즉시 효수하여 사람들을 경계하였습니다. 김개남(金介南=金開南)의 잘린 머리를 조사하는 절차도 같은 날 거행하는 것이 어떻겠습니까?" 하여 "아뢴 대로 윤허한다."라는 왕명을 받들었다.[204]

왕의 윤허를 받은 총리대신과 법무대신은 의정부에 명을 하달하였고, 의정부에서는 수집사(首執事) 1명을 바로 보내어 경기감사에게 어명을 전하게 했다. 경기감사는 부하들에게 "김개남의 머리를 조리돌리기 위하여 내일 이른 새벽에 영교(營校)들은 남벌원(南伐院) 교장(敎場: 광희문 밖 훈련원 교장)에 대기하라"고 지시하였다.[205]

김개남의 수급은 "김개남과 성재식의 머리는 경기감영으로 하여금 소란을 일으킨 지방에 조리돌리도록 하겠습니다"라는 보고와 함께 다시 고수원을 거쳐 양호(兩湖) 지방을 전전하며 조리돌림을 당하였다. 성재식은 고양을 거쳐 황해도-海西 지방으로 보내져 그 일대에서 조리돌림을 당하였다.[206] 한양으로 수급을 이송하는 과정 그리고 서소문 밖에서 효수한 뒤에 다시 전주로 이송하는 과정에서 들르는 고을마다 김개남의 수급은 엄중한 경계를 받았고, 그 고을에서도 '조리돌림'을 당하였다. 그만큼 원한이 깊었다는 뜻도 되겠지만, 적폐의 온상이었고 일본군 앞잡이 노릇을 하며 동족을 살상한 자신들의 죄악상을 무마하려고 차마 못할 짓을 한 것이다. 전주에서도 한동안 효수되었던 김개남의 수급은 그 이후에도 유족에게 넘긴 것이 아

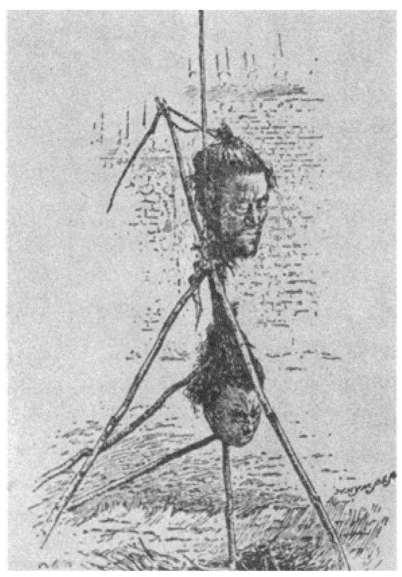

영국의 지리학자 비숍이 스케치한 서소문 밖의 동학농민군 지도자 머리(안교선과 최재호의 두상으로 추정됨). 이 두 분의 머리와 함께 김개남 장군, 성재식(황해도) 접주의 머리도 이곳에 효시되었다가 각각 전라도와 황해도로 내려 보내져 효시와 조리돌림을 당하였다.

니라 임의로 처리해 버렸다. 수급과 분리된 몸통은 전북 임실군 운암면 학암리에 묻혔다는 구전이 있어서 2010년에 발굴 작업을 벌였으나 유해를 찾지 못하였다.

동학혁명 시기에 조선을 방문했던 영국의 지리학자 이사벨라 버드 비숍은 때마침 서소문 밖에 효수된 김개남 장군의 모습을 지켜보았다(사진으로도 남아 있는 이 동학 지도자의 수급은 김개남이 아니라 동학 지도자 성재식, 안교선, 최재호 중 한 사람의 것이다).

> 외세에 좌지우지되고 있는 임금과의 충성관계를 끊고 그와 다른 주권을 약속했던 동학은 1월 초 전멸하여 충성스러운 관리에 의해 교주의 머리가 서울로 압송되었다. 나는 그것을 베이징으로 가는 길에 가장 부산한 거리인 서소문 밖의 어느 시장에서 보았다. 마치 야영장에서 쓰는 주전자 대처럼 나무기둥 세 개로 얼기설기 받쳐놓은 구조물에 사람의 머리 두 개가 그 아래로 늘어뜨려져 매달려 있었다. 그 얼굴들은 고요하고 엄숙해 보였다. (중략) 농민군은 너무나 확고하고 이상적인 목적을 가지고 있어서 나는 그들의 지도자들을 '반란자들'이라기보다 차라리 '무장한 개혁자들'이라고 부르고 싶다.[207]

'왕조 타도'의 혁명노선

> 가슴에 상처를 안고 사는 사람은 아름답다
> 그대 내면이 아픔으로 꽉 차서
> 바람이 불어오는 쪽을 향하여 선 사람이여.
> — 이시영, 「비밀」

'무장한 개혁자'(이사벨라 비숍) 또는 '왕조타도의 혁명가' 김개남 장군은 반봉건·반외세 투쟁의 선봉에 섰다가 42세에 목이 잘렸다. 민중의 아픔을 자신의 것으로 환치하고 민족의 비극을 자신과 동일시하면서, 잘못 굴러가는 역사의 수레바퀴를 바로 세우고자 봉기에 나섰다가 기득권 부패세력이 끌어들인 외세에 밀려 역사의 수레바퀴에 깔려 피를 뿌렸다.

　역사의 수레바퀴는 잘못 굴러가서 나라는 결국 일본의 식민지로 전락하여 '척왜'의 깃발 대신 '히노마루(일장기)'가 나부끼고 동학혁명을 탄압했던 무리들이 일제의 마름노릇을 하면서 다시 지배층이 되었다. 그리고 해방이 오고 분단이 되고 동족상쟁과 백색·카키색 독재가 이어지는 긴 세월 동안 위대한 선각자는 역사의 뒤쪽에 묻혀 버렸다.

　'동학란(東學亂)'이 '동학혁명'으로 정명(正名)을 회복하였음에도, 그 혁명의 주역의 한 사람인 김개남 장군은 전봉준 장군의 위광에 밀려 '괄호' 또는 '기타'의 단역으로 묶여서 여전히 유폐 상태를 면하지 못하고 있다. 역사 인물에 대한 편향성은 한니발과 나폴레옹, 을지문덕과 연개소문만을 기록한다. 전쟁사는 지휘 체계상 그럴 수도 있을 것이다. 그러나 동학혁명은 문자 그대로 혁명이었다. 혁명은 혼자 할 수 없다. 쿠데타와 다른 것이다.

　김개남은 전봉준·손화중과 시국인식과 혁명노선에서 확연히 달랐다. 일반적으로 전봉준을 중도좌파로, 김개남은 강경좌파로, 손화중을 온건우파로 구분하기도 한다. 손화중을 비롯하여 김덕명·최경선 등 우도의 지도자들은 대부분 전봉준의 영향권 아래 있었다고 하지만, 그것은 전봉준이 총대장으로서 '선봉'이었기 때문이다. 서울로 군사를 몰고 가 권귀를 멸하고 보국안민의 정사(政事)를 도모하는 일과 집강소 체제하에 폐정을 개혁하는 일, 그리고 들끓는 민중들의 당면한 소원들을 풀어나가는 일 중에 어느 것을 먼저 선택하느냐는 개개인의 정치 성향에 따른 차이보다 처해 있는 입지

(立地)에 따른 당면과제와 그에 대응하는 자세의 차이라고 보는 것이 옳다. 그중에서 김개남이 즉각적이고 실천적인 혁명적 개혁을 단행한 것만은 분명해 보인다.

다음은 주한 일본공사 이노우에 카오루가 동학지도자들 간의 노선 차이를 일본 외무대신에게 보낸 보고서다.

> 지난 가을 9, 10월경부터 전라, 충청 및 황해 각 도에서 봉기한 동학당은 외형은 농민봉기와 유사할지라도, 그 종류는 각양각색이어서 원래 동학도라고 하는 가운데에는 일종의 종교와 유사한 유도(儒道)와 불법(佛法)을 혼합한 천도라고 하는 것이 있습니다. 또 동도(東徒)의 수령 이하 접주라고 칭하는 각처의 우두머리들은 … 자신들의 세력을 키웠으며 김개남 같은 자에 이르러서는 스스로 개남국왕(開南國王)이라 칭하는 등 곧 그 내부에 혁명·척왜·축관(革命·斥倭·逐官) 등 각양각색의 목적을 갖고 있는 집합체로서, 그들의 당교(黨教)는 능히 인심을 단결시켜 죽을힘을 다하게 하는 데 충분할 것 같습니다.[208]

김개남은 1차 봉기 때부터 단순히 탐관오리의 징치에만 관심이 있었던 것이 아니라 적극적으로 개혁정치(집강소)를 시행하여 백성들을 구휼하고, 나아가 부패무능한 조선 왕조를 전복하려는 데 목표가 있었다. 자신이 군주가 되려는 의도도 있었던 것 같다. 그것은 '개남(開南)'이란 작명에서 보이고, 1차 봉기 때 내걸었던 4대강령에서도 분명히 하였다.

> 김개남 등 일부 지도자는 조선 왕조를 전복하고 새 왕조를 건설하려는 구상을 지니고 있었다. 이들은 전봉준·최시형 등의 조선 왕조의 국법에

재판정으로 향하는 전봉준. 김개남은 재판도 받지 못한 채 즉결 처형되어 공초 기록을 남기지 못하였다. ⓒ이병규

준하는 폐정개혁 등의 활동 요구, 즉 집강소 체제하에서의 활동 요구를 거부하고, 더욱 급진적인 폐정개혁 등의 활동을 추진하였다. 이처럼 동학 지도자들은 조선 왕조 질서 내에서의 개혁을 통한 보국안민 실현, 조선 왕조를 전복하고 새 왕조 건설을 목표로 하는 구상을 지닌 지도자로 나누어져 있었다. 이로 인해 동학 지도자들은 1894년 농민봉기 시기에 통일적인 지휘체계를 확립하지 못하고 분열·대립하였다.[209]

　김개남의 왕조타도의 혁명성은 공사간의 몇 가지 기록에서도 단편적으로 나타난다. 경상도 예천의 유생 박주대(朴周大)의 기록이다.

이때 호남의 동학 괴수 김개남(金盖南→金開南)은 군사 수만 명을 거느리고 전주를 점거하고 칭호를 참칭하고, 좌상(左相), 우상(右相)과 6조(六曹)의 장관(長官)을 설치하고 붉은 일산(紅率)을 쓰고 8인이 매는 교자(八人轎)를 타고 다녔다. 그리고 연호를 개남(開南)이라고 하였다. 선봉대장 전봉준과 손화중 모두 푸른 일산을 쓰고 8인이 매는 교자를 타고 수만 명을 거느렸는데, 한 갈래가 공주와 공주 이인(利仁)에 도착하였다.[210]

김개남은 우리나라 역사에서 보기 드문, 민중을 주인으로 하는 새 왕조 창업을 시도한 혁명가였다. 그의 시도는 막강한 일본군의 화력과 정보력에 의해 좌절되고, 이 같은 의도를 간파한 왕조의 관리들에게 즉결 처형되기에 이르렀다.

후손들, 가난·핍박 속에 허망한 몰락으로

김개남이 처형된 이후 그의 가족과 동학도인들이 많았던 향리의 도강김씨 문중은 쑥대밭이 되었다. 김개남 장군의 부인 전주이씨는 남편이 붙잡힌 이후 열한 살 된 아들 복술(福述)이를 데리고 구고현 두복리(현 임실군 청웅면 두복리)의 친정으로 돌아가, 친정아버지가 뒷산 언덕에 파놓은 땅굴에서 수년을 은신하며 살았다. 이들은 족보에서도 제적되어 김개남의 아들 복술을 '박가'로 변성명하고서야 겨우 목숨을 부지할 수 있었다.

김개남의 부인 전주이씨는 아들 복술이가 먼저 죽고 그가 남긴 손자 환옥을 키우며 험한 세월을 아흔 살까지 살다가 남편 곁으로 갔다. 손자(김환옥)는 할머니에게서 김개남 할아버지의 얘기를 들으면서 자랐지만, 형편이 어려워 학교를 다닐 수 없었다. 손자 김환옥의 증언.

할머니가 피난할 적에 도강 김간디 박가로 성을 바꾸고 피난혔다고 혀. 그때 도강 김가라고 말하면 모다 잡아다 죽이는디. 할머니가 돌아가시면서도 우리 할아버지 보고 좋은 소리 하나 안혀. 이 골짜기서 논 마흔닷 마지기 지어가지고 사는디, 십만 군사가 뭣이여. 십만 군사를 일주일 먹인 게 마흔다섯 마지기 농사가 하나도 없드래. 그러다 군사가 떠나는디 금산면으로 말을 열 몇 필 가지고 가서 쌀을 팔어 왔는디 내일 아침이면 조반 먹고 떠날 참이여. 내일 새벽부터 비가 퍼붓어. 그런게 할머니가 복이 없응게 영감 마흔셋에 죽고 "내가 종을 두셋이나 두었단다"고 말해. 편하면 느그 한아씨라 그러고 안 편하면 니 할아배라 그려.[211]

동학혁명 100주년이던 1994년 '동학농민전쟁백주년기념사업 추진위원회'는 동학농민군 후손들의 증언록『다시 피는 녹두꽃』을 간행하였다. 김개남이 태어난 집 아래에 살고 있던 손자 환옥도 증언 녹취 대상이었다. 평생 농사를 지으며 살았고 본인의 말로 일자무식이라고 했다.

우리 큰할아버지(김개남의 큰형)가 우리 한아버지가 몸을 피했다고 여기서 자살했어. 묘가 뒤에 있어. 일전에 파갔어. 김개남 장군은 둘째지(사실은 셋째). 참말로 기가 맥히지. 여태까장 내가 그 소리 안 했어. 우리 큰한아씨가 동생이 그렇게 됐는데 내가 살아서 뭣하냐고 하면서 자살했어. 우리 집도 참 우리 한아씨 때부텀 참 똑똑한 사람이 많았어.[212]

동학혁명의 성과로 실시된 갑오경장에서는 조선 왕조의 악법 중 하나인 연좌제를 없앤다고 했지만 허망한 말뿐이었다. 현실은 김개남과 동학혁명 지도자들의 후손을 대역죄인으로 취급하였다. 일제가 국권을 침탈하면서부터는 '불령선인'의 가족으로 낙인을 찍었고, 겨우 성씨를 바꿔 유리걸식하며 생존을 이었다.

흔히 독립운동가는 3대가 망한다고 하지만 한말 민족운동가들의 경우 5~6대에 걸쳐 가난과 핍박이 이어졌다. 배우지 못하고 유산이 없어 딛고 올라갈 사다리가 없었다.

김개남의 집안은 본래 부농이었다. 반상의 질서가 강고했던 시대였지만 지방의 부농은 나름대로 사회적 위치에 자리 잡고 있었다. 지역의 관리들과 적절히 유착하면 기득권의 유지가 가능하였다. 김개남이 국가·사회적 모순에 눈 감고 안일한 삶을 택했다면 가족과 가문이 멸문에 가까운 화를 당하는 일이 없었을 것이다. 재산도 유지됐을 터이다.

곤란이 막심하지. 마흔다섯 마지기 다 없어져. 기가 맥힌 얘기지. 어쩌다가 임실 가고 남원 가면, 김개남 장군이라고 안혀. 김개남 어쩌고 저쩌고 허지. 내가 김개남 손잔디. 참 쓰잘 데 없는 소리, 내가 김개남 손자여, 속으로 그러지. 내가 무식헌게 뭔 말을 안혀. 그런데 지금 핵교 교수들도 그때 세상을 모르고, 세상에 국민핵교도 보내야 하고 뭣이라 허는디, 쓸데 없는 소리 하지 말라고. 그때 세상에 개남이 손이라고 하면 다 때려 죽일라고 하는디. 정부에서 전봉준이, 김개남, 손화중 떠들고 있으니 내가 활발하게 돌아다니지, 그때 세상에는 우리 식구가 밥만 어떻게 먹지, 어떻게 핵교를 댕겨, 허망한 소리지.[213]

제17장

개남,
다시 새 세상을 열고

김개남 장군의 가묘와 비문, 그 여운

　김개남 장군은 유언 한마디 남길 수 없었다. 그리고 사후 시신도 온전하지 못하였다. 수급은 서울과 전주에서 두 번씩이나 효수되고 시신은 어디론가 사라졌다. 많은 세월이 지난 뒤, 지금 정읍시 산내면 동곡리 지금실에 머리털 한 올도 없는 가묘가 조성되었다. 마치 서울 용산 효창원에 안중근 의사의 가묘(허묘)가 조성되었듯이. 다시 무심한 세월이 흘렀다.

　100년이 지난 1993년 5월 3일, 전주 시내 덕진공원에는 김개남 장군을 기리는 추모비가 세워지고, 1995년 3월 1일 비명이 새겨졌다.

　〈김개남 장군의 비문〉

　여기 상두산 품 안에 포근히 안긴 하늘 아래 첫 마을 윗지금실이 자리 잡고 있다. 지금 이 마을 어귀에 우리의 위대한 지도자 김개남 장군의 영혼이 쉬고 계시다. 장군은 1853년 9월 15일 도강김씨 아버지 대흠과 어머니 익산이씨 사이에 셋째로 태인현 윗지금실에서 태어나시니 어릴 적의 이름은 영주였다. 장군이 태어나 자랄 적에 외국 침략자들은 우리의 이권을 앗아가고 탐학한 지배자들은 온갖 부정을 저지르며 민중을 압제하고 있었다. 장군은 의협심이 남다른 천성을 지녔고 귀천을 가리지 않고 사람

전북 정읍시 산외면 동곡리 669-1에 있는 김개남 장군 묘소. 시신이 들어 있지 않은 허묘이다. ⓒ동학
농민혁명종합정보시스템

들을 사귀었으며, 무너져 내리는 나라와 고통에 신음하는 민중을 구제하
기 위해 의기를 떨쳐 동학에 입도했다. 1894년 3월 '광제창생·보국안민'
의 기치를 내걸고 나라와 민중을 구제하려 일어나니 그 횃불이 삼천리강
산에 타올랐으며, 의기는 하늘에 뻗쳤고, 함성은 산하를 울렸다. 장군은 전
봉준·손화중과 함께 3대 지도자로 추대되었고, 장군이 이끄는 동학농민
군은 백산 황토재, 황룡강에서 무도한 자들이 보내는 군대를 여지없이 무
찌르고 이어 호남의 수부 전주성을 점령하였고, 장군은 청과 일본의 군대
가 개입하는 절박한 정세에서 만부득이 관군과 화해하고 남원에 웅거, 전
라좌도를 호령했다. 장군은 그해 6월부터 10월까지 남원에서 무도한 벼슬
아치와 양반토호를 징치하고, 헐벗고 굶주리는 백성들에게 옷과 양식을

나누어 주었다. 벼슬아치들은 벌벌 떨고 민중들은 춤을 추었도다. 이때 장군은 조선을 남쪽에서부터 개벽한다는 뜻으로 이름도 개남(開南)으로 바꾸니, 그의 신념은 차돌 같고 그의 용기는 하늘에 뻗쳤다. 일본 침략자들이 다시 동학농민군에게 총부리를 겨누자 전봉준 장군은 공주로, 김개남 장군은 청주로 짓쳐 올라가니 민중은 십만 대군의 저 눈빛을 보고 함성을 질렀도다. 두 장군은 침략자들의 대포 앞에서 통한의 눈물을 뿌리고 발길을 돌리니, 우리 민족은 다시 깊은 수렁에 빠졌구나. 장군은 종성리(산내면)에서 무도한 자들에게 잡혀 전주 서교장에서 처형당하니 때는 1894년 12월 3일이었다. 이 어이할꼬? 이날 하늘도 찡그리고 강산도 울었으리, 장군의 유체는 효시되고, 또 참혹하게 버려진바 거두는 사람도 없었다. 겨우 아내와 아들이 살아남아 숨을 죽이며 옛 일을 아련히 전해 주었다. 이제 1백 년이 넘어서 이후 민주 인사가 뜻을 모아 장군과 첫째 부인 연안 이씨는 가묘로 영혼을 모시고 둘째부인 전주이씨와 합장을 해 모시니 보는 이는 옷깃을 여미고 위대한 민족 지도자를 추모할진저. (김개남 장군의-필자주) 외아들 백술과 경주김씨 부인 사이에 형제가 태어났고 환옥에게서는 상기, 종기, 순, 공순, 귀례, 영님이가 태어났으며 환섭에게서는 인기, 인영, 귀님, 귀남 그리고 봉기가 태어났으니 번성하도다. 장군께서는 이제 편안히 여기에 쉬시며 민족통일의 그날을 굽어보시라.

　　1995년 3월 1일, 역사문제연구소장 이이화 삼가 짓고,

　　전흰빈 돌 강희남 후비 효봉 여래 영 쓰다.

신영복의 김개남 평가와 새로운 미래

　　하늘로 들어가는 길을 몰라

새는 언제나 나뭇가지에 내려와 앉는다
하늘로 들어가는 문을 몰라
하늘 바깥에서 노숙하는 텃새.
  —김종해,「텃새」의 일부

그는 한 마리 텃새였다. 조선의 텃새였다. 하늘로 들어가는 길을 몰랐을
리 없고, 하늘로 들어가는 문을 모르지 않았을 그는, 마땅히 이 땅의 텃새들
인 농민과 천민들과 함께 살고 죽고자 했던 한 마리 텃새였다.

비참한 죽음이었지만, 그의 삶과 투쟁과 죽임은 이 땅에서 수탈당하고 탄
압 받고 소외된 민초들의 아픈 역사를 대변하고, 이후 의병→독립군→3·1
혁명→임시정부→의열단→광복군→4·19혁명→광주민주화운동→6월항
쟁→촛불혁명으로 이어지는 민족사 저변에 도도히 흐르는 '저항의 마그마'
가 되었다. 돌이켜보면 우리 근현대 민족운동사의 뿌리, 그 원맥(原脈)은 동
학혁명에서 기원한다. 광제창생·보국안민·반봉건·척왜척양의 동학(과
농민혁명)에서 근원한다.

그 중심에 김개남 장군이 있었고, 시대정신에 충실한 첨병이었던 그는 역
사의 수레바퀴에 깔리고 목이 잘렸지만, 늦게나마 눈 밝은 사람들이 있어
서, 앞에서 인용한 대로 연구가 진행되고 새로운 평가가 따른다.

그의 혁명은 결국 실패로 끝났다. 전봉준, 손화중, 손병희로 이어지던
동학의 사상적 흐름 역시 맥이 끊기고 말았다. 그러나 그의 정신만은 아직
온전히 남아 흐르고 있다. 동학농민혁명이 끝난 후 남원에는 농민군을 격
퇴한 것을 기리는 운봉 토호 박봉양의 기념비가 세워졌다. 하지만 조선 전
역에 이름을 떨쳤던 김개남의 흔적은 오랜 세월 동안 지워지고 말았다. 그

가 역사 속에 묻혀 버린 이유는 대략 세 가지 이유 때문이다. 첫째, 국문에 서 죽음에 이르는 과정이 온전히 남아 있는 전봉준과 달리 즉결 처형되었 기 때문이다. 둘째, 한 사람을 영웅시하는 시대적 풍조로 인해 동학의 대표 였던 전봉준의 그늘에 가려진 탓이다. 마지막으로, 그를 급진주의자 내지 는 강경한 혁명주의자로 만든 사회적 분위기 때문이다. 이로 인해 그의 가 족들은 족보에서도 이름이 지워지고 성마저 바꾼 채 어렵게 살아야 했고, 지금도 여전히 어렵게 살고 있다.[214]

김개남 장군의 재조명, 재평가 작업은 역사학계가 아닌 재야사학자들과 민족사상가 신영복 선생이 테이프를 끊었다. 그 자신 치열하게 민족운동에 나섰다가 독재자에 묶여 20년 20일 동안의 옥고를 치르고 나와서 '역사의 변방'을 찾았다. 감옥에서 일군 사색과 탐구의 결실이었다. 그가 찾은 변방 의 하나가 김개남 장군의 추모비가 있는 전주 덕진공원이다.

'시대의 양심'으로 불린 고 신영복 선생의 글을 통해 '시대의 선각' 김개남 장군을 다시 한번 되돌아본다.

전봉준과 김개남의 현실 인식에 있어서의 차이를 주목할 필요가 있다. 전봉준이 일본의 침략에 대응하여 반봉건 투쟁을 일단 유보하고 항일·반 제 투쟁에 주력하는 이를테면 주요 모순 우선 노선임에 비하여, 김개남은 어디까지나 계급 모순을 중심에 두는 기본 모순 우선 노선이다. 그래서 이 름도 개남(開南)으로 바꾸어 남쪽에 새로운 나라를 연다는 뜻을 담았다. 남 원부사를 비롯하여 순천부사, 고부군수 등을 차례로 처단하는 등 그의 비 타협적 의지는 전봉준의 근왕주의적 태도와는 분명한 차이를 보인다. 그 것 역시 부정적 평가의 근거가 되기도 할 것이다. 그러나 패전 이후 최후까지 끈질기게 항쟁의 맥을 이어간 부대가 바로 김개남 포라는 사실에 대해서는 이의가 없다(이것은 실제 사실과 차이가 있다-필자주). 비록 패배로 막을 내리긴 했지만 갑오농민혁명은 그 후 의병전쟁, 3·1만세운동, 광주학생운동, 4·19혁명 그리고 광주민중항쟁과 6월 항쟁 등 역사의 도도한 흐름으로 이어진다. 뿐만 아니라 지금 우리가 당면하고 있는 논란과 쟁점 역시 이러한 흐름의 연장선상에서 크게 벗어나지 못하고 있다. 남북, 좌우, 진보, 개혁, NL, PD, FTA 그리고 답보하고 있는 연대와 통합에 이르기까지 그 끈질긴 역사적 연루를 재확인하게 된다.[215]

동학혁명을 다룬 대부분의 소설들은 전봉준을 주인공으로 한다. 그 속에서 김개남은 때로는 중요 인물로 등장하지만, 대부분 단편적인 언급에 그치고 또 대부분 전봉준의 배경으로만 묘사된다. 그래도 한국문학사의 태두(泰斗)라고 할 만한 박경리의 『토지』에 등장하는 '김개주'는 김개남을 모델로 한 인물로 알려져 있어, 김개남 이야기가 후세 만대에 전해질 수 있는 근거가 되고 있다. 이 이야기 또한 신영복 선생의 입을 통해 확인할 수 있다.

그날(1993년 5월) … 인연이란 참으로 우연처럼 다가오는 것이다. 일단 우리 집에서 나와 신정일 선생 일행은 전화를 걸기 위해서 근처의 파리공원에 들렀고 거기서 뜻밖에 김지하 시인을 만난다. 김개남 장군 비문을 받기 위해서 상경했다는 말을 듣고 김지하 시인은 동학농민혁명과 김개남 포에 관한 이야기에 이어 장모님(박경리-필자주)이 김개남 장군의 팬이어서 〈토지〉의 김개주가 바로 김개남이라는 이야기를 들려준다. 대하소설 〈토지〉는 남루한 옷차림의 구천이가 평사리의 최 참판 댁에 모습을 나타내는 것으로 시작되고 있다. 그리고 구천은 최치수의 어머니 윤씨 부인과 김개주 사이에 난 아들이었고 평사리에 흘러들었을 때는 괴멸한 김개주 부대의 패잔병이기도 했었다. 신정일 선생은 전주로 돌아오자마자 원주의 박경리 선생과 전화통화를 한다. 박경리 선생은 통영에서 어린 시절을 보내며 김개남 장군에 대한 이야기를 많이 들으며 자랐었고 그래서 〈토지〉에 그 양반을 썼다는 이야기, 김개남 장군은 세계적 혁명가이며 후배 작가들에게 작품화를 권고하기도 했다는 이야기를 듣는다.[216]

이것을 범상히 보아 넘길 것인가. 김개남 장군의 평가는 이제부터 다시 시작이 아니겠는가.

여전한 미지의 세계 동학혁명의 관문

역사에는 언제나 회한이 묻어 있게 마련이다. 동학혁명은 위대하면서도 좌절된 혁명이었기에 더더욱 그러하다.

그때, 그 우금치 싸움으로 나아가는 길에 김개남·전봉준 부대의 남접군 10만 명과 손병희 북접군 10만 명이 좀 더 빨리 하나가 되어 곧장 한양으로 진격했다면?

동학혁명사를 돌이켜보면 그 끝에는 언제나 이러한 질문에 도달하곤 한다. 그것은 단지 '좌절된 혁명'에 대한 아쉬움과 안타까움에서만이 아니다. 우선은 동학혁명과 그 계승으로서의 한국 근현대사를 어떻게 볼 것인가 하는 문제이며, 혁명과 그 배경의 동학사상의 의의를 어떻게 해석할 것인가의 문제이고, 무엇보다 동학혁명이 오늘 우리에게 어떤 의미로 살아 있는가를 살피는 일이기 때문이다.

한국 근현대사 150여 년의 흐름에서 수많은 역사적 사건이 점철되었지

처형 직전의 김개남. 이 사진은 김개남의 모습으로 알려져 있으나, 이를 확정적으로 뒷받침할 추가 자료가 필요하다는 견해도 있다. ⓒ이병규

만, 가장 돌올(突兀)한 사건이라면 역시 동학혁명이다. 수십 만 명의 희생자들 대부분이 역사 속에 묻혀 버렸고, 극히 일부 사람들에 대한 기록을 토대로 혁명의 전모를 재구성하고 있는 형편이다.

동학혁명을 서사시로 노래한 신동엽은 일찍이 "누가 하늘을 보았다 하는가 / 누가 구름 한 송이 없이 / 맑은 하늘을 보았다 하는가. // 네가 본 건, 먹구름 / 그걸 하늘로 알고 / 일생(一生)을 살아갔다."고 노래하였다.

동학혁명의 거대한 실체가 여전히 우주의 '암흑물질'처럼 우리의 인식 안에 대부분 들어와 있지 못한 형편에, 우리가 그리는 동학혁명의 역사와 인물 이야기는 '미지의 세계'일 수밖에 없다.

그 '미지의 세계'로서 '동학혁명'의 더 깊은 세계로 들어가는 관문에 김개남 장군이 있다. 아니, 그가 바로 관문이다.

열린 결말, 살아 있는 김개남 장군의 꿈

부유한 농가에서 태어났으면서도 기득권에 연연하지 않고 이웃의 고통과 부당한 관권의 수탈에 맞서 세상의 광정에 나섰던 김개남 장군.

'백성'이라고 하기에는 근대 의식이 깨어 있고 '민중'이라기에는 전근대 의식에 젖어 있던, 그래서 '군집(群集)'이라 불러야 할 수십만 무리를 이끌고 봉기한 동학혁명의 중심인물.

전봉준과 함께 오랜 세월 길고도 질긴 압제의 전통을 깨부수고자 분연히 일어선 비범(非凡)한 범인(凡人).

동양 3국에 태풍의 눈이 된 조선의 당당한 텃새와 같은 인물.

어느 시인의 시구를 빌리자면, "길이 끝나는 곳에서도 길이 되는 사람들." (정호승, 〈봄길〉 중에서)

역사의 수레바퀴를 돌리다가 거기에 깔리고 그 핏자국으로 새로운 길을 낸 선구자.

소용돌이치는 역사의 아픔을 자신의 상처로 보듬으면서 비참하게 죽어간 젊은 혁명가.

나라의 위급 상황을 보고 기꺼이 목숨을 건 의로움과 용기의 사나이.

지배자들이 동비(東匪)·토비(土匪)·비적·역도·반란수괴·반역자라 부르고, 자신들은 동도(東徒) 또는 의병이라 부른 무리의 수장.

몇 세기를 앞서가다가 목이 베인 허균이 가름한 항민(恒民)·원민(怨民)·호민(豪民)을 차례로 일깨우고 실천한 뒷새 호걸.

인간평등·인존사상·후천개벽에 뜻을 모으고, 유불선 삼교합일과 전통적인, 그리고 미래의 가치를 담은 민족종교에 혼이 닿는 동학의 접주.

다산 정약용의 『경세유표』와 「남절양(男絶陽)」을 읽고 구세의 길에 나선 경세가.

거침없이 암소의 배를 갈라 송아지를 꺼내먹는 탐관들의 횡포를 도저히 용납할 수 없었던 진짜배기 농꾼, 동학교도와 농민들과 더불어 '광제창생'의 깃발을 든 저항인.

탐학 관리들의 죄상을 낱낱이 밝히고 '제폭구민'의 횃불을 든 민중혁명가, 사발통문 통해 거의(擧義) 알리고 동지들을 모은 전략가.

첫 기포 때에 '4대강령'과 '12개조 군율'을 선포하고 관아의 창고문 열어 농민들에게 곡식 나눠준 구세주, 호남 곳곳의 전투를 승리로 이끈 계급장 없는 장군,

끝까지 '척왜'의 깃발을 든 순결한 민족주의자.

한양으로 직진하여 무능한 왕조와 썩은 관리 척결하자던 무장한 개혁주의자.

53개 군현에 집강소 설치한 농민자치의 코뮌 지도자.

일본군 스나이더·무라타 소총과 구르프포, 회선포(기관총)에 화승총과 죽창으로 맞선 다윗.

시산혈해의 전투에서도 살아남은 불사조, 믿었던 옛 친구 가롯 유다에게 배신당한 조선의 예수.

그럼에도 100년이 넘도록 묻히고 덮이고 잊히고, 그래서 잃어버렸던 영웅 김개남 장군….

아무리 거듭해서 불러도 김개남 장군의 실체는 온전히 다가오지 않는다. 그러나 그렇기에 우리는 김개남 장군 이야기를 '열린 결말', 그 끝이 무한으로 확장된 실체로서 접근할 수 있게 된다. '무궁'이란 본래 끊임없이 가까이 다가가야 하는 것이다. 우리는 김개남 장군의 생애와 사상을 거듭 생각하고, 그의 뜻을 좇아 역사적 상상을 계속해 나가야 한다. 그때마다 그는 새로운 모습으로 우리에게 현존한다.

김개남 장군은 동학혁명은 물론 동학의 무극대도에 '무궁'히 다가갈 수 있게 하는 열린 역사이며, '개남'이라는 이름은 그래서 그의 운명이 된다. '남(南)'은 그저 '남쪽'이 아니다. 남쪽에서 시작되는 봄과 같이, 새롭게 열리는 세상, 동학 식으로 말하자면 후천개벽의 새 세상이며, 그 세상을 향해 열린(開) 문이 김개남 바로 그 자신의 실존이며, 우리에게 향하는 그의 유훈이다. 그 새 세상(南)을 향해 열린(開) 문, 개남(開南)은 그러므로, 늘 우리 마음속에 살아 있다. 새 세상을 향한 우리의 꿈은 언제까지나 계속되기 때문이다.

> 역사는 어차피 이긴 사람의 편
> 그러나 진 쪽의 수효는 항상 더 많았지
> 이제 처음부터 다시 시작할 수는 없지만

이대로 끝나서는 안 되겠다고

나는 요즘서야 생각한다.

　—김광규, 〈늦깍이〉 중에서

지금까지 읽어주신 모든 분께 감사드립니다.

1853.09.15. 전라도 태인군 산외면 정량리 997-1(원정마을)의 도강김씨 가문에서 부친 김대흠(金大欽)과 어머니 익산이씨의 7남매 중 셋째 아들로 탄생. 아명은 김기선(金琪先), 20대 때 기범(箕範), 족보에는 영수(永疇).

7세 때 태인군 산외면 동곡리 윗지금실로 이사.

부친을 일찍 여의고 맏형 영백(永百) 슬하에서 성장.

한문 수학했으나 병서를 즐겨 읽고 무술 연마.

개남(開南)이라는 이름은 동학에 입도한 이후 개명.

1860.04.05 경주 용담에서 수운 최제우가 동학 창도(김개남 7세).

1865.00.00. 전봉준, 부친 전창혁을 따라 동곡리 아랫지금실로 이사.

김개남과 전봉준, 지금실에서 교류.

김개남과 전봉준은 전주군 봉상면 구미리에서도 함께 거주(후손 증언).

1871.00.00 김개남, 연안이씨와 혼인. 이듬해에 상처.

김개남, 청년 시절 지금실에서 상두재를 넘어 전주에서 무반으로 있는 도강김씨 문중의 김시풍을 만남.

1871.03.10. 영해에서 이필제가 주동한 교조신원운동(영해민란) 발발.

1872. 김개남, 20대 초반, 전주이씨(청웅면 향교리 출신)과 재혼. 향교리에서 서당 훈장.

혼인 후 분가하여 고택터 자리(현 정읍시 산내면 630번지)로 이사.

1884.07.01 김개남 31세. 아들 백술(佰述) 태어남. 외 3녀. [백술은 슬하에 환옥과 환섭 형제. 환옥은 남원양씨와 사이에 상기(相基)·종기(鍾基)·정기(正基)·진기(珍基). 환섭은 제주고씨와 인기·인형 형제]

1890.	김개남, 이 무렵 동학에 입도(1880년대 중후반에 입도했다는 설도 있음, 윤석산).
1891.	김개남, 호남 순회에 나선 해월 최시형이 지금실의 김개남 자택에서 열흘간 유숙할 때 옷 5벌을 지어서 선물함.
1892.10.20	공주교조신원운동 시작.
1892.11.01.	삼례교조신원운동 시작.
1893.02.11.	한양에서 광화문전 복합상소와 격문 게시운동.
1893.03.11.	김개남, 보은 장내리에서 개최된 보은 취회(집회) 참여. 이때 김개남은 해월 최시형으로부터 태인포대접주(泰仁包大接主)로 임명되어 처음으로 공식 직함 받음. 이때 함께 대접주를 받은 대표적인 충의포(忠義包, 大接主 孫秉熙), 서호포(西湖包, 徐璋玉), 금구포(金溝包, 金德明), 무장포(茂長包, 孫華中) 등임. 전봉준은 이때 금구에서 별도로 집결하여, 보은에 합류하려던 차에 보은집회 해산.
1893.	전봉준의 부친 전창혁, 조병갑의 학정에 장살 당함. 김개남은 상가에서 전봉준, 손화중, 김덕명, 최경선 등과 교유하며 혁명 방향 모색.
1893.11.	사발통문 작성하며 거사 모의(전봉준 중심).
1894.01.09.	익산군수로 발령(1893.11.3)되었던 조병갑 고부군수 유임 결정.
1894.01.10.	고부봉기 → 고부관아 점령 → 만석보 혁파 → 말목장터 유진 → 백산 둔취.
1894.02.25.	전봉준, 동학 대접(大接)의 봉기 호응이 없자 봉기군을 해산하고 잠행.
1894.03.18.	김개남, 전봉준의 호소에 기포를 결심하고 지금실에 관내 동학도인들 집결시킴.
1894.03.21.	김개남, 전봉준 손화중과 함께 무장에서 포고문 선포의 주역으로 참여. 고부관아 재점령 → 말목장터 재차 점령.

1894.03.25.	김개남 등 백산에서 결진(結陣) → 김개남은 총대장 전봉준 휘하 총관령(總管領)으로 손화중과 함께 선임됨.
1894.04.07.	(양5.11) 김개남, 전봉준 손화중 김덕명 등과 함께 황토현 전투 대승.
1894.04.	김개남, 전봉준 손화중 김덕명 이방언 등과 함께 황룡 전투 대승.
1894.04.27.	김개남, 전봉준 등과 함께 전주성 무혈입성.
1894.05.01.	김개남, 이날(양6.5)부터 사흘간 '완산 전투' 치열하게 전개. 동학 군 피해 점점 커짐.
1894.05.07.	조정에서 청병(淸兵)의 파병을 요청하고, 일본군이 인천에 사륙 하는 등 대외 정세 악화에 따라 관군과 동학군 사이 화의 성립. '전주화약'과 12개조 폐정개혁안의 성립을 조건으로 동학군이 전 주성에서 철병키로 담판.
1894.05.08.	동학농민군 전주성 철병 시작. 홍계훈, 조정의 지시에 따라 동학 농민군 대사령. 물침첩 발부.
1894.06.20.	일본군, 야포 등 동원하여 한양 도성 점거.
1894.06.21.	일본군, 병력 동원하여 경복궁 점령하고 고종을 인질로 삼음. 대 원군 등용.
1894.06.25.	김개남, 전주성을 나와 태인, 순창, 옥과, 담양, 창평, 동복, 낙안, 순천, 보성, 곡성 등을 두루 순행하며 지역 민심 수습, 도소 설치 를 마치고 이날 3천여 명의 동학농민군과 함께 남원에 입성.
1894.06.	김개남, 8월까지 남원을 중심으로 전라 좌도 일대에 강력하고 모 범적인 집강소 통치 실시. 김개남 세력의 중심인 '태인접'은 그 강 력함 덕분에 주변 동학농민군의 부러움을 삼. 김개남 휘하 동학 군의 강력한 폐정개혁과 신분 타파 활동으로 인근의 양반 유생들 의 원성이 높아감.
1894.6.25.	정부에서 동학농민군과 협의한 폐정개혁 위해 '교정청' 설치했으 나 일본의 방해로 폐지됨.

1894.07.02.	전봉준 순행 중에 김개남이 있는 남원에 들러 향후 전략 숙의.
1894.07.15.	김개남, 전봉준, 손화중 등 호남 일대 동학군 7만 명을 남원에 모아 남원대회 개최하고 결속을 다짐. 동학농민군의 세를 과시하며 정국 향방 주시.
1894.07.16.	전봉준, 전라감사 김학진 초청으로 전주성 입성, 선화당에서 담판하여 집강소 통치 강력하게 시행키로 합의.
1894.07.16.	김개남, 전봉준과 함께 남원을 출발하여 지리상 상이암으로 들어가 8월 25일까지 49일을 머물며 기도.
1894.07~.	청일전쟁 발발하여 일본군이 일방적으로 청국군을 몰아부쳐 국경 밖으로 내쫓음.
1894.08.	대원군으로부터 '해산하라'는 효유문과 '거병하여 입경하라'는 상반된 밀지가 동시에 당도하였으나, 결론적으로 김개남과 전봉준은 이 모두를 척결.
1894.08.25	김개남, 재기포를 결정하고 휘하의 동학농민군을 남원에 집결시킴. 전봉준과 손화중이 급히 달려와서 청일전쟁이 마무리된 이후의 경과를 살펴보자고 하였으나 김개남은 도리어 재기포의 필요성을 역설함. 이때 전봉준(先鋒軍), 김개남(中軍)-손화중(後軍)의 역할 분담이 논의-합의된 것으로 보임(갈등설과 달리).
1894.09.08.	전봉준, 재기포 선언하고 삼례 집결령 발포. 이날 김개남은 남원에서 출정을 위한 기제(旗祭)를 개최.
1894.09.11.	김개남 휘하의 영호대접주 김인배가 하동을 점령하며 본격적인 활동 재개.
1894.09.18.	해월 최시형, 동학도인 총기포령 발포하고 이날까지 청산 집결 명령.
1894.09.	김개남은 이 시기에 전라좌도 일대를 정비하며 군수 물품을 모집하고, 인근 각 고을에 대한 방비에 몰두.
1894.10.14.	(양11.11) 김개남, 전라좌도 일대 정비를 완료하고 남원 출발.

1894.10.16.	김개남 전주성 입성. 전봉준은 북접 동학군과 합류할 논산에 당도. 김개남은 전주성에서 신임 남원부사 이용언 처형하고 고부군수 양필환과 순천부사 이수홍 처벌.
1894.10.	김개남은 전주성을 근거로 삼아 인근의 금산 방면으로 진출하여 점령하고 이 지역의 민보군 활동에 대한 반격 활동 전개.
1894.10.	김개남, 5천 명의 대군을 이끌고 11월 10일까지 삼례, 은진, 연산, 금산, 용담을 두루 거치며 민보군 활동을 진압. 특히 진잠에서 적폐 청산 활동 전개.
1894.10.23-25.	전봉준, 이인, 효포, 판치 웅치 등지에서 제1차 공주 전투 접전.
1894.11.08-11.	전봉준, 손병희 연합군 공주 일대 우금치와 능선을 둘러싸고 관군-일분군 연합부대와 공방전 전개. 수십 차례의 공방전 끝에 동학군 패퇴.
1894.11.13.	이날 새벽 청주성 공략 작전 시작. 이 전투에는 김개남 장군 휘하 동학군 외에 외덕과 문의 일대의 북접 동학군도 합류, 총 2만5천 명. 청주성 내에는 관군 외에 일본군 군로실측대 호위 임무 중이던 일본군 후비보명 1개 소대 병력이 12일에 들어와 있었음. → 김개남 휘하 동학농민군, 신탄진 방면으로 후퇴. → 망일산 일대에서 재차 접전 후 공주 방면으로 패퇴, 이날 밤 진잠에 이르렀으나 민보군의 저항에 쫓겨 연산으로 이동.
1894.11.14.	김개남, 연산에서 재차 접전 후 패전하여 노성, 논산 방면으로 후퇴하여 이날 저녁 공주에서 후퇴해 온 전봉준, 손병희 부대와 합류. 논산 전투 → 패퇴.
1894.11.23.	김개남, 전봉준, 손병희 전주성에 들렀다가 김개남은 남원 방면으로 후퇴.
1894.11.25.	전봉준, 손병희는 원평-태인 방면에서 일본군-관군과 접전 후 해산.
1894.11.	전주성에서 나온 김개남은 따르던 휘하 동학군을 해산하고 이달 하순에 태인 너듸 마을(산외면 장금리)의 매부 서영기(徐英基)의

집에 숨어듦.

1894.11.30. 김개남의 종적을 알게 된 옛 친구 임병찬이 자기 마을(산외면 종송리)이 안전하다며 유인한 후 관에 밀고.

1894.12.01. 강화수비병 병방 황헌주가 이끄는 80여 명의 병정들이 송두용의 집에 머물던 김개남을 체포, 2일 중으로 전주감영으로 이송.

1894.12.03. (양12.29) 이도재는 서울로 압송할 경우 동학농민군에 탈취 당할 우려, 대원군 과의 관계 토설 등 몇 가지 이유로 김개남을 전주성 서교장에서 참수형. 그의 육신은 원한 있는 자들에 의해 난도질 당했고, 머리는 한양으로 압송됨.

1894.12.12. 김개남의 머리가 안성에 도착하여 조리돌림 당함.

1894.12. 김개남의 머리는 한양에 도착하여 남벌원(南伐原, 동대문 밖 처형장)에서 처형된 동학군 지도자의 머리와 함께 효수되었다가 서소문 밖 처형지로 옮겨져 3일동안 효수됨.

1894.12. 김개남의 머리는 다시 수원을 거쳐 전주로 보내져서 인근 지역에 조리돌림 당함.

1993.05.03. 김개남 장군 추모비가 전주시대 덕진공원에 세워짐.

1995.03.01. 김개남 장군 지금실 고택터 인근 허묘에 묘비가 세워짐.

1) 김기전, 『다시 쓰는 동학농민혁명사』, 도서출판광명, 2004, 189~190쪽.

2) 정약용 지음, 이익성 옮김, 『경세유표』, 한길사, 1997, 뒤표지.

3) 최익한 지음, 송찬섭 엮음, 『실학파와 정다산』, 서해문집, 2011, 500쪽.

4) 송재소, 『다산 시 연구』, 창비, 2014(개정 증보판), 95~96쪽.

5) 최익한 지음, 앞의 『실학파와 정다산』, 507~508쪽.

6) 「잡록(雜錄)」, 『동학농민혁명국역총서』 8, 동학농민혁명기념재단, 2010, 421쪽.

7) 이희근, 「1894년 동학지도자들의 시국인식과 정국 구상」, 『한국근현대사연구』 제6집, 1998, 97쪽.

8) 김은정 외, 『동학농민혁명 100년-혁명의 들불, 그 황톳길의 역사찾기』, 전북일보동학농민혁명특별취재팀, 나남출판, 1995, 490쪽.

9) 『道康金氏泰仁判官公派世譜』 丙午譜(1846), 계유보(癸酉譜(1933); 신복룡, 『전봉준평전』, 2019, 59쪽 재인용.

10) 김기전, 앞의 『다시 쓰는 동학농민혁명사』, 47쪽.

11) 박은식, 『한국통사』 「갑오동학의 난」, 서두.

12) 장도빈, 『갑오동학란과 전봉준』, 덕흥서림, 1945, 1쪽.

13) 김기전, 앞의 『다시 쓰는 동학농민혁명사』, 53쪽. 김개남이 지금실로 이사한 것은 여렸을 때가 아니라 결혼 후라고 하는 기록도 있다. 이 경우 전봉준과의 에피소드는 탄생지인 원정마을에서의 기록이거나 야사(野史)에 불과한 것일 수도 있다. 신복룡, 『전봉준평전』, 평민사, 82쪽.

14) 이광재, 『봉준이, 온다-전봉준평전』, 모시는사람들, 2016(4쇄), 102쪽. 전봉준이 동곡리에서 서당 훈장을 했다는 증언 기록도 있으나 이는 전봉준의 부친 전창혁이 훈장을 한 것의 와전일 가능성이 크다.(103쪽); 김옥련(전옥련)과 강금례에 관한 기록은 신복룡 앞의 『전봉준평전』 308-311쪽 참조.

15) 신복룡, 『전봉준평전』, 평민사, 83쪽.

16) 김상기, 『동학과 동학란』; 이광재, 앞의 『봉준이, 온다-전봉준평전』, 모시는사람들, 71-72쪽 재인용. 김상기는 전봉준의 妻叔이자 농민군 중진인 宋憲玉의 증언으로 이 사실을 기록하여 전한다. 김개남, 전봉준 외 훗날 백산 결진 당시 전봉준의 비서가 되는 송희옥(전봉준의 妻族)도 함께 이주하였다고 한다. 송희옥은 삼례기포까지 함께했다가 고산 민병에게 살해되었다.(『東學天道敎人 名辭典』, 1127쪽)

17) 정리 이이화, 「농민군 3대 장군 김개남 손자 환옥」, 역사문제연구소 엮음, 『다시 피는 녹두꽃』, 역사비평사, 1994, 176쪽.

18) 『임실동학사』, 전북역사문화학회, 2006; 이진영, 『동학농민전쟁과 전라도 태인현의 재지사족』, 전북대 박사학위논문, 1996; 동학농민혁명종합정보시스템(http://www.e-donghak.or.kr/prh/viewDocument.jsp?pNo=194) 참조. 김개남이 한때 정감록에 심취하여 십승지지(十勝之地)인 지리산의 청학동에 들어가 처남과 함께 산 적이 있었다는 증언도 전해 온다. 신복룡 앞의 『전봉준평전』, 82쪽.

19) 황현, 『오하기문』, 역사비평사, 1995, 60-64쪽.

20) 김기전, 앞의 『다시 쓰는 동학농민혁명사』, 54쪽. 여기서 1892년에 해월이 김개남 집을 방문했다고 하였으나, 여러 기록으로 미루어볼 때 1891년이 맞는 것 같다. 해월은 1884년 익산 사자암에서 49일 수련을 하였고, 1887년과 1888년, 그리고 1890년에 호남을 순회하였다. 그리고 1891년에는 편의장제를 마련하는 과정에서 호남 지역에 갈등이 발생하자 이를 수습키 위해 다시 호남을 방문하였고, 이때 김개남의 집에도 들른 것으로 추정된다.

21) 이이화, 『발굴-동학농민전쟁 : 인물 열전』, 한겨레신문사, 1994, 84~85쪽.

22) 표영삼 지음, 김용옥 서문, 『동학1 - 수운의 삶과 생각』, 통나무, 2004, 15-16쪽.

23) 『동경대전』과 『용담유사』의 내용을 토대로 한 종교체험 과정의 일부를 필자가 재구성함.

24) 김광일, 「최수운의 종교체험」, 『한국사상』 제12집(최수운연구), 한국사상연구회, 1974, 74쪽.

25) 홍장화, 「한 사상과 천도교」, 『한 사상과 민족종교』, 일지사, 1990, 106~107쪽.

26) 柳炳德 編著, 『東學 · 天道敎』, (株)敎文社, 1993(개정2쇄), 555쪽.

27) 이돈화, 『천도교창건사』, 천도교중앙종리원, 1933, 47쪽.

28) 유병덕 편저, 『한국 민중종교사상론』, 시인사, 1985, 123쪽.

29) 최민자, 「수운과 원효의 존재론적 통일사상」, 『수운 최제우(한국의 사상가 10인)』, 예문서원, 2005, 284쪽.

30) 이희근, 「1894년 동학교단의 포접제(包接制)」, 『史學志』 제30호, 단국사학회, 1997, 194~195쪽.

31) 표영삼, 「敎祖伸冤運動」, 『韓國思想』 제24집, 韓國思想硏究會, 1998, 155-157쪽 내용을 참조로 필자가 정리함.

32) 표영삼, 앞의 「敎祖伸冤運動」, 160쪽 참조. 이 글은 전라도 부안의 '호암수도원'에서 발견된 『海月文集』이라는 책에 수록되어 있으나, 이 책은 그 내용상 '해월 문집'이 아니라 해월 당시의 동학 관련 자료를 集成한 것이다.

33) 임형진, 「혁명가 이필제의 생애와 영해」, 『동학학보』 제30호, 동학학회, 2014, 128쪽.

34) 「역적 이필제 · 기현(岐絃) 등 국안(鞫案)」, 『추안급국안(推案及鞫案)』 권 9.

35) 임형진, 앞의 「혁명가 이필제의 생애와 영해」, 142~143쪽 참조.

36) 류태홍은 이후 동학혁명에서 전남 해안 지역을 방호하며 분전하였고, 다행히 살아남아서 그 이후 동학이 천도교로 개신(改新)한 이후에는 천도교남원교구장으로서 이 지역 3.1운동의 주도자 역할을 하였다. 또 해방 이후에는 남원 지역 건국준비위원장을 역임하였으며, 1990년에 건국훈장 애족장이 추서되었다. 이동초, 앞의 『동학천도교인명사전』, 748쪽, 류태홍.

37) 이돈화, 앞의 『천도교창건사』, 제2편, 48쪽.

38) 표영삼, 「敎祖伸寃運動」, 『韓國思想』 제24집(特輯: 海月神師殉道100周年紀念), 한국사상연구회, 1998, 198-201쪽.

39) 표영삼, 앞의 「敎祖伸寃運動」, 204-205쪽 내용을 참조로 필자가 수정함.

40) 표영삼, 앞의 「敎祖伸寃運動」, 208-209쪽 내용을 필자가 정리함.

41) 박맹수, 『개벽의 꿈, 동아시아를 깨우다-동학농민혁명과 일본』, 모시는사람들, 2012, 337-338쪽.

42) 임형진, 앞의 「혁명가 이필제의 생애와 영해」, 109쪽.

43) 이이화, 「동학농민혁명은 기층민의 변혁운동」, 2014년 10월 28일, 국립중앙박물관 강연 자료 참조.

44) 『천도교교회사초고』, 포덕 33년 10월 27일조.

45) 函南逸人編, 『甲午朝鮮內亂始末:附淸國との關係』〈序論〉, 1894.

46) 윤석산, 「일하는 한울님-해월 최시형의 삶과 사상」, 모시는사람들, 2014, 227쪽. 윤석산은 전봉준의 입도 시기에 관한 다양한 설을 비교 검토하여 1892년 입도설을 지지하고, 김개남은 해월이 처음으로 호남을 방문한 1884년 전후에 동학에 입도한 것으로 추정하였다.

47) 황현, 김종익 옮김, 『오하기문-황현이 쓴 동학농민전쟁의 역사』, 역사비평사, 1995, 69쪽.

48) 이이화, 『전봉준, 혁명의 기록-동학농민전쟁120년, 녹두꽃 피다』, 생각정원, 2014, 63~64쪽.

49) 이이화, 「전봉준과 동학농민전쟁① 봉기, 전주성 점령」, 『역사비평』 제7호, 역사문제연구소, 1989 겨울, 222쪽.

50) 황현, 앞의 『오하기문』, 179쪽.

51) 이이화, 앞의 「전봉준과 동학농민전쟁① 봉기, 전주성 점령」, 224쪽.

52) 朴定基, 「石南歷事」, 『동학농민혁명국역총서』 5, 동학농민혁명참여자예회복심의위원회, 2009, 55쪽.

53) 吳知泳, 『東學史』, 永昌書館, 1940, 111쪽; 신복룡, 앞의 『전봉준평전』 112쪽에서 재인용.

54) 신복룡, 앞의 『전봉준평전』, 111쪽.

55) 이이화, 앞의「전봉준과 동학농민전쟁① 봉기, 전주성 점령」, 226~229쪽.

56) 이광재, 앞의『봉준이, 온다-전봉준평전』, 226쪽 참조.

57) 이복영,『남유수록(南遊隨錄)』, 갑오 2월 20일.

58) 사회과학원역사연구소 편,『조선근대혁명운동사』, 한마당, 1988, 76~77쪽.

59) 최영년,「동도문변(東徒問辨)」,『동학농민혁명국역총서』5, 동학농민혁명참여자명예
회복심의위원회, 2009, 161쪽.

60) 오지영,『동학사』; 최현식,『갑오동학혁명사』, 신아출판사, 1994(3판), 49쪽 재인용.

61)『고종실록』갑오 (1894) 4월 24일자.

62) 황현, 앞의『오하기문』, 72쪽.

63) 신복룡은 고부봉기를 1차 봉기, 무장기포부터 전주화약까지를 2차 봉기, 삼례기포 이
후를 3차 봉기로 보아야 한다고 주장한다. 신복룡, 앞의『전봉준평전』116-117쪽.

64) 박맹수,「사료로 읽는 동학농민혁명 - 전라도 무장현의 동학농민군 전면 기포에 대하
여」,『문화저널』(60), 1993.5, 전북문화저널사 27-29쪽 참조: 신복룡, 앞의『전봉준평
전』125쪽 참조.

65) 최현식, 앞의『갑오동학혁명사』, 61~62쪽.

66) 신용하,「고부민란의 사발통문」,『동학과 갑오농민전쟁연구』, 일조각, 1993, 143~144
쪽.

67) 오지영의『동학사』(108-109쪽)에는 이 포고문이 '갑오 정월'에 발포된 것으로 되어 있
으나 관변기록(『聚語』)에는 4월 11일로 되어 있다.

68) 李眞榮,「김개남과 동학농민전쟁」,『한국현대사연구』(2), 한울, 1995, 74-75쪽; 신복룡
앞의『전봉준평전』128쪽 각주12) 참조.

69) 우윤,『전봉준과 갑오농민전쟁』, 창작과비평사, 1993, 268쪽.

70) 이 격문도 오지영의『동학사』에는 고부봉기(1월) 당시 백산에서 발표한 것으로 되어
있으나, 전체적인 흐름으로 볼 때 무장기포 이후 백산결진 당시 발표된 것으로 본다.

71) 春坡 記, 홍종식 口演,「70년 사상 최대 활동 동학란 실화」,『신인간』제34호, 1929년
4월호, 44쪽.

72) 사회과학원역사연구소 편,『조선근대혁명운동사』, 68쪽.

73) 천도교중앙총부교사편찬위원회,『天道教百年略史』(상), 천도교중앙총부, 1981, 204
쪽. 필자가 현대어로 고침.

74) 김의환,『전봉준전기』, 정음사, 1974, 84~85쪽.

75)『비서류찬(秘書類纂)』중권,「동학당휘보」, 갑오 4월 초4일자.

76)『일본공사관기록』, 1894. 1895년, 전라도 민요보고(民擾報告),「동학당휘보」.

77) 박은식,『한국통사』, 제26장,「갑오동학지란」.

78) 신복룡,『(개정판) 동학사상과 갑오농민혁명』, 선인, 2006, 173쪽.

79)「동학도종역사(東學道宗繹史)」,『동학농민혁명국역총서』11, 동학농민혁명기념재단,

2013, 124쪽. 이 기록에는 대접주 관할 지역 설명에 오류가 많다.

80) 그러나 이 기록에서 성두환은 충청도를 근거로 하고 있었고, 차기석 또한 이 시기에는 아직 기포하지 않았다. 김낙철을 남원접주라고 한 것도 사실과 부합하지 않고(김낙철은 부안 대접주이다), 권병덕을 청산접주라고 한 것도 맞지 않다.(권병덕은 충경포 임규호 산하의 차접주였으며 동학혁명 2차 봉기부터 참여하였다.) 다만 이 기록은 전봉준을 선두로 한 동학농민군이 오합지졸이 아니라, 나름의 체계와 위용을 갖춘 혁명군의 외형을 갖추고 있었음을 말해주는 증언이 될 수 있다.

81) 최현식, 앞의 『갑오동학혁명사』, 68쪽 참조.

82) 우윤, 앞의 『전봉준과 갑오농민전쟁』, 175쪽 참조.

83) 최영년, 앞의 「동도문변(東徒問辯)」, 165쪽.

84) 정석모, 「갑오약력(甲午略曆)」, 『동학농민혁명국역총서』 1, 동학농민혁명예회복심의위원회, 2007, 77쪽.

85) 「양호초토등록(兩湖招討謄錄)」, 앞의 『동학농민혁명국역총서』 1, 107쪽(4월 초9일).

86) 기꾸지(菊池謙), 『동학농민전쟁연구자료집』(1), 174~176쪽.(기꾸지는 일본신문 특파원으로 1894년 조선에 와서 을미사변 등을 모의한 인물이다.)

87) 기꾸지, 앞의 『동학농민전쟁연구자료집』(1), 174~176쪽.

88) 문순태, 『동학기행』, 어문각, 1986, 65쪽.

89) 김의환, 앞의 『전봉준전기』, 95~96쪽.

90) 「광서(光緒) 20년 4월 14일, 18일 승정원 개소(開所)」, 신복룡, 앞의 『개정판 동학사상과 갑오농민혁명』, 140쪽.

91) 앞의 「양호초토등록(兩湖招討謄錄)」 131쪽(4월 초8일).

92) 《동경일일신문》, 1894년 5월 26일자.

93) 신복룡, 앞의 『개정판 동학사상과 갑오농민혁명』, 141~142쪽.

94) 앞의 「양호초토등록(兩湖招討謄錄)」 118쪽(4월 24일).

95) 문순태, 앞의 『동학기행』, 131~132쪽 참조.

96) 이이화, 「전봉준과 동학농민전쟁② 투쟁-반봉건 변혁운동과 집강소」, 『역사비평』 제8호, 역사비평사, 1990, 316쪽.

97) 『동학농민전쟁연구자료집(1)』, 176~177쪽.

98) 鄭喬, 『大韓季年史』(上), 75쪽(高宗31년 甲午4月條); 신복룡, 『전봉준평전』 135쪽 재인용.

99) 김기전, 앞의 『다시 쓰는 동학농민혁명사』, 106쪽.

100) 앞의 「兩湖招討謄錄」 〈효유문〉, 164-165쪽.

101) 신복룡, 앞의 『(개정판) 동학사상과 갑오농민혁명』, 148쪽.

102) 앞의 『동학농민전쟁연구자료집(1)』, 176~177쪽.

103) 최현식, 앞의 『갑오동학혁명사』, 103쪽.

104) 앞의 『天道教百年略史』(상), 229쪽. 〈請兵思惟書〉의 내용을 필자가 요약하여 정리함.

105) 앞의 『天道教百年略史』230-231쪽 내용을 필자가 정리함.

106) 앞의 「양호초토등록」168-170쪽.

107) 앞의 「양호초토등록」171쪽.

108) 앞의 「양호초토등록」170쪽.

109) 황현, 앞의 『오하기문』, 100~101쪽.

110) 『駐韓日本公使館記錄』1, 89쪽

111) 橫川正夫, 「전봉준에 대한 고찰」, 노태구 엮음, 『동학혁명의 연구』, 백산서당, 1982, 135~136쪽.

112) 장영민, 「동학농민군의 '전주화약'에 관한 재검토」; 신복룡, 앞의 『개정판 동학사상과 갑오농민혁명』, 158쪽, 재인용.

113) 기구치 겐조(菊池謙讓), 「동학당의 난」, 동학농민전쟁백주년기념사업추진위원회 편, 『동학농민전쟁연구자료집(1)』, 여강출판사, 1991, 180쪽.

114) 박해순, 『1894 일본 조선 침략』, 나녹, 2019, 254쪽 참조.

115) 박해순, 앞의 『1894 일본 조선 침략』, 200쪽 참조.

116) 박해순, 앞의 『1894 일본 조선 침략』, 28쪽.

117) 박해순, 앞의 『1894 일본 조선 침략』, 23~26쪽, 발췌.

118) 정교, 앞의 『대한계년사』, 권 2.

119) 채길순, 「사적지를 중심으로 본 남원지역 동학농민혁명 전개 과정」, 『전라도 남원 동학농민혁명』, 모시는사람들, 2015, 236쪽.

120) 『세장년록』1894년 12월(한국사데이터베이스).

121) 신영우, 「1894년 남원대도소의 9월 봉기론과 김개남군의 해산배경」, 앞의 『전라도 남원 동학농민혁명』, 92쪽.

122) 「염기(廉記)」, 앞의 『동학농민혁명국역총서』 5, 252쪽.

123) 「갑오군정실기(甲午軍政實記)」8 〈교도중대장 이진호가 보고함〉, 112쪽. "이달(12월) 1일 임실에 도착해서 염탐하였더니, 그 고을 현감 민충식이 본래 양반가의 후예인 데다가 심지어 지금 목민관으로 재직중인데도, 동도와 결속하여 괴수 김개남과 형제가 되기를 약속하고 스스로 선봉이라고 일컬으면서 전주로 달려가…."

124) 「영상일기(嶺上日記)」, 앞의 『동학농민혁명국역총서』 5, 32-33쪽(6월 25일).

125) 앞의 「영상일기(嶺上日記)」, 34쪽(8월 19일).

126) 이종일, 「후천개벽의 설(說)」, 『천도교회월보』제34호, 1913년 5월, 1~2쪽.

127) 『주한일본공사관기록』1권, 四. 東學黨에 關한 件 ― (12) 全州 近地 東學黨 의 官庫 物品奪取에 關한 報告 2) 行全羅道觀察使兼都巡察使 親軍務南營外使 爲謄移事.

128) 전라좌도 지역의 동학농민군 활동은 표영삼, 「전라도 남동지역 동학혁명운동」, 『표

영삼의 동학혁명운동사』, 모시는사람들, 2018, 117-164쪽. 참조

129)「양호우선봉일기(兩湖右先鋒日記)」,『동학농민혁명국역총서』7, 동학농민혁명기념
재단, 2010, 157쪽, 196쪽.

130) 황현, 앞의『오하기문』, 230-231쪽.

131) 남원동학농민혁명기념사업회 편,『남원의 동학과 동학농민혁명』, 남원동학농민혁
명기념사업회, 2005, 39쪽.

132) 박맹수,「전라좌도 동학농민군의 활동과 그 역사적 의의-김개남 부대를 중심으로」,
『남원지역 동학농민혁명과 그 역사적 의의』(남원동학농민혁명기념학술대회), 남원
동학농민혁명기념사업회, 2006.11.25.

133)「수록(隨錄)」,『東學農民革命資料叢書』5, 278-279쪽; 표영삼,『표영삼의 동학혁명운
동사』, 모시는사람들, 2018, 126쪽 재인용.

134) 앞의『남원의 동학과 동학농민혁명』, 41쪽.

135) 앞의「영상일기(嶺上日記)」, 35쪽(8월 26일); 표영삼, 앞의『표영삼의 동학혁명운동
사』248-250쪽 참조.

136) 황현, 앞의『오하기문』, 227-228쪽.

137) 이광재, 앞의『봉준이, 온다-전봉준평전』, 342쪽 참조.

138) 황현, 앞의『오하기문』, 228쪽.

139) 신영우, 앞의「1894년 남원대도소의 9월 봉기론과 김개남군의 해산 배경」, 105쪽.

140) 정인보,「해학 이공 묘지명(海鶴 李公墓誌銘)」, 동학농민전쟁100주년기념사업추진
회 편,『동학농민혁명사료총서』8, 동학농민혁명참여자명예회복심의위원회, 264쪽.

141) 앞의『天道教百年略史』(上), 250쪽.

142) 오지영, 앞의『동학사』, 243~245쪽;『동학혁명백주년기념논총』(상), 동학혁명 100주
년기념사업회, 549쪽에서 재인용.

143) 이돈화, 앞의『천도교창건사』65쪽.

144) 앞의『천도교창건사』66쪽.

145) 박동진, 정인덕에 관한 기록은 동학혁명 관련 기록인「隨錄」,「駐韓日本公使館記錄」
등에 보인다.

146) 정석모,「갑오약력(甲午略歷)」, 앞의『동학농민혁명국역총서』5, 75-98쪽 참조.

147) 우윤, 앞의『전봉준과 갑오농민전쟁』, 232쪽.

148) 신복룡, 앞의『전봉준평전』, 185-188쪽.

149) 정석모, 앞의「갑오약력」, 83쪽.

150) 앞의『남원의 동학과 동학농민혁명』, 41~42쪽.

151) 신용하, 앞의『동학과 갑오농민전쟁연구』, 145쪽.

152) 앞의『동학과 갑오농민전쟁연구』, 183쪽.

153) 김은정 외, 앞의『동학농민혁명 100년 - 혁명의 들불, 그 황톳길의 역사찾기』, 296쪽.

154) 신복용 앞의 『전봉준평전』, 249쪽.

155) 우윤, 앞의 『전봉준과 갑오농민전쟁』, 236쪽.

156) 김은정 외, 앞의 『동학농민혁명 100년 - 혁명의 들불, 그 황톳길의 역사찾기』, 296~297쪽.

157) 황현, 앞의 『오하기문』, 268쪽.

158) 앞의 「갑오군정실기(甲午軍政實記)」5 〈충청병사 이장회가 베껴서 보고함〉, 127쪽.

159) 황현, 앞의 『오하기문』, 268쪽.

160) 앞의 「영상일기(嶺上日記)」, 38쪽(10월 14일). 영상일기 이날 기록에 김개남이 시장 상가를 불태웠다고 하였으나 이는 사실과 다르다. 김개남은 남원을 떠나기 전에 정석모 등의 건의를 받아들여 오영을 설치하고 각 군의 거포들 중 일부를 남겨서 남원 일대의 질서를 유지하게 하였으나 훗날 운봉 민보군의 공격을 받고 그제서야 성을 완전히 비워주게 되었다.

161) 정석모, 앞의 「갑오약력」, 91쪽.

162) 「남원군동학사」, 『동학농민혁명신국역총서』1, 동학농민혁명기념재단, 2015, 49쪽.

163) 신영우, 앞의 「1894년 남원대도소의 9월 봉기론과 김개남군의 해산 배경」, 105쪽.

164) 「별계(別啓)」, 『동학농민혁명신국역총서』10, 동학농민혁명기념재단, 2018, 64쪽.

165) 「순무사정보첩(巡撫使呈報牒)」, 『동학농민혁명국역총서』1, 동학농민혁명참여자명예회복심의위원회, 2007, 348쪽.

166) 「순무선봉진등록(巡撫先鋒陳謄錄)」, 『동학농민혁명국역총서』2, 동학농민혁명참여자명예회복심의위원회, 2007, 170-171쪽(11월 13일자).

167) 「선봉진일기(先鋒陳日記)」, 앞의 『동학농민혁명국역총서』1, 268쪽(11월 12일자)

168) 앞의 「순무선봉진등록(巡撫先鋒陳謄錄)」, 400쪽.

169) 앞의 『남원의 동학과 동학농민혁명』, 54쪽.

170) 앞의 『남원의 동학과 동학농민혁명』, 54~55쪽.

171) 박맹수, 앞의 「전라좌도 동학농민군의 활동과 그 역사적 의의-김개남 부대를 중심으로」, 15-25쪽 참조.

172) 박맹수, 「동학농민전쟁기 일본군의 무기-스나이더 소총과 무라타 소총을 중심으로」, 『한국근현대사연구』17, 한국근현대사학회, 2001.6, 260쪽.

173) 박맹수, 앞의 「동학농민전쟁기 일본군의 무기-스나이더 소총과 무라타 소총을 중심으로」, 261-262쪽.

174) 앞의 「순무선봉진등록(巡撫先鋒陳謄錄)」, 179쪽(11월 15일자).

175) 위의환 편역, 『장흥동학농민혁명사료총서』2, 천도교장흥교구 · 장흥군, 2009, 279~280쪽.

176) 위의환, 앞의 『장흥동학농민혁명사료총서』2, 280쪽.

177) 이이화, 「청일전쟁과 일본의 상관관계」, 『청일전쟁과 그 문화적 표상』(인천광역시립박물관 제17기 박물관대학 상반기과정), 인천광역시립박물관, 2015, 11쪽.

178) 『현양사사사(玄洋社社史)』에는 다나카 지로(田中侍郎) 등 3인이 전봉준의 군사(軍師)로, 그리고 나머지 멤버들은 농민군의 대장 또는 부장으로 임명되어 농민군을 지휘했다고 기록되어 있다.

179) 『주한일본공사관기록』(5), 국사편찬위원회, 64쪽.

180) 앞의 『주한일본공사관기록』(5), 65쪽.

181) 앞의 『주한일본공사관기록』(5), 66~67.

182) 앞의 『주한일본공사관기록』(5), 68~69쪽.

183) 이규태, 「공산초비기(公山剿匪記)」; 최현식, 앞의 『갑오동학혁명사』, 184쪽, 재인용.

184) 김개남과 전봉준이 갈등 관계 때문에 공주 싸움에 합류하지 않았다는 설은 수정되어야 할 것으로 보인다. 당시 공주성 주변에는 김개남보다 가까운 곳에 동학농민군 북접 지역의 대접주들이 각자의 지역에서 관군-일본군을 맞아 싸우고 있었다. 공주에 직접적인 추가 지원이 필요하였다면 함께 싸우던 손병희를 통해 얼마든지 이들을 동원할 수 있었다.

185) 이규태(李圭泰), 「공산초비기(公山剿匪記)」, 최현식, 『갑오동학혁명사』, 182~183쪽.

186) 조경환, 『역사의 고전장』, 삼조사, 1979, 222~223쪽.

187) 이규태, 앞의 「공산초비기(公山剿匪記)」.

188) 앞의 『天道敎百年略史』(상), 271쪽.

189) 김기전, 앞의 『다시 쓰는 동학농민혁명사』, 167쪽.

190) 「시경록(時經錄)」, 『동학농민혁명국역총서』 6, 동학농민혁명참여자명예회복심의위원회, 2009, 501쪽.

191) 『주한일본공사관기록』 제1권, 「공주부근전투상보」, 247~248쪽.

192) 김정명 편, 『조선주차군역사』, 여강출판사, 1986, 192쪽.

193) 표영삼, 앞의 「전라도 남원지역 동학혁명운동」, 270쪽.

194) 앞의 「순무사정보첩(巡撫使呈報牒)」, 384쪽. 「순무선봉진등록(巡撫先鋒陳謄錄)」 279쪽에도 같은 내용이 수록되어 있다.

195) 「갑오군정실기(甲午軍政實記)」 8 〈전라감사 이도재가 베껴서 보고함〉, 115쪽. 병정들은 哨長 曹龍文, 捕校 尹致根, 金京錫 金時亨, 什長 朴德興, 領官 黃時中, 旗牌 尹基弘 등이다. 앞의 「갑오군정실기(甲午軍政實記)」 9, 268쪽.

196) 「선봉진서목(先鋒陳書目)」, 『동학농민혁명국역총서』 8, 동학농민혁명기념재단, 2010, 219쪽.

197) 황현, 앞의 『오하기문』, 312쪽.

198) 「이노우에 가오루(井上馨)의 편지」, 앞의 『동학농민혁명국역총서』 8, 448-449쪽.

199) 앞의 「이노우에 가오루(井上馨)의 편지」 449쪽.

200) 독립유공자사업기금운용위원회, 『독립운동사자료집3: 의병항쟁사자료집』, 독립운동사편찬위원회, 1971, 22쪽; 강효숙, 「동학농민군 진압 인물과 그 행적」, 『인물을 통해

본 동학사상의 계승』(2011년도 동학학회춘계학술대회 자료집), 2011, 160쪽 재인용.

201) 「갑오군정실기(甲午軍政實記)」8 〈전라감사 이도재가 베껴서 보고함〉, 『동학농민혁명신국역총서』 8, 동학농민혁명기념재단, 2016, 115-116쪽.

202) 앞의 「갑오군정실기(甲午軍政實記)」 8 〈전라감사 이도재가 베껴서 보고함〉, 117쪽.

203) 앞의 「갑오군정실기(甲午軍政實記)」 9 〈경기감사에게 관문을 보냄〉, 96쪽(12.12).

204) 앞의 「갑오군정실기(甲午軍政實記)」 9 〈총리대신 법무대신이 아룀〉, 188쪽.

205) 앞의 「갑오군정실기(甲午軍政實記)」 9 〈경기감사에게 관문을 보냄〉, 189쪽.

206) 앞의 「갑오군정실기(甲午軍政實記)」 9 〈경기감사 신헌구가 보고함〉, 211쪽.

207) 이사벨라 버드 비숍, 신복룡 번역, 『한국과 이웃나라』, 집문당, 2001, 124쪽.

208) 『주한일본공사관기록』 7, 3쪽.

209) 이희근, 앞의 「1894년 동학교단의 포접제(包接制)」, 97쪽.

210) 박주대, 「나암수록(羅巖隨錄)」, 앞의 『동학농민혁명국역총서』 6, 465쪽.

211) 앞의 『다시 피는 녹두꽃』, 177쪽.

212) 앞의 『다시 피는 녹두꽃』, 178쪽.

213) 앞의 『다시 피는 녹두꽃』, 179쪽.

214) 신정일, 『오직 정의-불의하고 부조리한 시대, 앞장서서 몸을 던지다』, 판테온하우스, 2017, 258쪽.

215) 신영복, 『변방을 찾아서』, 돌베개, 2012, 117~118쪽.

216) 신영복, 〈신영복의 변방을 찾아서(6)-전주 전주 이세종 열사 추모비 · 김개남 장군 추모비〉, 《경향신문》(인터넷판, 2011.11.30).

개남, 새 세상을 열다

등록 1994.7.1 제1-1071
1쇄 발행 2020년 10월 28일

지은이 김삼웅
펴낸이 박길수
편집장 소경희
편 집 조영준
관 리 위현정
디자인 이주향
펴낸곳 도서출판 모시는사람들
      03147 서울시 종로구 삼일대로 457(경운동 수운회관) 1207호
전 화 02-735-7173, 02-737-7173 / 팩스 02-730-7173
홈페이지 http://www.mosinsaram.com/

인 쇄 (주)성광인쇄(031-942-4814)
배 본 문화유통북스(031-937-6100)

값은 뒤표지에 있습니다.
ISBN 979-11-6629-006-0   03990

이 도서의 국립중앙도서관 출판예정도서목록(CIP)은 서지정보유통지원시스템
홈페이지(http://seoji.nl.go.kr)와 국가자료공동목록시스템(http://www.nl.go.kr/
kolisnet)에서 이용하실 수 있습니다.(CIP제어번호: CIP2020042300)